外縁(事実上の離婚)の実務
円満婚姻・法律離婚との比較

中込一洋
Nakagomi Kazuhiro

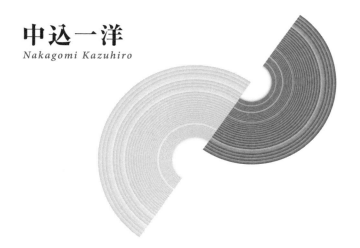

弘文堂

● は し が き ●

　本書では、離婚事件の相談を受けた弁護士・家庭裁判所の方々・家族法の研究者等を主な読者として想定し、外縁について解説した。ここにいう「外縁」とは、法律上の婚姻をした夫婦の共同生活が実質的に破綻しているものの法律上は離婚していないこと（破綻した法律婚・事実上の離婚）である。聞きなれない言葉ではあるが、星野英一教授・大村敦志教授の著書で用いられている（→◆Point 015◆）。

　離婚の知識はあっても、「外縁も分かる」かは、また別の話である。弁護士として離婚事件に関与しているとき、依頼者は別居していることが多い。この別居は多様であり、当事者の合意内容や別居の態様・期間等によって法的評価が異なる。本書では、外縁という視点を設定し、①法律上の婚姻をした夫婦の共同生活が実質的に破綻していないこと（円満婚姻）、②法律上の婚姻をした夫婦の共同生活が実質的に破綻して法律上も離婚したこと（法律離婚）と比較することで、理解を深めることを意図している。また、③夫婦の共同生活が実質的にあるものの法律上の婚姻をしていないこと（内縁）と、④外縁であるときに他の者と内縁になること（重婚的内縁）についても家族の再構成という文脈で検討している（→◆Point 054・055◆）。

　離婚をめぐる場面を広く対象とし、第1編〔定義〕、第2編〔経済的なこと〕、第3編〔心理的なこと〕、第4編〔家族の再構成〕、第5編〔夫（元夫）の死亡〕、第6編〔生まれくる子〕と分類した。第2編から第6編までの冒頭では、架空の物語をメール相談・リアル相談・メール回答として組み込み、その物語に伴う書式例を第7編〔書式例〕に掲載した。具体例を示すことで、紛争解決における法解釈のリアルを伝えるためである。

　本書執筆の過程で、①「死亡事案の損害賠償請求における扶養構成」、②「ADRとしての公益財団法人交通事故紛争処理センターの役割」、③「法定相続における『配偶者』の解釈」と、3本の論文を執筆した。また、弘文堂の北川陽子さんから、折に触れて的確なアドバイスをいただいた。これらによって本書は、より充実したものになったと思う。もとより本書に関する責任は私にあるが、多くの方にご指導をいただいていることに、心より感謝している。

　本書が、「外縁」の理解を通じて、トラブルの予防や早期解決の一助となることを期待しつつ。

　　令和6年8月

　　　　　　　　　　　　　　　　　　　　弁護士　　中込　一洋

目次 contents

はしがき―*iii*

目　次―*iv*

Point 目次―*xvi*

凡　例―*xix*

第1編 定義―*1*

第1章：外縁をめぐる物語①：令和元（2019）年10月―*1*

◆Point 001◆別居していても、夫婦のままなの？〔メール相談①〕―*1*

◆Point 002◆婚姻、離婚、そして外縁？〔リアル相談①〕―*1*

◆Point 003◆外縁の説明まとめ〔メール回答①〕―*5*

第2章：定義の比較―*6*

◆Point 004◆円満婚姻・法律離婚・外縁の比較①―*6*

　1 外縁というモデル―*6*

　2 外縁と円満婚姻の比較―*7*

　3 外縁と法律離婚の比較―*7*

　4 三元論という枠組み―*7*

第3章：円満婚姻の定義―*9*

◆Point 005◆円満婚姻とは―*9*

　1 法律上の婚姻（狭義）―*9*

　2 円満婚姻の制度としての側面―*10*

　3 円満婚姻の自然に基づく側面―*11*

　4 円満婚姻の経済的メリット―*12*

　5 非婚化・晩婚化―*13*

◆Point 006◆円満婚姻の実質的・積極的要件（双方の合意）―*14*

　1 円満婚姻の当事者（両性）の合意―*14*

　2 意思と愛情―*15*

　3 同性婚をめぐる議論―*16*

◆Point 007◆円満婚姻の実質的・消極的要件（婚姻障害）―*17*

　1 婚姻障害の定義―*17*

iv　　目次

　　　　2 婚姻年齢 —18

　　　　3 重婚の禁止 —19

　　　　4 再婚の自由 —20

　　　　5 一定の近親間の婚姻 —20

◆Point 008◆円満婚姻の形式的・積極的要件（婚姻届）—21

　　　　1 戸籍の定義 —21

　　　　2 婚姻届の定義 —21

　　　　3 婚姻届の法的評価 —22

　　　　4 方式を欠く届出 —23

　　　　5 創設的届出 —23

　　　　6 形式的審査 —24

◆Point 009◆円満婚姻の効果 —25

　　　　1 経済的なこと —25

　　　　2 心理的なこと —25

　　　　3 再構成 —25

　　　　4 夫の死亡 —25

　　　　5 生まれくる子 —25

第4章：法律離婚の定義 —25

◆Point 010◆法律離婚とは —25

　　　　1 法律上の離婚 —25

　　　　2 愛情の消滅 —26

　　　　3 経済的メリットの低下 —27

　　　　4 離婚率・有配偶離婚率 —27

　　　　5 生活環境の与える影響 —28

◆Point 011◆協議による法律離婚の実質的要件（双方の合意）—28

　　　　1 法律離婚の意思 —28

　　　　2 諸外国との比較 —29

◆Point 012◆裁判による法律離婚の実質的要件（離婚原因）—29

　　　　1 他方当事者の意思に反する離婚 —29

　　　　2 裁判官の判断基準 —30

◆Point 013◆法律離婚の形式的要件（離婚届）—30

　　　　1 離婚届の必要性 —30

　　　　2 創設的届出・報告的届出 —31

目次　　v

◆Point 014◆**法律離婚の効果**―*32*

　　1　経済的なこと―*32*

　　2　心理的なこと―*32*

　　3　再構成―*32*

　　4　元夫の死亡―*32*

　　5　生まれくる子―*32*

第5章：**外縁の定義**―*32*

◆Point 015◆**外縁とは**―*32*

　　1　外縁の定義―*32*

　　2　事実上の離婚―*34*

◆Point 016◆**外縁の要件**―*34*

　　1　法律上の婚姻をしていること―*34*

　　2　夫婦関係が事実上は破綻して当事者が別居していること―*34*

　　3　法律上の離婚をしていないこと―*34*

◆Point 017◆**外縁の効果**―*35*

　　1　経済的なこと―*35*

　　2　心理的なこと―*35*

　　3　再構成―*35*

　　4　夫の死亡―*35*

　　5　生まれくる子―*35*

　　6　外縁の効果（まとめ）―*35*

第2編　経済的なこと――*37*

第1章：**外縁をめぐる物語②**：令和元（2019）年12月―*37*

◆Point 018◆**共同生活のための建物は、誰のもの？**〔メール相談②〕―*37*

◆Point 019◆**共同生活の費用分担と、夫婦の財産？**〔リアル相談②〕―*37*

◆Point 020◆**財産帰属の説明まとめ**〔メール回答②〕―*40*

第2章：**経済的なことの比較**―*41*

◆Point 021◆**円満婚姻・法律離婚・外縁の比較②**―*41*

　　1　円満婚姻の経済的なこと―*41*

　　2　法律離婚の経済的なこと―*41*

　　3　外縁の経済的なこと―*42*

第3章：円満婚姻の経済的なこと —42

◆Point 022◆円満婚姻の効果としての同居義務 —42
1 同居とは —42
2 食事を共にすること —43
3 円満婚姻における住宅の保護 —44
4 準離婚と前離婚 —45
5 同居義務との関係 —45
6 強制執行の否定 —46

◆Point 023◆円満婚姻における協力・扶助義務 —46
1 円満婚姻における協力義務 —46
2 円満婚姻における扶助義務 —47
3 円満婚姻における監督義務 —47

◆Point 024◆円満婚姻における費用の分担義務 —48
1 家計とは —48
2 婚姻費用とは —48
3 扶養義務・扶助義務との関係 —49

◆Point 025◆円満婚姻における夫婦財産の帰属 —49
1 財産とは —49
2 （潜在的）別産制 —50
3 日常家事債務の連帯責任 —52

◆Point 026◆円満婚姻と公的制度 —54
1 配偶者控除 —54
2 健康保険の被保険者 —54
3 マイナンバー —55

第4章：法律離婚の経済的なこと —55

◆Point 027◆法律離婚に伴う清算的財産分与 —55
1 清算的財産分与とは —55
2 清算的財産分与の対象となる財産 —56
3 清算的財産分与の算定方法 —57
4 清算的財産分与における財産評価 —59
5 清算的財産分与における負債の考慮 —59
6 婚姻費用・慰謝料との関係 —60
7 内縁における財産分与規定の類推適用 —60
8 令和 6 年の現行民法改正 —61

◆**Point 028**◆**法律離婚に伴う扶養的財産分与** ― *61*

    1 扶養的財産分与とは ― *61*

    2 扶養的財産分与を認めるとき ― *61*

◆**Point 029**◆**法律離婚後の養育費** ― *62*

    1 婚姻費用分担義務の消滅 ― *62*

    2 養育費とは ― *62*

    3 再婚と養育費 ― *63*

    4 養育費の算定方法 ― *64*

    5 養育費の終期 ― *64*

    6 法律離婚後の養育費の算定方法 ― *65*

◆**Point 030**◆**法律離婚と公的制度** ― *65*

    1 配偶者控除 ― *65*

    2 健康保険の被保険者 ― *66*

    3 マイナンバー ― *66*

第5章：**外縁の経済的なこと** ― *66*

◆**Point 031**◆**外縁における婚姻費用の分担義務** ― *66*

    1 婚姻費用分担の算定方法 ― *66*

    2 外縁における婚姻費用の分担 ― *67*

    3 別居時ルール明文化の可能性 ― *68*

◆**Point 032**◆**外縁における建物明渡請求** ― *69*

    1 建物明渡請求の可否 ― *69*

    2 居住用不動産の保護 ― *70*

◆**Point 033**◆**外縁における夫婦財産の管理** ― *70*

    1 別産制の維持 ― *70*

    2 別居時の財産分与の可能性 ― *71*

◆**Point 034**◆**外縁と公的制度** ― *72*

    1 配偶者控除 ― *72*

    2 健康保険の被保険者 ― *72*

    3 マイナンバー ― *72*

第3編 心理的なこと ― *73*

第1章：**外縁をめぐる物語③**：令和2（2020）年2月 ― *73*

◆**Point 035**◆**浮気されているの、どうしたら良いですか？**〔メール相談③〕 ― *73*

◆**Point 036**◆恋愛をするのは、個人の自由なの？〔リアル相談③〕—74

◆**Point 037**◆不貞行為の説明まとめ〔メール回答③〕—78

第2章：心理的なことの比較 —79

◆**Point 038**◆円満婚姻・法律離婚・外縁の比較③ —79

　　1 円満婚姻の心理的なこと—79

　　2 法律離婚の心理的なこと—80

　　3 外縁の心理的なこと—80

第3章：円満婚姻の心理的なこと —81

◆**Point 039**◆円満婚姻における貞操義務 —81

　　1 貞操義務とは—81

　　2 不貞行為とは—84

◆**Point 040**◆不貞行為を理由とする損害賠償請求 —85

　　1 不法行為（現民709条）とは—85

　　2 不貞行為による慰謝料—88

　　3 共同不法行為としての不貞行為—89

◆**Point 041**◆不貞行為による法律離婚 —90

　　1 離婚原因としての不貞行為—90

　　2 不貞行為をされた配偶者（被不貞配偶者）の権利—91

　　3 不貞行為をした配偶者（不貞配偶者）による離婚請求の制限—91

◆**Point 042**◆法律離婚を理由とする損害賠償請求 —92

　　1 法律離婚による不貞配偶者の慰謝料—92

　　2 不貞行為をした第三者（不貞相手方）の不法行為責任—93

◆**Point 043**◆円満婚姻の効果としての夫婦の氏 —94

　　1 円満婚姻における氏—94

　　2 現行民法改正をめぐる議論—96

第4章：法律離婚の心理的なこと —97

◆**Point 044**◆法律離婚後の再婚の自由 —97

　　1 不貞相手方との再婚—97

　　2 再婚禁止期間の意義—97

　　3 令和4年の現行民法改正—98

◆**Point 045**◆法律離婚の効果としての氏 —99

　　1 夫婦の氏の消滅—99

　　2 婚氏続称—99

目次　ix

第5章：外縁の心理的なこと —100

◆Point 046◆外縁と不貞行為 —100

　　　1 不貞配偶者の責任 —100

　　　2 不貞相手方の不法行為責任 —100

　　　3 不貞配偶者の離婚請求 —101

　　　4 不貞相手方との再婚 —102

◆Point 047◆外縁における氏 —102

　　　1 夫婦の氏の継続 —102

　　　2 通称使用 —102

第4編　家族の再構成 —103

第1章：外縁をめぐる物語④：令和5（2023）年10月 —103

◆Point 048◆別の人と交際しても良いですか？〔メール相談④〕 —103

◆Point 049◆破綻した後なら、恋愛は自由なの？〔リアル相談④〕 —103

◆Point 050◆再構成の説明まとめ〔メール回答④〕 —106

第2章：再構成の比較 —107

◆Point 051◆再構成の定義 —107

◆Point 052◆再構成と親権 —107

　　　1 血族とは —107

　　　2 子とは —108

　　　3 親とは —109

　　　4 親権とは —109

　　　5 親の義務という側面 —110

　　　6 令和4年の現行民法改正 —110

◆Point 053◆円満婚姻・法律離婚・外縁の比較④ —111

　　　1 円満婚姻における再構成 —111

　　　2 法律離婚における再構成 —112

　　　3 外縁における再構成 —112

第3章：再構成としての「内縁」 —113

◆Point 054◆内縁とは —113

　　　1 内縁の意義 —113

2 内縁の実質的要件：同居（共同生活の実体）— 114

3 内縁の形式的要件：婚姻届の不提出 — 114

4 内縁の消極的要件：婚姻障害 — 114

5 内縁の効果 — 115

6 内縁と過失相殺 — 116

7 内縁と自動車保険免責条項 — 117

◆Point 055◆**重婚的内縁とは** — 117

1 重婚的内縁の意義 — 117

2 法的に保護されるべき関係の限定（各自1組）— 118

3 重婚的内縁としての保護 — 118

4 重婚的内縁の妻の氏の変更 — 119

5 非嫡出子の氏の父の氏への変更 — 120

◆Point 056◆**外縁と内縁の比較** — 121

1 外縁と内縁の類似点 — 121

2 外縁と内縁の相違点 — 121

第4章：円満婚姻における再構成 — 122

◆Point 057◆**円満婚姻における再構成の禁止** — 122

1 重婚の禁止 — 122

2 重婚的内縁の禁止 — 122

◆Point 058◆**円満婚姻における共同親権** — 122

1 共同親権とは — 122

2 両親の意見が一致しないときは — 123

3 令和6年の現行民法改正 — 123

第5章：法律離婚における再構成 — 124

◆Point 059◆**法律離婚後の再構成の自由** — 124

1 再婚禁止期間に関する規定の削除 — 124

2 再婚の実情 — 124

◆Point 060◆**法律離婚後の単独親権・共同親権** — 125

1 単独親権とする理由 — 125

2 令和6年の現行民法改正 — 127

◆Point 061◆**法律離婚後の面会交流** — 129

1 面会交流の意義 — 129

2 面会交流に必要な協力関係 — 130

第6章：外縁における再構成 —131

◆**Point 062**◆**外縁における再構成の可能性** —131

◆**Point 063**◆**外縁における親権・監護権** —131

   1 実際の必要性 —131

   2 法制審議会における検討 —132

◆**Point 064**◆**外縁における面会交流** —132

   1 子に対する親の権利義務 —132

   2 令和6年の現行民法改正 —132

◆**Point 065**◆**外縁と夫婦関係調整調停・離婚訴訟** —133

   1 夫婦関係調整調停 —133

   2 離婚訴訟 —134

   3 婚姻を継続し難い重大な事由（婚姻破綻）—134

   4 平成8年要綱における離婚原因 —135

   5 令和6年の現行民法改正 —136

第5編　夫（元夫）の死亡 —137

第1章：外縁をめぐる物語⑤：令和5（2023）年12月 —137

◆**Point 066**◆**同居していなかった夫が、死亡しました**〔メール相談⑤〕—137

◆**Point 067**◆**通勤途中の交通事故死では、何が問題になるの？**
〔リアル相談⑤〕—137

◆**Point 068**◆**死亡の説明まとめ**〔メール回答⑤〕—139

第2章：夫（元夫）の死亡の比較 —140

◆**Point 069**◆**円満婚姻・法律離婚・外縁の比較⑤** —140

   1 円満婚姻における夫の死亡 —140

   2 法律離婚における元夫の死亡 —141

   3 外縁における夫の死亡 —141

第3章：円満婚姻における夫の死亡 —142

◆**Point 070**◆**円満婚姻の死亡による終了** —142

◆**Point 071**◆**円満婚姻における法定相続** —142

   1 法定相続とは —142

   2 配偶者相続権 —145

   3 子・孫等の直系卑属（第1順位の血族相続人）—146

◆**Point 072**◆**円満婚姻中の交通事故死と相続構成** ― 147
    1 相続構成の意義 ― 147
    2 相続構成と扶養構成の対比 ― 149
    3 相続構成と現行民法711条との関係 ― 150

◆**Point 073**◆**円満婚姻と遺族厚生年金** ― 150
    1 遺族年金における配偶者 ― 150
    2 民法と社会保険法の相違 ― 151

◆**Point 074**◆**円満婚姻中の生命保険** ― 151
    1 保険契約とは ― 151
    2 生命保険とは ― 152
    3 保険金の支払義務 ― 152
    4 死亡保険金受取人とは ― 153
    5 相続放棄と死亡保険金 ― 153
    6 団体信用生命保険 ― 154

第4章：法律離婚における元夫の死亡 ― 154

◆**Point 075**◆**法律離婚による配偶者相続権の消滅** ― 154
◆**Point 076**◆**法律離婚と死亡保険金受取人の変更** ― 154
    1 死亡保険金受取人の指定 ― 154
    2 受取人指定における続柄の意義 ― 154
    3 死亡保険金受取人の変更 ― 155

第5章：外縁における夫の死亡 ― 156

◆**Point 077**◆**外縁における配偶者相続権の存続** ― 156
    1 法律上の配偶者の相続権 ― 156
    2 死亡による内縁解消に関する最高裁判例 ― 157
    3 配偶者相続権の制限の可能性 ― 158

◆**Point 078**◆**外縁における交通事故死と扶養構成** ― 160
    1 内縁配偶者における「扶養構成」 ― 160
    2 扶養構成における慰謝料 ― 162
    3 扶養構成に関する最高裁判例 ― 162
    4 内縁配偶者に関する裁判例のまとめ ― 162
    5 重婚的内縁に関する裁判例 ― 163

◆**Point 079**◆**交通事故の損害賠償請求とADR** ― 164
    1 ADRとは ― 164

目次　xiii

2 訴訟手続との比較 ― 168

◆Point 080◆外縁における遺言相続 ― 169

1 遺言相続とは ― 169

2 内縁配偶者に対する遺贈等 ― 169

3 法律婚配偶者からの遺留分侵害額請求 ― 171

◆Point 081◆外縁と遺族厚生年金 ― 171

第6編 生まれくる子 ―― 173

第1章：外縁をめぐる物語⑥：令和6（2024）年2月 ― 173

◆Point 082◆もし妊娠していたら……〔メール相談⑥〕― 173

◆Point 083◆夫の死亡後に出産すると、父親はどう決まるの？〔リアル相談⑥〕― 173

◆Point 084◆嫡出推定の説明まとめ〔メール回答⑥〕― 174

第2章：生まれくる子の比較 ― 175

◆Point 085◆円満婚姻・法律離婚・外縁の比較⑥ ― 175

1 円満婚姻中に生まれくる子 ― 175

2 法律離婚後に生まれくる子 ― 175

3 外縁中に生まれくる子 ― 176

第3章：円満婚姻中に生まれくる子 ― 176

◆Point 086◆人類学的にみた親子の意義 ― 176

1 家族の起源 ― 176

2 ゴリラとの比較 ― 177

◆Point 087◆円満婚姻中の嫡出推定 ― 178

1 嫡出とは ― 178

2 婚姻制度との関係 ― 179

3 嫡出推定の理由 ― 180

第4章：法律離婚後に生まれくる子 ― 181

◆Point 088◆法律離婚後の嫡出推定の制限 ― 181

1 法律離婚後も続く父性推定 ― 181

2 令和4年の現行民法改正 ― 181

◆Point 089◆認知 ― 182

1 婚姻関係にない父親の決定方法 ― 182

　　　　2 認知の無効 — *183*

　　　　3 令和 4 年の現行民法改正 — *184*

第5章：外縁中に生まれくる子 — *185*

◆Point 090◆**外縁における嫡出推定と認知** — *185*

　　　　1 法務省の通達 — *185*

　　　　2 嫡出推定を制限する判例（外観説） — *185*

　　　　3 令和 4 年の現行民法改正過程における議論 — *186*

第7編 書式例 ── *189*

第1章：建物明渡請求 — *189*

◆Point 091◆**訴状（案）：メール添付のもの** — *189*

◆Point 092◆**打合せメモ 1** — *190*

第2章：不貞行為による損害賠償請求 — *192*

◆Point 093◆**通知書（案）** — *192*

◆Point 094◆**合意書（案）** — *193*

第3章：夫婦関係調整調停（離婚） — *194*

◆Point 095◆**調停申立書** — *194*

◆Point 096◆**答弁書** — *195*

◆Point 097◆**期日報告書** — *196*

◆Point 098◆**打合せメモ 2** — *199*

第4章：交通事故による損害賠償請求 — *200*

◆Point 099◆**斡旋申立書** — *200*

◆Point 100◆**斡旋試案提示書** — *202*

事項索引　*205*

判例索引　*207*

目次　*xv*

◆◆◆◆◆ **Point 目 次**

◆**Point 001**◆別居していても、夫婦のままなの？〔メール相談①〕—*1*
◆**Point 002**◆婚姻、離婚、そして外縁？〔リアル相談①〕—*1*
◆**Point 003**◆外縁の説明まとめ〔メール回答①〕—*5*
◆**Point 004**◆円満婚姻・法律離婚・外縁の比較①—*6*
◆**Point 005**◆円満婚姻とは—*9*
◆**Point 006**◆円満婚姻の実質的・積極的要件（双方の合意）—*14*
◆**Point 007**◆円満婚姻の実質的・消極的要件（婚姻障害）—*17*
◆**Point 008**◆円満婚姻の形式的・積極的要件（婚姻届）—*21*
◆**Point 009**◆円満婚姻の効果—*25*
◆**Point 010**◆法律離婚とは—*25*
◆**Point 011**◆協議による法律離婚の実質的要件（双方の合意）—*28*
◆**Point 012**◆裁判による法律離婚の実質的要件（離婚原因）—*29*
◆**Point 013**◆法律離婚の形式的要件（離婚届）—*30*
◆**Point 014**◆法律離婚の効果—*32*
◆**Point 015**◆外縁とは—*32*
◆**Point 016**◆外縁の要件—*34*
◆**Point 017**◆外縁の効果—*35*
◆**Point 018**◆共同生活のための建物は、誰のもの？〔メール相談②〕—*37*
◆**Point 019**◆共同生活の費用分担と、夫婦の財産？〔リアル相談②〕—*37*
◆**Point 020**◆財産帰属の説明まとめ〔メール回答②〕—*40*
◆**Point 021**◆円満婚姻・法律離婚・外縁の比較②—*41*
◆**Point 022**◆円満婚姻の効果としての同居義務—*42*
◆**Point 023**◆円満婚姻における協力・扶助義務—*46*
◆**Point 024**◆円満婚姻における費用の分担義務—*48*
◆**Point 025**◆円満婚姻における夫婦財産の帰属—*49*
◆**Point 026**◆円満婚姻と公的制度—*54*
◆**Point 027**◆法律離婚に伴う清算的財産分与—*55*
◆**Point 028**◆法律離婚に伴う扶養的財産分与—*61*
◆**Point 029**◆法律離婚後の養育費—*62*
◆**Point 030**◆法律離婚と公的制度—*65*
◆**Point 031**◆外縁における婚姻費用の分担義務—*66*
◆**Point 032**◆外縁における建物明渡請求—*69*
◆**Point 033**◆外縁における夫婦財産の管理—*70*

xvi Point 目次

◆Point 034◆外縁と公的制度 —72
◆Point 035◆浮気されているの、どうしたら良いですか？〔メール相談③〕—73
◆Point 036◆恋愛をするのは、個人の自由なの？〔リアル相談③〕—74
◆Point 037◆不貞行為の説明まとめ〔メール回答③〕—78
◆Point 038◆円満婚姻・法律離婚・外縁の比較③ —79
◆Point 039◆円満婚姻における貞操義務 —81
◆Point 040◆不貞行為を理由とする損害賠償請求 —85
◆Point 041◆不貞行為による法律離婚 —90
◆Point 042◆法律離婚を理由とする損害賠償請求 —92
◆Point 043◆円満婚姻の効果としての夫婦の氏 —94
◆Point 044◆法律離婚後の再婚の自由 —97
◆Point 045◆法律離婚の効果としての氏 —99
◆Point 046◆外縁と不貞行為 —100
◆Point 047◆外縁における氏 —102
◆Point 048◆別の人と交際しても良いですか？〔メール相談④〕—103
◆Point 049◆破綻した後なら、恋愛は自由なの？〔リアル相談④〕—103
◆Point 050◆再構成の説明まとめ〔メール回答④〕—106
◆Point 051◆再構成の定義 —107
◆Point 052◆再構成と親権 —107
◆Point 053◆円満婚姻・法律離婚・外縁の比較④ —111
◆Point 054◆内縁とは —113
◆Point 055◆重婚的内縁とは —117
◆Point 056◆外縁と内縁の比較 —121
◆Point 057◆円満婚姻における再構成の禁止 —122
◆Point 058◆円満婚姻における共同親権 —122
◆Point 059◆法律離婚後の再構成の自由 —124
◆Point 060◆法律離婚後の単独親権・共同親権 —125
◆Point 061◆法律離婚後の面会交流 —129
◆Point 062◆外縁における再構成の可能性 —131
◆Point 063◆外縁における親権・監護権 —131
◆Point 064◆外縁における面会交流 —132
◆Point 065◆外縁と夫婦関係調整調停・離婚訴訟 —133
◆Point 066◆同居していなかった夫が、死亡しました〔メール相談⑤〕—137
◆Point 067◆通勤途中の交通事故死では、何が問題になるの？〔リアル相談⑤〕—137
◆Point 068◆死亡の説明まとめ〔メール回答⑤〕—139

Point 目次　*xvii*

◆**Point 069**◆円満婚姻・法律離婚・外縁の比較⑤ —*140*

◆**Point 070**◆円満婚姻の死亡による終了 —*142*

◆**Point 071**◆円満婚姻における法定相続 —*142*

◆**Point 072**◆円満婚姻中の交通事故死と相続構成 —*147*

◆**Point 073**◆円満婚姻と遺族厚生年金 —*150*

◆**Point 074**◆円満婚姻中の生命保険 —*151*

◆**Point 075**◆法律離婚による配偶者相続権の消滅 —*154*

◆**Point 076**◆法律離婚と死亡保険金受取人の変更 —*154*

◆**Point 077**◆外縁における配偶者相続権の存続 —*156*

◆**Point 078**◆外縁における交通事故死と扶養構成 —*160*

◆**Point 079**◆交通事故の損害賠償請求と ADR —*164*

◆**Point 080**◆外縁における遺言相続 —*169*

◆**Point 081**◆外縁と遺族厚生年金 —*171*

◆**Point 082**◆もし妊娠していたら……〔メール相談⑥〕—*173*

◆**Point 083**◆夫の死亡後に出産すると、父親はどう決まるの？〔リアル相談⑥〕—*173*

◆**Point 084**◆嫡出推定の説明まとめ〔メール回答⑥〕—*174*

◆**Point 085**◆円満婚姻・法律離婚・外縁の比較⑥ —*175*

◆**Point 086**◆人類学的にみた親子の意義 —*176*

◆**Point 087**◆円満婚姻中の嫡出推定 —*178*

◆**Point 088**◆法律離婚後の嫡出推定の制限 —*181*

◆**Point 089**◆認知 —*182*

◆**Point 090**◆外縁における嫡出推定と認知 —*185*

◆**Point 091**◆訴状（案）：メール添付のもの —*189*

◆**Point 092**◆打合せメモ１ —*190*

◆**Point 093**◆通知書（案）—*192*

◆**Point 094**◆合意書（案）—*193*

◆**Point 095**◆調停申立書 —*194*

◆**Point 096**◆答弁書 —*195*

◆**Point 097**◆期日報告書 —*196*

◆**Point 098**◆打合せメモ２ —*199*

◆**Point 099**◆幹旋申立書 —*200*

◆**Point 100**◆幹旋試案提示書 —*202*

＝ 凡 例 ＝

1　本書は、第 1 編〔定義〕、第 2 編〔経済的なこと〕、第 3 編〔心理的なこと〕、第 4 編〔家族の再構成〕、第 5 編〔夫（元夫）の死亡〕、第 6 編〔生まれくる子〕、第 7 編〔書式例〕という構成で、法律上の夫婦の共同生活が実質的に破綻しているものの法律上は離婚していないとき（外縁）の法律関係について、法律上の夫婦の共同生活が実質的に破綻していないとき（円満婚姻）、法律上の離婚をしたとき（法律離婚）と比較しながら、検討している。

2　メール相談・リアル相談・メール回答として組み込まれた架空の物語の主な登場人物は、以下のとおりである。

弁護士	一中　和洋	（いちなか　かずひろ）
相談者	長田　さつき	（おさだ　さつき）
相談者の夫	長田　桂太	（おさだ　けいた）
相談者の子	長田　学歩	（おさだ　まなぶ）
相談者の姉	結音　弥生	（ゆいね　やよい）
相談者の妹	霜森　葉月	（しももり　はづき）

3　巻末に図 30 主要項目比較表（円満婚姻・法律離婚・外縁の比較）も付しているが、各頁のフッターに大項目（例えば「総論」）、ヘッダーに掲載項目番号（例えば◆Point 001◆）があることも活用されたい。

4　法令等の内容は、令和 6 年 6 月 1 日時点施行のものによっている。

民法は、大きな区別として、昭和 22（1947）年法律 222 号による全面改正前民法第 4 編・第 5 編を「明治民法（明民）」とし、基準日に施行されている民法を「現行民法（現民）」とした。そのうえで、現行民法の改正法と法制審議会要綱について、以下の略称を用いた。以下の説明にいう「施行」は、原則施行日である（例外が規定されている改正法もある）ことに留意されたい。

【略称】

昭和 22 年改正	昭和 22 年法律 222 号による改正（昭和 23 年 1 月 1 日施行）
昭和 51 年改正	昭和 51 年法律 66 号による改正（昭和 51 年 12 月 1 日施行）
昭和 55 年改正	昭和 55 年法律 51 号による改正（昭和 56 年 1 月 1 日施行）
平成 8 年要綱	平成 8 年 2 月 26 日の法制審議会総会決定による法律案要綱
平成 23 年改正	平成 23 年法律 61 号による改正（平成 24 年 4 月 1 日施行）
平成 25 年改正	平成 25 年法律 94 号による改正（平成 25 年 12 月 11 日施行・平成 25 年 9 月 5 日以後に開始した相続に適用）
平成 28 年改正	平成 28 年法律 71 号による改正（平成 28 年 6 月 7 日施行）
平成 29 年改正	平成 29 年法律 44 号による改正（令和 2 年 4 月 1 日施行）
平成 30 年改正 a	平成 30 年法律 59 号による改正（令和 4 年 4 月 1 日施行）
平成 30 年改正 b	平成 30 年法律 72 号による改正（令和元年 7 月 1 日施行）
令和 4 年改正	令和 4 年法律 102 号による改正（令和 6 年 4 月 1 日施行）
令和 6 年改正	令和 6 年法律 33 号（令和 6 年 5 月 24 日公布。原則施行日は、公布の日から起算して 2 年を超えない範囲内において政令で定める）

5　法令・裁判例の引用において、促音に関する一般的な表記を優先し、「よつて」→

「よって」、「従つて」→「従って」等と表記した。漢字・送り仮名等は、読みやすさを優先し、一般的な表記に変更したところがある。

6 文献、判例集・雑誌の略称については下記を参照されたい。

【文献】

赤い本	公益財団法人日弁連交通事故相談センター東京支部『民事交通事故訴訟 損害賠償額算定基準 上巻（基準編）』（2024）
秋武・岡	秋武憲一・岡健太郎『離婚調停・離婚訴訟 四訂版』（青林書院・2023）
アリソン	アリソン・アレクシー〈訳：濱野健〉『離婚の文化人類学 現代日本における〈親密な〉別れ方』（みすず書房・2022）
井田	井田良『講義刑法学・各論 第3版』（有斐閣・2023）
宇賀	宇賀克也『マイナンバー法の逐条解説』（有斐閣・2022）
大塚	大塚正之『不貞行為に関する裁判例の分析 慰謝料算定上の諸問題』（日本加除出版・2022）
大村2003	大村敦志『生活民法入門 暮らしを支える法』（東京大学出版会・2003）
大村2010	大村敦志『家族法 第3版』（有斐閣・2010）
大村2014a	大村敦志『新基本民法7 家族編 女性と子どもの法』（有斐閣・2014）
大村2014b	大村敦志『家族と法 比較家族法への招待』（左右社・2014）
大村2015	大村敦志『民法読解 親族編』（有斐閣・2015）
大村2017a	大村敦志『新基本民法8 相続編 遺産管理の法』（有斐閣・2017）
大村2017b	大村敦志『広がる民法1 入門編 法の扉を開く』（有斐閣・2017）
大村2019	大村敦志『新基本民法1 総則編 基本原則と基本概念の法 第2版』（有斐閣・2019）
大村2020a	大村敦志『民法のかたちを描く 民法学の法理論』（東京大学出版会・2020）
大村2020b	大村敦志『広がる民法5 学説解読編 公論の空間を発見する』（有斐閣・2020）
親子部会資料	法制審議会民法（親子法制）部会資料（法務省のウェブサイトにて公開されている）
鹿島	鹿島茂『思考の技術論 自分の頭で「正しく考える」』（平凡社・2023）
家族部会資料	法制審議会家族法制部会資料（法務省のウェブサイトにて公開されている）
加藤	加藤友佳『多様化する家族と租税法』（中央経済社・2021）
河合2009	河合隼雄『河合隼雄のカウンセリング教室』（創元社・2009）
河合2013	河合隼雄『河合隼雄のカウンセリング講話』（創元社・2013）
川嶋2020	川嶋四郎『民事訴訟の簡易救済法理』（弘文堂・2020）
川嶋2022	川嶋四郎『日本史のなかの裁判 日本人と司法の歩み』（法律文化社・2022）
菊池	菊池馨実『社会保障法 第3版』（有斐閣・2022）

木村・神崎	木村三男・神崎輝明『全訂 戸籍届書の審査と受理』（日本加除出版・2019）
草野	草野芳郎『新和解技術論 和解は未来を創る』（信山社・2020）
広辞	新村出編『広辞苑 第7版』（岩波書店・2018）
厚労省 1999	平成 11 年度人口動態統計特殊報告：結果の概要「離婚に関する統計」（厚生労働省のウェブサイトにて公開されている。以下同じ）
厚労省 2006	平成 18 年度人口動態統計特殊報告：結果の概要「婚姻に関する統計」
厚労省 2016	平成 28 年度人口動態統計特殊報告「婚姻に関する統計の概況」
厚労省 2021	令和 3 年度人口動態統計特殊報告「出生に関する統計の概況」
厚労省 2022	令和 4 年度人口動態統計特殊報告「離婚に関する統計の概況」
近藤・沖山	近藤哲朗・沖山誠著／岩谷誠治監修『「お金の流れ」がたった1つの図法でぜんぶわかる 会計の地図』（ダイヤモンド社・2021）
坂爪	坂爪真吾『はじめての不倫学「社会問題」として考える』（光文社・2015）
佐藤	佐藤隆幸編著『一問一答 令和4年民法等改正 親子法制の見直し』（商事法務・2024）
参議院会議録	第 210 回国会（令和 4 年）参議院法務委員会会議録
潮見 2013	潮見佳男『不法行為法 I 第2版』（信山社・2013）
潮見 2017	潮見佳男『新債権総論 II』（信山社・2017）
潮見 2018	潮見佳男『詳解 相続法 第2版』（弘文堂・2022）
潮見 2019	潮見佳男編『新注釈民法(19)相続(1)』（有斐閣・2019）
渋谷	渋谷秀樹『憲法 第3版』（有斐閣・2017）
下夷	下夷美幸『日本の家族と戸籍 なぜ「夫婦と未婚の子」単位なのか』（東京大学出版会・2019）
衆議院相続会議録	第 196 回国会（平成 30 年）衆議院法務委員会会議録
衆議院会議録	第 210 回国会（令和 4 年）衆議院法務委員会会議録
衆議院本会議録	第 210 回国会（令和 4 年）衆議院本会議録
小辞典	高橋和之・伊藤眞・小早川光郎・能見善久・山口厚編集代表『法律学小辞典 第5版』（有斐閣・2016）
事例研レポ	公益財団法人生命保険文化センター『保険事例研究会レポート』
末光	末光祐一『事例でわかる 基礎からはじめる 旧民法相続に関する法律と実務』（日本加除出版・2019）
鈴木	鈴木禄弥『相続法講義 改訂版』（創文社・1996）
善積	善積京子『離別と共同養育 スウェーデンの養育訴訟にみる「子どもの最善」』（世界思想社・2013）
高橋	高橋惠子『絆の構造 依存と自立の心理学』（講談社・2013）
田口	田口聡志『教養の会計学 ゲーム理論と実験でデザインする』（ミネルヴァ書房・2020）
橘木	橘木俊詔『家計の経済学』（岩波書店・2017）
辻村 2016	辻村みよ子『憲法と家族』（日本加除出版・2016）
辻村 2021	辻村みよ子『憲法 第7版』（日本評論社・2021）

筒井 2015	筒井淳也『仕事と家族 日本はなぜ働きづらく、産みにくいのか』（中央公論新社・2015）
筒井 2016	筒井淳也『結婚と家族のこれから 共働き社会の限界』（光文社・2016）
筒井・村松	筒井健夫・村松秀樹編著『一問一答 民法（債権関係）改正』（商事法務・2018）
づん 2018	づん『お金と時間が貯まる暮らしのルール』（エクスナレッジ・2018）
づん 2019	づん『毎日が潤う づんの家計簿 決定版』（ぴあ・2019）
出口 2009	出口治明『生命保険入門 新版』（岩波書店・2009）
出口 2019	出口治朗『哲学と宗教全史』（ダイヤモンド社・2019）
道垣内	道垣内弘人『リーガルベイシス民法入門 第5版』（日本経済新聞出版・2024）
東弁	東京弁護士会編『ケースでわかる改正相続法』（弘文堂・2019）
中川・泉	中川善之助・泉久雄編『新版注釈民法(26)相続(1)』（有斐閣・1992）
中込 2013	中込一洋『逆転の交渉術』（幻冬舎・2013）
中込 2019	中込一洋『実務解説 改正相続法』（弘文堂・2019）
中込 2020	中込一洋『職業・年齢別ケースでわかる！ 交通事故事件 社会保険の実務』（学陽書房・2020）
中込 2022	中込一洋『数次相続・代襲相続をめぐる実務 相続人・相続分の確定』（新日本法規・2022）
中込 2023	中込一洋「死亡事案の損害賠償請求における扶養構成」『小賀野晶一先生退職記念論文集』法學新報 129 巻 10・11 号（2023）
中込 2024a	中込一洋「ADR としての公益財団法人交通事故紛争処理センターの役割」『交通事故紛争解決法理の到達点 公益財団法人 交通事故紛争処理センター創立 50 周年記念論文集』（第一法規・2024）
中込 2024b	中込一洋『裁判例からポイントがわかる！ 生命保険の基本と実務』（学陽書房・2024）
中村	中村亮一『必携 生命保険ハンドブック』（中央経済社・2022）
長澤	長澤光太郎ほか『還暦後の 40 年 データで読み解く、ほんとうの「これから」』（平凡社・2023）
二宮	二宮周平ほか編『新注釈民法(17)親族(1)』（有斐閣・2017）
野末	野末武義「第4章 結婚による家族の成立期」「第5章 乳幼児を育てる段階」「第10章 夫婦関係の危機と援助」中釜洋子・野末武義・布柴靖枝・無藤清子編『家族心理学——家族システムの発達と臨床的援助 第2版』（有斐閣・2019）
星野 1972	星野英一『民法論集 第3巻』（有斐閣・1972・オンデマンド版 2003）
星野 1989	星野英一『民法論集 第7巻』（有斐閣・1989・オンデマンド版 2001）
星野 1996	星野英一『民法論集 第8巻』（有斐閣・1996・オンデマンド版 2008）

穂積	穂積陳重『タブーと法律 法原としての信仰規範とその諸相』（書肆心水・2007）
松本 2019	松本哲泓『離婚に伴う財産分与 裁判官の視点にみる分与の実務』（新日本法規出版・2019）
松本 2020	松本哲泓『改訂版 婚姻費用・養育費の算定 裁判官の視点にみる算定の実務』（新日本法規出版・2020）
松本 2022	松本哲泓『面会交流 裁判官の視点にみるその在り方』（新日本法規出版・2022）
松本 2024	松本哲泓『事例解説 離婚と財産分与 裁判実務における判断基準と考慮要素』（青林書院・2024）
山極 2012	山極寿一『家族進化論』（東京大学出版会・2012）
山極 2018	山極寿一『ゴリラからの警告「人間社会、ここがおかしい」』（毎日新聞出版・2018）
山極 2020	山極寿一『人生で大事なことはみんなゴリラから教わった』（家の光協会・2020）
山口慎	山口慎太郎『「家族の幸せ」の経済学 データ分析でわかった結婚、出産、子育ての真実』（光文社・2019）
山口真	山口真由『アメリカにおける第二の親の決定』（弘文堂・2022）
山口亮	山口亮子『日米親権法の比較研究』（日本加除出版・2020）
山下 2018	山下友信『保険法(上)』（有斐閣・2018）
山下 2022	山下友信『保険法(下)』（有斐閣・2022）
山下・永沢	山下友信・永沢徹編『論点体系 保険法 2 第 2 版』（第一法規・2022）
山本 2018	山本和彦『ADR 法制の現代的課題 民事手続法研究 III』（有斐閣・2018）
山本 2019	山本和彦「ADR 法の意義、現状と改革の方向」月刊司法書士 571 号（2019）
山本・山田	山本和彦・山田文『ADR 仲裁法 第 2 版』（日本評論社・2015）
吉田	吉田克己『物権法 I』（信山社・2023）

【判例集・雑誌】

民集	最高裁判所（大審院）民事判例集
集民	最高裁判所裁判集民事
家月	家庭裁判月報
判時	判例時報
判タ	判例タイムズ
金判	金融・商事判例
交民	交通事故民事裁判例集
生判	生命保険判例集（公益財団法人生命保険文化センター）

第1編 定義

第1章：外縁をめぐる物語①：令和元（2019）年10月

◆Point 001◆ 別居していても、夫婦のままなの？〔メール相談①〕

From：長田さつき

Sent：2019年10月6日10：06

To　：弁護士一中和洋先生

Subject：初めまして

一中和洋先生　　こんにちは、長田さつきです。初メール、緊張しています。

　詳しいことは来週木曜日、事務所にお伺いして説明しますものの、まず概要だけ、お伝えしたくて連絡しています。一中先生のアドレスは、姉（結音弥生）に教えてもらいました。義兄の希林さんと一中先生は大学の同期生なのですね。妹（霜森葉月）が離婚したときも、ご相談したと聞きました。

　私が、ご相談するのは、夫・桂太さんのことです。桂太さんとは、もう2年ちかく別居しています。私たちの子は、長男の学歩、4歳です。平成29年10月6日は学歩の2歳の誕生日なのですけど、些細なことで桂太さんと私が口論になってしまって、そのまま桂太さんは別居しています。しばらくホテルに泊まっていた後、桂太さんは勤務先の近くにマンションを借りたようです。それ以来、私は学歩と2人で暮らしています。今すぐに何かする必要はないけれど、将来のことを考えると不安になります。

　お伺いしたいのは以下の3つのことです。

1　夫婦なのに、別居していても問題はないのでしょうか。

2　別居していると、夫婦としての義務に影響がありますか。

3　別居が長くなると、離婚させられてしまうのでしょうか。

　以上、アドバイスをいただきますよう、お願いいたします。

◆Point 002◆ 婚姻、離婚、そして外縁？〔リアル相談①〕

　リアル相談の場所は、一中和洋弁護士の法律事務所。彼が物語に登場するのは、筆者初の単著以来である。当時、①「28歳……独立1年目で、張り切って頑張っている。交渉の力でトラブルを解決できる法律家を理想としている」（中込2013・46頁）、②「1年だけ私、中込の事務所に勤務していて、法廷やトラブルの現場で一緒に働いていた」（中込2013・47頁）と紹介された一中弁護士

◆**Point 002**◆

は、今では10年以上の経験を積んでいる。

一中　こんにちは、初めまして。一中です。メール、読みました。いろいろ難しいですね。体調は、いかがでしょうか。

さつき　初めまして。長田さつきです。お気遣いいただいて、ありがとうございます。体調は、悪くはないです。少し疲れてはいますけど。車で送ってもらったのですけれど、姉と妹に同席してもらって宜しいですか。

一中　ええ。大丈夫ですよ。

さつき　ありがとうございます。いま駐車場にいるはずなので、すぐ連絡します。一中先生は、義兄さん、えーと、結音希林さんと大学時代から友人なのですか。

一中　そうそう。希林くんとは法政大学のもと森定教授の民法ゼミで知り合いました。彼は卒業して銀行に就職したけれど、僕はその後も司法試験を受けていました。浪人していても、ゼミのOB会で会っていたし、希林くんと弥生さんの結婚披露宴で友人代表として挨拶しましたよ。さつきさんも式場にいたのかな。

さつき　はい、姉の結婚披露宴、私も出席していました。そうすると、初めまして、では無いことになりますね。あ、姉たちが来たみたい。

弥生　一中先生、お久しぶりですね。お元気にされていますか。

一中　はい。元気いっぱいです。弥生さんは、いかがかな。

弥生　良かった、私も元気です。希林も久しぶりに会いたかったみたいで、仕事を休めないこと残念がっていました。長男の来生は10歳になりました。今日は、さつきちゃんのことを相談するのですけど、葉月ちゃんも久しぶりに一中先生に会いたいからって一緒に来ました。大勢で押しかけてしまって、すみません。

葉月　一中先生、お久しぶりですね、如月飛雷さんと離婚するとき、いろいろ教えてもらったの、心強かったです。離婚するとき、まだお腹にいた子は、無事に生まれました。女の子で、名前は駒鳥、3歳になりました。子育ては大変なときもあるけど、とっても楽しいです。さつきちゃんのことも、よろしくお願いします。

一中　コトリって、素敵な名前ですね。確かに、子育ての楽しさは、ちょっと格別だと思います。さて、そろそろ本題に入りましょうか。さつきさんのご相談ですね。

さつき　はい。よろしくお願いします。メールしたとおり、夫、桂太さんとの別居が続いていることについての相談です。桂太さんは、33歳、営業職員として生命保険会社に勤務しています。桂太さんと私は平成27年7月5日に

2　第1編　定義

◆Point 002◆

結婚しました。もう4年前ですね。同年1月から半年ほど同居していて、私の妊娠が分かってから婚姻届を提出しました。子どもは1人、長男の学歩、平成27年10月6日生まれ、今4歳です。桂太さんは2年ほど前に転居してしまい、私は、学歩と2人で暮らしています。

一中　結婚した頃は、どんな生活でしたか。

さつき　えーと。結婚した時、私は25歳、桂太さんは29歳でした。大学を卒業して呉服屋さんで働いていたとき、桂太さんのお母さんがお客様として来られました。それで着物をご自宅にお届けしたとき、桂太さんに会ったのが御縁の始まりです。しばらく交際してから同居したのですけれど、婚姻届を提出したのは妊娠していると分かってからです。出産したのは平成27年10月6日なのですけど、その数か月前に退職してからずっと専業主婦です。妊娠・出産に備えて私の実家に近いところに中古の一戸建てを購入しました。平成28年10月6日のことです。専業主婦になっていた私は住宅ローンを組めなかったので、桂太さんが売買契約をしました。

一中　なるほど、分かりました。別居する前は、どんな状況でしたか。

さつき　桂太さんは家事を全くしません。私が専業主婦だから当然だと思っていた時期もありましたけど、入籍した頃、私、体調の悪いときが続いたのです。それなのに桂太さんは「仕事が忙しいから」と全く家事をせず、そればかりか週に2〜3回も外泊するようになりました。週末等、学歩と一緒に遊ぶときは桂太さんも楽しそうにしていましたが、私との会話は少なくなりました。それで、学歩の2歳の誕生日、平成29年10月6日に、些細なことで桂太さんと口論になってしまって。あの日は、雨が降っていましたね。すみません。えっと。あの。そのまま桂太さんはホテルに泊まったりして自宅に帰ってくることはなくて、勤務先の近くにマンションを借りて転居していきました。それ以来、ずっと別居しています。

一中　分かりました、学歩くんの2歳の誕生日直後に別居して、それが2年ほど続いているのですね。いろいろ大変でしょう、どんなことに困っていますか。

さつき　桂太さんは、毎月、学歩と私の生活費をくれていますし、特に困っていることはありません。

一中　そうですか。それでは、法律的なことを、少し説明しますね。離婚届は出していないけど、夫婦関係が破綻している状態を、専門的には「外縁」といいます。事実上の婚姻のことを内縁というのですけれど、その反対のイメージ、事実上の離婚のことです。外縁については、条文はなく、解釈に委ねられています。大まかな話をすると、形式を重視する場面では、法律上の離婚をし

第1章　外縁をめぐる物語①　　*3*

◆Point 002◆

ていないことが強調され、夫婦としての権利義務が認められやすいのに対して、実質を重視する場面では、夫婦としての共同生活はないことが強調され、夫婦としての権利義務が否定されることもあります。

さつき　事実上の離婚のことを、外縁って呼ぶのですね。初めて知りました。

一中　ところで、桂太さんには連絡していますか。

さつき　はい。月に１～２回、学歩と遊んだりするときに連絡しています。天気が良い日は公園に行くとか、雨だったら映画館に行くとか。学歩には、いつも優しくて、素敵なパパだと思います。

一中　ふーむ。そうなのですね。先ほど説明した「外縁」は、破綻して夫婦の実体がなくなった場合です。さつきさんの場合、学歩くんの面会交流等のために桂太さんと協力し合っていますから破綻しているとは評価できない感じですね。すみません。もっと事情を聴いてから説明すべきでしたね。失礼しました。これからの夫婦関係について、どう考えていますか。

さつき　はい。毎月１～２回、桂太さんと遊ぶ機会を、学歩はとても楽しみにしています。パパのことが大好きなので。私も愛情がなくなったわけではありません。別居のきっかけとなった口論も、とても些細なことでした。私は、できるのなら家族３人で仲良く暮らしていきたいと思っています。でも……。

弥生　あの、一中先生、すみません。ちょっと話題、変えて良いですか。葉月ちゃんも聞きたいことあるみたいで。

一中　ええ。大丈夫ですよ。どんなご相談でしょうか。

葉月　私は、離婚してから、飛雷さんと会っていません。ときどき連絡してくるけど、会いたくなくて。長女のコトリが生まれた時は電話しました。その後はメールだけですね。飛雷さんは娘に会いたいみたいで、来月10日の４歳の誕生日に、一緒にお祝いしようと言われました。どうしたら良いですか。

一中　えーと。コトリさんは、漢字で、駒に鳥と書くのでしたね。駒鳥ちゃんと穏やかに交流できるのであれば、父親との面会を認めることに法律上の問題はありません。駒鳥ちゃんに飛雷さんのことを説明していますか。

葉月　はい。直接は会っていないけど、誕生日やクリスマスにプレゼントが届くので、パパからだよ、と説明したことはあります。まだ３歳なので、どこまで理解しているのかは不明ですけど。飛雷さんは穏やかなので、暴力とかの心配はありません。まだ時間あるので、もう少し考えてみます。

さつき　すみません。もう落ち着きました。大丈夫です。私と桂太さんは今でも夫婦ですよね。それなら、同居するべきだ、ということになるのでしょうか。

一中　はい。それでは、せっかくの機会ですから、ご参考として、法律的な

◆Point 003◆

ことを少し説明しますね。外縁のことは円満婚姻・法律離婚と比較する方が分かりやすいので、弥生さんのように円満結婚している人のこと、葉月さんのように法律離婚した人のことと比較しながら、外縁における同居義務について説明しましょう。現行民法 752 条に「夫婦は同居……しなければならない」と規定されていますから、法律離婚後の元夫婦には同居義務がなく、円満婚姻中の夫婦には同居義務があります。でも、これは、別居することすべてを当然に違法とする規定ではありません。夫婦共同生活の維持向上という目的に照らして別居することが合理的と判断されることもあります。同居義務について強制執行することは否定されていますし、免除されることもあり得ます。別居期間が長くなって夫婦関係が事実上の破綻に至った「外縁」では、同居義務を認めることに意義はありません。外縁に至らないときでも、別居しているときは夫婦関係が円満ではないことに応じて特別の配慮を必要とされることもあります。

さつき　そうですか、うーん、難しいですね。また相談に来ても良いですか。そういえば、最近は別居する夫婦が増えているのでしょうか。

一中　はい？　うーん、別居する夫婦が増えているかは分からないけれど、家族が多様化しているという傾向はあります。まあ、いずれにしても、今は弁護士が受任するタイミングではないようですね。何かあったら、また相談していただけると嬉しいです。姉妹で仲良く協力しあえると良いのだけど。

弥生　はい、私は時間に余裕あるので、さつきちゃんに何か必要があるときは、お手伝いできると思います。

葉月　うーん、私は、自分のことで精一杯かも。

一中　大丈夫ですよ。3 人とも、頑張りすぎないで、お休みすることも大切にしていただきますように。

さつき　ありがとうございます。いろいろご説明いただいて、嬉しいです。なんだか元気になりました。

◆Point 003◆ 外縁の説明まとめ〈メール回答①〉

From：弁護士一中（いちなか）

Sent：2019 年 10 月 26 日 14：16

To　：長田さつき様

Subject：今後のことなど

長田さつき様　　こんにちは、一中です。

　先日はご来所いただき、ありがとうございました。結婚って何だろう、なぜ同居しないのだろう、いろいろ考えると難しいなあ、と思いました。

　メールご質問について、回答を、まとめてみました。ご参考として。引き続

き、よろしくお願いいたします〜。
1　夫婦なのに、別居していても問題ないのでしょうか。
(回答)
　2人で合意して冷却期間を設けるということに、法的な問題はありません。
2　別居していると、夫婦としての義務に影響がありますか。
(回答)
　別居が長期化し、夫婦関係が破綻しているときは、外縁（事実上の離婚）と評価されます。その関係については条文がなく、解釈に委ねられています。形式を重視する場面では、法律上の離婚をしていないことが強調され、夫婦としての権利義務が認められる傾向があります。これに対して、実質を重視する場面では、夫婦としての共同生活はないことが強調され、夫婦としての権利義務が否定されることもあります。
3　別居が長くなると、離婚させられてしまうのでしょうか。
(回答)
　別居が長期化したというだけで、当然に、法律上の離婚となるわけではありません。ただし、離婚原因が認められる可能性は高くなりますから、注意が必要です。

第2章：定義の比較

◆Point 004◆ 円満婚姻・法律離婚・外縁の比較①
1　外縁というモデル

　外縁とは、法律上の婚姻をした夫婦の共同生活が実質的に破綻しているものの法律上は離婚していない状態（破綻した法律婚・事実上の離婚）である。
　説明の基本となるカップルについて女性（妻・元妻）A・男性（夫・元夫）B・その間に生まれた子（第1子）Cとし、それに（婚姻のイニシャル）K・（離婚のイニシャル）R・（外縁のイニシャル）Gを組み合わせると、以下のモデルになる。これは単純化することによって枠組みを理解しやすくする意図に基づく（→図1〜3）。

図1 ▶円満婚姻モデル①

◆**Point 004**◆

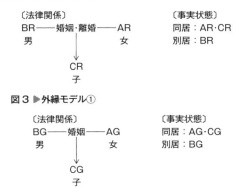

図2 ▶**法律離婚モデル①**

2　外縁と円満婚姻の比較

　外縁は、法律上の婚姻があるのに、その法律上の効果の一部が認められない場合である。その具体的内容については、破綻していない法律婚（以下、円満婚姻という）と比較しつつ検討することは有意義である（→図4）。

図4 ▶**円満婚姻・外縁**

3　外縁と法律離婚の比較

　外縁とは、法律上の婚姻をした夫婦の共同生活が実質的に破綻しているものの法律上は離婚していないことであり、離婚の法律上の効果の一部が認められていると評価することもできる。その具体的内容については、法律上の離婚（以下、法律離婚という）と比較しつつ検討することも有意義である（→図5）。

図5 ▶**法律離婚・外縁**

4　三元論という枠組み

(1)　三元論とは　　筆者は、外縁の分析において、①円満婚姻との比較（婚姻の法律上の効果の一部が認められないこと）、②法律離婚との比較（離婚の法律上の効果の一部が認められること）という視点を用いている。ここでは、三元

第2章　定義の比較　　7

◆Point 004◆

論が参考になる。

　三元論とは、「純粋にまったく混じりあわないピュアな要素、たとえば純金、純銀、純銅のような、他の2つの要素をまったく含まない純粋要素からなる3つの項が成立するもの」（鹿島216頁）である。その検討は、「現実（対象）を観察し、類似性と相違性に基づいて分類を行いながら3本のポールを立て、そのポールを中心にして現実（対象）を大きく3つに分けることのできる分け目を見つけること」（鹿島218頁）から始まる。

　三元論を用いることが適切なのは、「要素が3種類あり、しかも、どれか1つの要素を欠いている『ナイ○型』が3つある」ときであり、「3つの要素の（＋）が2つで（－）が1つの『ナイ○型』が3種類というグループ……というのが最も安定的かつ根源的な三元論システムを構成する」とされる（鹿島228頁）。これを整理すると、①ナイ A 型＝A ナイ（－）B アル（＋）C アル（＋）、②ナイ B 型＝A アル（＋）B ナイ（－）C アル（＋）、③ナイ C 型＝A アル（＋）B アル（＋）C ナイ（－）という形になる。

(2) 外縁をめぐる三元論　　外縁（破綻した法律婚・事実上の離婚）を円満婚姻および法律離婚と比較するためには、以下の3つの判断要素によることが適切である（→図6）。

　P：法律上の婚姻をしていること（法律婚姻）

　Q：夫婦の共同生活が実質的に破綻していること（実質破綻）

　R：形式（戸籍）と実体（生活）が一致していること（形式一致）

　円満婚姻は、ナイ Q 型である。法律上の婚姻をしているが（P：法律婚姻はアル）、夫婦の共同生活は破綻しておらず（Q：実質破綻はナイ）、形式と実体は一致している（R：形式一致はアル）。

　法律離婚は、ナイ P 型である。法律上の婚姻をしておらず（P：法律婚姻はナイ）、夫婦の共同生活は破綻しており（Q：実質破綻はアル）、形式と実体は一致している（R：形式一致はアル）。

　外縁は、ナイ R 型である。法律上は婚姻をしているにもかかわらず（P：法律婚姻はアル）、夫婦の共同生活が実質的に破綻しており（Q：実質破綻はアル）、形式（婚姻）と実体（離婚）は一致していない（R：形式一致はナイ）。

図6 ▶円満婚姻・法律離婚・外縁

		P：法律婚姻	Q：実質破綻	R：形式一致
円満婚姻	ナイQ型	アル（＋）	ナイ（－）	アル（＋）
法律離婚	ナイP型	ナイ（－）	アル（＋）	アル（＋）
外縁	ナイR型	アル（＋）	アル（＋）	ナイ（－）

8　第1編　定義

◆**Point 005**◆

第3章：円満婚姻の定義

◆Point 005◆ 円満婚姻とは

1 法律上の婚姻（狭義）

(1) 法律上の婚姻 　法律上の婚姻とは、「結婚すること。夫婦となること。一対の男女の継続的な性的結合を基礎とした社会的な経済的結合で、その間に生まれた子供が嫡出子として認められる関係」（広辞 1117 頁）、「終生の共同生活を目的とする一男一女の法律的結合関係」（木村・神崎 357 頁）である。これは、「男女関係のうち一定のものに限って、社会的に承認されるべき男女関係」について「種々の規制を行う」社会制度であると説明された（星野 1989・203 頁）。

　家族になる主な方法として、婚姻すること（合意）と、子として生まれること（血縁）がある。家族は、「対面による視覚的なコミュニケーションが主流となる」団体であり、「向社会的な感情によって」支えられている（山極 2012・334 頁）。向社会的とは、「見返りを求めず、不利益をこうむることをいとわず、相手の幸福度を上げる」（山極 2012・226 頁）ことである。

　夫婦とは「適法の婚姻をした男女の身分」（広辞 2526 頁）であり、配偶者とは「夫婦の一方から見た他方」（広辞 2309 頁）、妻とは「夫婦の一方としての女」（広辞 1961 頁）、夫とは「婚姻関係にある男」（広辞 423 頁）である。

(2) 狭義の婚姻（円満婚姻） 　円満婚姻とは、法律上の婚姻をした夫婦の共同生活が実質的に破綻していないことである。「婚姻」という言葉は、広義では、内縁（事実上の婚姻。夫婦同様の共同生活をする男女のカップル）を含む。また、「婚姻とは男性と女性との間に成立するという前提も変化しつつある。2001 年に初めてオランダで同性婚が認められてから、今日では同性婚を合法化している国は 20 カ国を超え、……今後さらに増加する見込み」（加藤 5 頁）という指摘がある。しかし、本書では、「婚姻」という言葉を法律上の婚姻という意味で用いることを原則とする（これと異なる意味で用いるときは、その旨を明示する）。これは、本書の検討課題である外縁（準離婚・事実上の離婚）が、法律上の婚姻をしていることを要件とするためである。

　P を「法律上の婚姻をしていること（法律婚）」、Q を「夫婦の共同生活が実質的に破綻していること（実質破綻）」、R を「形式（戸籍）と実体（生活）が一致していること（形式一致）」とする三元論によると、円満婚姻は、ナイ Q 型、すなわち、法律上の婚姻をしているが（P はアル）、夫婦の共同生活は破綻しておらず（Q はナイ）、形式と実体は一致している（R はアル）。これに対し、外縁は、ナイ R 型、すなわち、法律上は婚姻をしているにもかかわらず（P はアル）、夫婦の共同生活が実質的に破綻しており（Q はアル）、形式

◆Point 005◆

（婚姻）と実体（離婚）は一致していない（Rはナイ）。

この見地からは、夫婦が同居している場合や、単身赴任等の正当事由のある別居（正当別居）をしている場合はもちろん、夫婦関係が悪化したために別居している場合であっても未だ冷却期間中である（＝外縁には至っていない）場合（冷却別居・前離婚）は、円満婚姻に含まれることになる（→図7）。

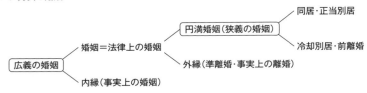

図7 ▶男女の婚姻

2 円満婚姻の制度としての側面

(1) 制度とは　円満婚姻は、社会制度である。制度とは「制定された法規。……社会的に定められている、しくみやきまり」（広辞1614頁）であるところ、現行民法の婚姻制度について「法律婚をし、あるいはしないことに関して国家による干渉を受けない自由が定められる。それは、旧憲法下の家制度のもとでは婚姻の自由が認められず、女性のみならず男性の自己決定権や家族形成権が侵害されていたことに由来する」（辻村2016・122頁）と説明されている。ただし、制度は「一定の内容を持ち個人の意思では容易には変ええない堅固な実体を持った存在」であり、その実体としての確かさは内容の既定性（変更の不能性）に由来するところ、「婚姻の場合には、さらに、制度が定める内容そのものが固定的で強力なものであるということによって、二重にその確かさは保障されてきた」（大村2010・140頁）という側面もある。

円満婚姻の制度としての側面では、「結婚についてかなり厳格に細かく規定しているのは、それが単に個人間の関係に止まらず、より広い社会に関係する制度だからである。……夫婦間の精神的安定による社会の安定や、子の肉体的精神的養育による社会・人類の健全な存続・発展という目的を持つものとして、社会は結婚に対して無関心ではいられない」（星野1989・212頁）という指摘がある。婚姻制度によって形成されるカップルの固定性は、①「排他的なものとして構想されている」こと、②「永続的なものとして構想されている」ことによる（大村2010・140頁）。

(2) 制度としての側面の変化　円満婚姻の制度としての側面は、揺らいでいる。このことは、①「婚姻の成立が公示されず、また、戸籍の閲覧が制限されていることを考えると、日本では少なくとも法的には、結婚する男女が社会的

な承認を受ける契機が希薄である……と言わざるをえない。このような制度の下で、結婚は私事であると考えるカップルが増加している」（大村 2014b・51〜52 頁）、②「制度としての側面は、今日では相対的に脆弱になりつつある。離婚の自由化の進行がそのことを端的に示しているが、それと相まって（既婚男女の）婚姻外の性関係に対する意識が変化していることもみのがせない」（大村 2010・140 頁）と説明されている。

3　円満婚姻の自然に基づく側面

(1)　自然とは　円満婚姻は、自然に基づく。ここにいう自然とは、生物としての在り方のことであり、「ヒトには男女の異なる性があり、その交配により種の再生産がなされるということ」（大村 2010・141 頁）を意味する。ただし、これは子をもうけなければならないという意味ではない。今日では子のない夫婦は少なくないうえ、子のできない夫婦も存在している。そして、「子のないことは離婚原因とはならないし、そもそも不妊であることが明らかな男女であってもその婚姻は妨げられない」（大村 2010・141 頁）から、2 人の人間が子どもを育てることを含意して共同生活を送るという点に婚姻の目的を求めるとしても、これは「抽象的・定型的な目的であり、具体的・個別的な目的とされていなくとも、婚姻の要件は充足されている」（大村 2010・286 頁）と解釈されている。

　自然に基づく側面は、円満婚姻は、その男女のカップルから子が生まれることを念頭に置いていることを意味する。このことは、「核家族とは一組の夫婦と子どもが同居する姿が典型であるが、夫ないし妻が死亡するかあるいは離婚した場合でも、すなわち片親と子どもが住む場合も核家族に含める。……現代ではこの家族類型が過半数の主流である。……家族は経済活動（すなわち勤労による所得の稼ぎと消費・貯蓄）をともに行い、子どもを産んで育てて、教育を施す」（橘木 164 頁）と説明されている。

　夫婦間に子が生まれることを想定している規定として、①「妻が婚姻中に懐胎した子は、……夫の子と推定する」（現民 772 条 1 項）、②「親権は、父母の婚姻中は、父母が共同して行う」（現民 818 条 3 項本文）、③「被相続人の子は、相続人となる」（現民 887 条 1 項）等がある。最大判平成 27・12・16 民集 69 巻 8 号 2586 頁も、「婚姻の重要な効果として夫婦間の子が夫婦の共同親権に服する嫡出子となるということがある」と判示している。

(2)　自然に基づく側面の変化　円満婚姻の自然に基づく側面も、揺らいでいる。

　壮年期における家族の必要性として、「複雑な世界を 1 人で生きてゆくのは簡単なことではない。また、一定の規律を要求される社会の中で生きてゆくの

◆Point 005◆

も気安いことではない。さらには、有限の生命の彼方につながる何ものかを求めたいという気持ちも消しがたい。そこに、人生のパートナーを得たい、そして、子どもをもうけたいという欲求が生まれる」（大村2010・4～5頁）という事情がある。これは、婚姻をする理由になり得る。

夫婦の場合、「互いにサービスを提供しあうことによって、日々の暮らしを支え合っている……ことが便利」（大村2014b・20頁）である。そして、子を産み育てることを想定するカップルにとって婚姻には大きな実益がある。それは、子が生まれるとその女性の夫が父親になる（嫡出が推定される）こと、協力して子育てをする義務があること、カップルとしての関係解消が制限される（意思の合致がないまま離婚するには裁判手続を必要とする）こと、生存中は婚姻費用の分担を請求できる（子育て期間における生活費を確保しやすい）こと、死亡すると相続できる（子育てに要する財産を得られる）こと等が法律的に認められるためである。

しかし、現在では、子をもたない自由が広く認められつつある。このことは、①「避妊が認められている。日本ではあたりまえのことと感じられるが、欧米では比較的最近になって認められるようになった」、②「人工妊娠中絶が、やはり欧米では近年になって認められるようになった。しかし、これが認められる過程では大論争が繰り広げられたし、アメリカなどではこれに反対の勢力がなお根強く、大統領選挙の争点にもなるほどである」と指摘されている（大村2010・141頁）。さらに、「最近では、そもそも再生産の前提となるカップルの異性性までが揺さぶられている」（大村2010・142頁）と指摘されており、同性婚をめぐる議論も活発である（→◆Point 006◆）。

それでは、子を産み育てることを想定していない（新たな血縁を生じさせない）カップルにとって、婚姻によって配偶者となること（合意）は意味があるのか。筆者は、この問いを考え続けている。婚姻は法制度にすぎないから、国家による強制を及ぼすことが適切でない心理的側面においては実益を感じにくい。憩いの場であること、ケアの授受や温かい人間関係等は、現実の生活状況によって左右されるものであり、法的に家族であるか否かの影響はそれほど大きくない。

4 円満婚姻の経済的メリット

(1) 費用の節約・分業の利益・リスクの分かち合い　円満婚姻について、「現代社会では、配偶関係にある2者は経済的にも助け合うものと考えられており、ほとんどの先進国では夫婦間の扶養義務が法律で定められている。法律を意識しなくとも、結婚したカップルは多かれ少なかれ家計を同じくし、精神的のみならず経済的にも共同生活を送っている。夫がたくさん稼いでいる場合、

◆**Point 005**◆

妻の生活水準も高くなる。同じ世帯を形成しているのに、夫の生活水準と妻の生活水準が全く異なる、ということはない」（筒井 2015・189 頁）という指摘がある。

　経済学的な結婚観として、広義の婚姻（法律上の婚姻に限らず、内縁を含む）において「夫婦が助け合うことによってさまざまなメリットが生じる」（山口慎 36 頁）として、①費用の節約、②分業の利益、③リスクの分かち合い等が指摘されている。具体的には、①費用の節約は「2 人でバラバラにアパートを借りるよりも、同じ家に住んでしまえば、より安い家賃で、広く快適な部屋に住むことが可能」、「同じ部屋で過ごすことで、光熱費の節約にもつながり……自炊する場合には、効率的に食材を使うこと」（山口慎 36〜37 頁）、②分業の利益は「自分が得意なものを相手の分までやる代わりに、相手には自分の苦手な作業をやってもらうこと」（山口慎 37 頁）、③リスクの分かち合いは「1 人の稼ぎが減ってしまっても、もう 1 人が新たに働きに出たり、副業を始めるなどして、夫婦全体の収入が大きく落ち込まないようにすることで、家計を支えること」（山口慎 38 頁）などを意味する。

(2) 子をもうけること　　子をもうけることを前提とするときは、広義の婚姻（法律上の婚姻に限らず、内縁を含む）において夫婦が助け合うことによって、上記**(1)**①（費用の節約）・②（分業の利益）・③（リスクの分かち合い）という経済的メリットのあることが認められる。子をもうけることの経済的メリットとして「家業の跡を継いでもらったり、自分の介護をしてもらう」（山口慎 40 頁）こともあったところ、このような関係は、現代の日本社会においては現実的でなくなってきている。

　子をもうけることの経済的デメリットとしては、直接的な金銭の支出のほか、子育てにかける時間を金銭的に評価したもの（子育てによって失われてしまったであろう収入）も考慮する必要があり、相当高額の負担となる。

　筆者は、子をもうけることについて、愛情という（心理的な）側面が欠かせないと考えている。親子関係について、「親は自分の生んだ子どもに当然のことながら愛情を感じるし、動物本来の本能ということもある。動物には子孫保存という本能があり、親は子どもが育つことを願う」（橘木 167 頁）という説明がある。

5　非婚化・晩婚化

(1) 50 歳時未婚率・平均初婚年齢　　国勢調査（総務省）による 50 歳時未婚率は、1950（昭和 25）年に約 1.5％であったところ、2010（平成 22）年は女性約 10％・男性約 20％となり、「非婚化が進んでいる」（山口慎 28 頁）。

　人口動態統計（厚生労働省）による平均初婚年齢は、1950（昭和 25）年に妻

23.0 歳・夫 25.9 歳であったところ、2009（平成 21）年には妻 28.6 歳・夫 30.4 歳となっており、「男女とも 4 歳以上、大幅に晩婚化が進んだ」（山口慎 29 頁）とされる。平均初婚年齢は、夫・妻とも昭和 50 年以降上昇傾向のまま推移しており、「特に妻は、昭和 52 年に 25.0 歳、令和 4 年で 26.0 歳と、1 歳上昇するのに 15 年かかったが、平成 12 年で 27.0 歳になるまでの間隔は 8 年となり、平成 17 年で 28.0 歳になるまでは 5 年」（厚労省 2006・3 頁）であった。2015（平成 27）年の平均婚姻年齢は、「夫婦とも初婚」は妻 29.0 歳・夫 30.7 歳、「夫婦とも再婚」は妻 42.7 歳・夫 46.5 歳である（厚労省 2016・4 頁）。

(2) 非婚化・晩婚化の背景事情　　非婚化・晩婚化には、上記 4 の婚姻の経済的メリットが十分なものと感じられないことが影響している可能性がある。ここでは、「女性の高学歴化・労働力参加により、結婚相手への希望水準が上昇したこと」（筒井 2015・42 頁）が重要である。これは、「女性も働いて所得を得るようになったことで、満足のいく相手が見つかるまで結婚を先延ばしできるようになった。あるいは自分よりも所得の高い男性を求めるようになったために、結婚難が生じた」（筒井 2015・42〜43 頁）という視点である。女性の所得が上昇することによって、上記 **4**(1)①（費用の節約）・同②（分業の利益）・同③（リスクの分かち合い）のメリットは女性にとって少なくなる。そして、「男性の所得見込みが下落して、結婚生活を維持できるだけの経済水準を保てなくなったこと」（筒井 2015・43 頁）は、この傾向を助長する。上記(1)②（分業の利益）では、男性が家事労働をするスキルを有しているかという問題もある。

　上記 **4**(2)（子どもをもうけること）については、「高学歴でキャリアのある女性ほど、子育てによって暗黙のうちに失われる収入は大きくなり……、そうした女性が、子どもを持ちたいと思わない、ひいては、結婚したいと思わなくなるのも無理のないこと」（山口慎 41 頁）という指摘がある。晩婚化に伴い、「母の出生時平均年齢も上昇傾向にあり、晩産化が進んでいる。平成 15 年に第 2 子が 30.7 歳であったが、27 年には第 1 子が 30.7 歳と 12 年間で 1 人分の差が生じている」（厚労省 2021・3 頁）という事実もある。

◆Point 006◆ 円満婚姻の実質的・積極的要件（双方の合意）

1　円満婚姻の当事者（両性）の合意

(1) 日本国憲法 24 条　　日本国憲法 24 条 1 項は、婚姻は「両性の合意のみ」に基づいて成立すると規定している。これは「家族カ婚姻又ハ養子縁組ヲ為スニハ戸主ノ同意ヲ得ルコトヲ要ス」と規定していた明治民法 750 条 1 項を否定することを含意している。この背景について、「『恋愛』は昔から人間に

存在する自然な感情だ、と考える人は多いかもしれない。しかし少なくとも恋愛結婚が広く普及したのは、近代社会においてである。その主要な動因となったのは、雇用労働化だ。雇用されるということは、家業（農業や自営業）から独立して経済力を得るということであり、それはすなわち親の影響力からの自立をも意味している。そうすると、結婚相手についても自分で選ぶ自由度が増すことになる」（筒井 2015・193 頁）と説明されている。

　現行民法に「両性の合意」を要件とする規定はないものの、人違いその他の事由によって当事者間に婚姻をする意思がないときに婚姻を無効とする規定（現民 742 条 1 号）は、両性の合意がなければならないことを前提している。「婚姻をする意思」とは夫婦関係を成立させるという意思であり、その夫婦関係とは「テーブルとベッドをともにする関係、つまり寝食をともにし、性的結合をもつ関係」（渋谷・463 頁）のことである。

(2)　身分行為の成立要件　　身分行為の成立には「身分行為をする者の意思、2 人以上の当事者のいる場合には合意」（星野 1978・374 頁）が必要であるから、当事者（婚姻をする男女）の合意は、婚姻の積極的要件である。

　夫婦には（実親子等と異なり）血のつながりがなく、そもそもは他人である。2 人は「何らかのきっかけから交際を始め結婚に至るのだが、そこにはお互いの結婚やパートナーに対する意識的・無意識的な期待や動機などが存在する。……理由はともあれ、結果的には相互選択によって成立する関係」（野末 58 頁）である。ここにいう「相互選択」に基づいて形成されるのが、両性の合意（婚姻をする意思）である。

(3)　財産契約との比較　　財産契約については、契約自由が原則とされている。契約自由の原則とは、契約に関しては、当事者の合意に基づいて、自由に法律関係を形成することができるという原則である（現民 521 条）。

　円満婚姻は、当事者間の合意によって成立するという意味において、一種の契約関係ということができる。そして、結婚をするか否か、その相手を誰にするかは、自由に決められる。その限度では、円満婚姻は財産契約と類似している。しかし、円満婚姻には、その内容を決める自由はない。それが制度としての側面である（→◆Point 005◆）。

2　意思と愛情

(1)　両性の合意（意思）　　円満婚姻について「家の格式や身分が重視されていた時代とは違い、現代社会では婚姻は 2 者の同意による、（ほとんどの場合）愛情に基づいた関係構築である」（筒井 2015・189 頁）という指摘がある。

　円満婚姻の当事者（両性）の合意における「意思」については、「いちおう、ローマ法で『テーブルとベッドを共にする関係』を作る意思といっていること

がほぼあたっているといえようか。そのような関係をつくる意思は『実体意思』とか『実質的意思』などと呼ばれている。ここで注意すべきことは、『愛』ではなく『意思』が要件とされ、その内容が問題となっているということである。……結婚における意思は、将来に向っての決心であり、現在の状態である感情とは異なる」(星野 1989・211 頁) と説明されている。

　婚姻に必要な意思能力について、東京高判令和 3・4・27 判時 2563 号 5 頁は、「婚姻意思とは、『社会通念上夫婦とみられる関係を形成しようとする意思』を指すと解されるところ、当該関係の形成は、同居、協力扶助、相続といった婚姻の基本的な効果を当然に伴うものであるから、婚姻のための意思能力があるといえるためには、これらの基本的な効果を理解する程度の能力は必要といえるが、その法的効果の詳細まで理解する能力を要するものではない」と判示した。

(2) 夫婦としての愛 (愛情)　　愛 (愛情) について、「夫と妻は結婚する前に恋愛関係にあったし、見合い結婚であってもお互いに好感をもっていたのであり、夫婦になってもお互いに愛情を感じ続けているであろう。愛情とは相手を慈しむことであり、無償で相手が喜ぶことを夫は妻に対して、妻も夫に対して進んで提供する」(橘木 167 頁) という説明がある。愛と意思との関係については、「『愛』とは、感情的なものでなく、相手および将来生れるであろう子どもの一生についての責任を負うという意思である。理性的判断に裏打ちされた意思である。そうだとするならば、その意味での『愛』を法律は要求していると言ってよい。このさい、感情的な愛があるのが通常であろう」(星野 1989・211 頁) と説明されている。

3　同性婚をめぐる議論

(1) 性的マイノリティという視点　　憲法 24 条は「両性の合意」と規定している。平成 30 年改正 a 前の現行民法 731 条には「男は……、女は……」、現行民法 750 条には「夫婦」「夫又は妻」とあり、婚姻の当事者は性別を異にする (男女である) ことを前提としている。その背景について、「同性では子どもが生まれないので、同性のカップルの共同生活は婚姻とはいえないということだろう。民法典の起草者は書くまでもない当然のことと考えていた」(大村 2010・133 頁) と指摘されている。

　しかし、家族は多様化している。そして、「同性愛者などの性的マイノリティ (LGBT もしくは LGBTI) 等をめぐる差別問題が存在する。性的志向 (セクシャル・オリエンテーション) に由来する L (レズビアン) G (ゲイ) B (バイセクシャル)、性自認に関わる T (トランスジェンダー)、もしくは I (インターセックス) については、社会的にも認識が未だ十分ではないだけでなく、理論的に

16　　第 1 編　定義

◆**Point 007**◆

も、性的自由ないし性的志向の自由に関する構造分析……など、多くの課題が存在している」（辻村 2021・111 頁）ことは否定できない。この見地から、法改正によって同性婚を認めていくことが課題となる。このことは、「2001 年に初めてオランダで同性婚が認められてから、今日では同性婚を合法化している国は 20 カ国を超え、現在同性婚法案を審議している国々があることからも、同性婚を認める国は今後さらに増加する見込み」（加藤 5 頁）という指摘もあり、前向きに検討していくことが必要である。

(2) 婚姻の目的　　同性婚を認めていく際の検討課題について、「決め手は婚姻の目的をどう考えるかという点にあると思われる。2 人の人間が共同生活を営むという点のみに着目すれば、その 2 人が異性であるかは必ずしも重要ではないかもしれない。しかし、2 人の人間が子どもを育てることを含意して共同生活を送るという点に婚姻の特殊性を求めるならば、同性のカップルには婚姻と同様の法的保護までは認められない」（大村 2010・286 頁）という指摘がある。この指摘は、法改正によって同性婚を認めていくときは、従来の（男女間における）婚姻の定義・要件・効果についての再検討が不可避となることを含意している。

◆Point 007◆ 円満婚姻の実質的・消極的要件（婚姻障害）

1　婚姻障害の定義

(1) 婚姻障害とは　　婚姻障害とは、円満婚姻の実質的・消極的要件であり、現行民法 731〜736 条に規定されている。このことは、「当事者が婚姻意思を有しているとしても、これらの要件を満たさないと婚姻の成立は認められないという消極的要件であり、婚姻障害とも呼ばれる」（大村 2010・133 頁）と説明されている。婚姻障害があるときは、不適法な婚姻として取消しの対象となる（現民 744〜747 条）。

(2) 財産契約との比較　　婚姻障害については、「契約と対比するならば、公序良俗にあたるものであるといってもよい」（大村 2010・133 頁）という指摘がある。

公序良俗（現民 90 条）は、①「契約自由の原則を出発点とするならば、公序良俗違反を理由とする内容規制は、その例外として位置づけられる。……団体主義的な法思想が強まるのに応じて、公序良俗こそが原則であり、契約自由がむしろ例外であるとの考え方が徐々に力を増してきた。……戦後になると揺り戻しが生じ、公序良俗違反は再び例外の地位に退くことになった」（大村 2019・84〜85 頁）、②「国家をぬきにして契約を語ることはできないということが正面から意識されている……。しかし、それは公序良俗こそが原則であるという

第 3 章　円満婚姻の定義　　*17*

一時期の考え方とは異なる。指向されているのは、自由を方向づけ・支援する公序であり、自由なき公序ではない」（大村 2019・90 頁）と説明されている。これを参考にするときは、婚姻障害も、婚姻の自由に対する例外であり、婚姻の自由を方向づけ・支援するものとして解釈することが適切である。

2　婚姻年齢

(1) 民法改正による婚姻年齢の引上げ　　婚姻年齢とは「法律上有効に婚姻をなしうる年齢」（広辞 1117 頁）である。これは、「婚姻年齢の制限は、婚姻の自由に関する年少者（未成年者）の人権享有主体性の問題である。あまりに早すぎる婚姻から生じるさまざまな不幸、例えば独立して安定した家族生活が維持できないといった状況を後見的見地から防止する趣旨の制度とみれば正当化される」（渋谷 464 頁）と説明されている。

　明治民法 765 条は「男ハ満 17 年女ハ満 15 年ニ至ラサレハ婚姻ヲ為スコトヲ得ス」と規定し、平成 30 年改正 a 前の現行民法 731 条は「男は、18 歳に、女は、16 歳にならなければ、婚姻をすることができない」と規定していた。このような男女の区別について、「従来の判例・学説は、男女の身体的成熟度の違いを理由とする男女の区別的取扱いであるから合理的であると解してきた。しかし、身体的成熟度には個人差があり、女性 16 歳・男性 18 歳という基準が性差のステレオタイプ化の結果であるとすれば、その合理性はかなり疑わしい」（辻村みよ子 2021・171 頁）、②「男女の差異を設けることについては合理的根拠を見出すことはできない」（渋谷 464 頁）と指摘されていた。

　現行民法 731 条は、「婚姻は、18 歳にならなければ、することができない」と規定し、男女を区別していない。これは、平成 30 年改正 a によって成年年齢を 20 歳から 18 歳に引き下げることに伴い「男女のアンバランスがより顕在化すること」（大村 2010・135 頁）を回避するためである。

(2) 父母の同意　　明治民法 750 条 1 項は、「家族カ婚姻……ヲ為スニハ戸主ノ同意ヲ得ルコトヲ要ス」と規定していた。そして、明治民法 772 条は、1 項で「子カ婚姻ヲ為スニハ其家ニ在ル父母ノ同意ヲ得ルコトヲ要ス但男カ満 30 年女カ満 25 年ニ達シタル後ハ此限ニ在ラス」、2 項で「父母ノ一方カ知レサルトキ、死亡シタルトキ、家ヲ去リタルトキ又ハ其意思ヲ表示スルコト能ハサルトキハ他ノ一方ノ同意ノミヲ以テ足ル」、3 項で「父母共ニ知レサルトキ、死亡シタルトキ、家ヲ去リタルトキ又ハ其意思ヲ表示スルコト能ハサルトキハ未成年者ハ其後見人及ヒ親族会ノ同意ヲ得ルコトヲ要ス」と規定していた。また、明治民法 773 条は、「継父母又ハ嫡母カ子ノ婚姻ニ同意セサルトキハ子ハ親族会ノ同意ヲ得テ婚姻ヲ為スコトヲ得」と規定していた。ここでは、戸主の意思が尊重されていた。

◆**Point 007**◆

　現行民法には「家」制度がないため戸主の同意は要件とされていない。平成30年改正a前の現行民法737条は、1項で「未成年の子が婚姻をするには、父母の同意を得なければならない」、2項で「父母の一方が同意しないときは、他の一方の同意だけで足りる。父母の一方が知れないとき、死亡したとき、又はその意思を表示することができないときも、同様とする」と規定していた。同条が削除されたのは、平成30年改正aによって成年年齢と婚姻年齢が一致したことによる。これにより、当事者の意思こそが尊重される（父母の同意は要件ではない）ことになる。

　なお、後見との関係について、明治民法774条は、「禁治産者カ婚姻ヲ為スニハ其後見人ノ同意ヲ得ルコトヲ要セス」と規定していた。現行民法738条も、「成年被後見人が婚姻をするには、その成年後見人の同意を要しない」と規定している。

3　重婚の禁止

(1)　一夫一婦制　　一夫一婦制とは、「1人の夫と1人の妻によって成立する婚姻形態」（広辞188頁）である。これは、「生物学的理由ではなく、文化的な理由による」（大村2010・136頁）ものである。一夫一婦制は、明治民法によって制度化されたものであり、「江戸時代までは一夫多妻制が認められており、明治時代には妾は妻と同様に夫の2親等とされるだけではなく、太政官布告によって戸籍に記載する途も拓かれていた」（加藤26頁）と説明されている。一夫一婦制と一夫多妻制を比較し、「一夫多妻制は一部のエリートが女性を独占するが、一夫一婦制はどれだけ社会的・経済的に成功した男性であろうとも、1人以上の妻を持つことはできない。反対に、社会的・経済的に恵まれていない男性でも妻を持つ見通しを立てることができる」（坂爪71頁）という指摘がある。

(2)　重婚　　重婚とは、「配偶者のある者が重ねて婚姻すること」（広辞1376頁）である。明治民法766条は、「配偶者アル者ハ重ネテ婚姻ヲ為スコトヲ得ス」と規定していた。現行民法732条も、「配偶者のある者は、重ねて婚姻をすることができない」と規定している。重婚の禁止は、婚姻カップルを保護するものであり、「一夫一婦制をとる国においてこれに反することのできないのは当然」（星野1989・212頁）とされる。重婚は、婚姻の取消し（現民744条）の対象となるほか、重婚罪（刑法184条）に問われることもある。

(3)　事実上の重婚（内縁）　　現行民法732条の禁止する重婚は、法律上の婚姻に関するものであり、事実上の婚姻（内縁）には及ばない。内縁関係にある者が重ねて法律上の婚姻をすることや、法律上の婚姻関係にある者が重ねて内縁関係を結ぶことは、重婚に該当しない。そして、「事実上は重婚状態が生じ

ていることは今日でも少なくない」（大村 2010・136 頁）という指摘もある。このことが外縁における再構成として内縁（重婚的内縁）が認められる背景事情である（→◆Point 062◆）。

4 再婚の自由

再婚とは、「再度の結婚。……婚姻の解消または取消しの後、他の婚姻関係に入ること」（広辞 1136 頁）である。これは法律離婚後にあらためて婚姻することであるから、重婚ではない。明治民法と異なり、前姻の破綻原因となった不貞行為の相手方と再婚することも、現行民法は禁止していない。再婚禁止期間を規定する現行民法 733 条は、令和 4 年改正によって削除された（→◆Point 059◆）。

5 一定の近親間の婚姻

(1) 直系血族・3 親等内の傍系血族　血族には、自然血族と法定血族がある。自然血族とは「実親子関係から広がる実祖父母孫や実兄弟姉妹など、実の血族の間柄」（末光 43 頁）であり、法定血族とは「自然血族ではないものの、血族として扱われる間柄」（末光 44 頁）である。血族・姻族には、直系と傍系がある。直系とは「親子関係（の連続）によって血の繋がった者」（大村 2014b・14 頁）、「祖先と子孫の血族の関係」（末光 44 頁）であり、傍系とは「互いに祖先と子孫の関係にはないが、祖先を同一とする者相互の血族の関係」（末光 44 頁）である。

明治民法 769 条は、「直系血族又ハ 3 親等内ノ傍系血族ノ間ニ於テハ婚姻ヲ為スコトヲ得ス但養子ト養方ノ傍系血族トノ間ハ此限ニ在ラス」と規定していた。現行民法 734 条 1 項も、「直系血族又は 3 親等内の傍系血族の間では、婚姻をすることができない。ただし、養子と養方の傍系血族との間では、この限りでない」と規定している。

近親婚を禁止する規定には、血縁（自然血族）に関わるもの（現民 734 条 1 項）と、法的な親族関係に関わるもの（現民 734 条 2 項・735 条・736 条）がある。血縁（自然血族）に関わるものは、生物学的理由によるものとされることが多く、「遺伝学上非常に危険」（星野 1989・212 頁）という指摘もある。しかし、「現行の近親婚禁止が遺伝学上の問題を回避するのにどの程度の意味があるのかは必ずしも明らかではない。むしろ、後者〔筆者注：法的な親族関係に関わるもの〕も含めて、社会的・文化的なもの」（大村 2010・135 頁）と理解する方が適切である。

最判平成 19・3・8 民集 61 巻 2 号 518 頁は、「民法 734 条 1 項によって婚姻が禁止される近親者間の内縁関係は、時の経過ないし事情の変化によって婚姻障害事由が消滅ないし減退することがあり得ない性質のものである。……社会

◆**Point 008**◆

倫理的配慮及び優生学的配慮という公益的要請を理由とするものであるから、上記近親者間における内縁関係は、一般的に反倫理性、反公益性の大きい関係というべきである。殊に、直系血族間、二親等の傍系血族間の内縁関係は、我が国の現在の婚姻法秩序又は社会通念を前提とする限り、反倫理性、反公益性が極めて大きい」と判示した。これは、結論として「近親婚の関係にあたる内縁カップルにつき、遺族厚生年金の受給資格を認める」（大村2010・136頁）との判断をしたものであり、その射程距離について注意する必要がある。

(2) 直系姻族　　姻族とは、「自己の配偶者の血族と、自己の血族の配偶者」（末光44頁）である。明治民法770条は、「直系姻族ノ間ニ於テハ婚姻ヲ為スコトヲ得ス 729条の規定により姻族関係カ止ミタル後亦同シ」と規定していた。現行民法735条も、「直系姻族の間では、婚姻をすることができない。第728条又は第817条の9の規定により姻族関係が終了した後も、同様とする」と規定している。

(3) 養子等　　養子とは、「血縁のない2人の人間が、合意によってつくり出す法的な子」（大村2010・200頁）である。明治民法771条は、「養子、其配偶者、直系卑属又ハ其配偶者ト養親又ハ其直系尊属トノ間ニ於テハ730条ノ規定ニ依リ親族関係カ止ミタル後ト雖モ婚姻ヲ為スコトヲ得ス」と規定していた。現行民法736条も、「養子若しくはその配偶者又は養子の直系卑属若しくはその配偶者と養親又はその直系尊属との間では、第729条の規定により親族関係が終了した後でも、婚姻をすることができない」と規定している。

◆**Point 008**◆ 円満婚姻の形式的・積極的要件（婚姻届）

1　戸籍の定義

　戸籍とは、①「戸（家）ごとに戸主や家族の続柄・氏名・年齢・性別などを記載した公文書」（広辞1064頁）、②「人の親族法上の身分関係を公証する制度」（小辞典442頁）、③「民法に基づく、各人の夫婦や親子の関係を登録し、その関係をおおやけに証明するもの」（下夷1頁）である。戸籍は、民法とは切り離せないものであり、「法律の性格でいえば、民法は実体法（法的関係の内容自体を定めた法律）、戸籍法はその手続法（実体法の実現手続きを定めた法）と位置づけられる」（下夷1頁）。

2　婚姻届の定義

　婚姻届とは、「婚姻が有効に成立するために必要な手続」（広辞1117頁）である。婚姻届の提出によって、夫婦であることが戸籍に記載される。

　明治民法775条は、1項で「婚姻ハ之ヲ戸籍吏ニ届出ツルニ因リテ其効力ヲ生ス」、2項で「前項ノ届出ハ当事者双方及ヒ成年ノ証人2人以上ヨリ口頭ニ

第3章　円満婚姻の定義　　*21*

テ又ハ署名シタル書面ヲ以テ之ヲ為スコトヲ要ス」と規定していた。現行民法
739 条は、1 項で「婚姻は、戸籍法（昭和 22 年法律第 224 号）の定めるところに
より届け出ることによって、その効力を生ずる」、2 項で「前項の届出は、当
事者双方及び成年の証人 2 人以上が署名した書面で、又はこれらの者から口頭
で、しなければならない」と規定している。戸籍法 74 条は、「婚姻をしようと
する者は、左の事項を届書に記載して、その旨を届け出なければならない」と
して、(1)「夫婦が称する氏」、(2)「その他法務省令で定める事項」を列挙して
いる。

　婚姻届の意義は、「戸籍法上の届出という一定の法律上の手続を求めること
により、その届出を受理する際に、その要件を具備しているかどうかを調査す
ることが最も適当な方法といえる。のみならず、誰と誰とが夫婦であるかない
かということは、社会的に大きな影響のある公的な性格を持ったものであるか
ら、婚姻が成立したかどうかは、一般の人々にはっきりわかるようにすること
が必要であり、そのためにも、戸籍簿に婚姻に関する事項を記載し、これを公
示・公証することは極めて重要かつ意義のあること」（木村・神崎 357 頁）と説
明されている。

3　婚姻届の法的評価

　婚姻届の法的評価については、以下の 3 つの見解がある。

(1) 成立説　　第 1 説（成立説）は、婚姻届の提出という形での意思表示によ
って婚姻が成立するという見解であり、「旧民法の考え方」（大村 2020b・110 頁）
とされる。これは、当事者が届出という方式に従って婚姻意思を表示してこれ
を合致させることによって婚姻が成立するという見解である。第 1 説（成立
説）によれば、届出がないことは意思表示もないことになるから、婚姻が成立
する余地はない。

(2) 方式説　　第 2 説（方式説）は、届出は方式であるという見解である。こ
の見解について、「当初の考え方（＝明治民法の考え方）は、届出を方式と考え
るものであった。そのため、合意があっても届出がなければ方式を満たさず、
結婚は有効たりえないということになる。……意思と届出とを分けて届出を方
式とする考え方にすでに、届出がなくても婚姻は成立しうると考える契機が含
まれていた」（大村 2020b・110 頁）と説明されている。事実上の合意で成立し、
届出は効力発生要件とする見解によると、内縁関係を救済することが容易にな
る。

(3) 対抗要件説　　第 3 説（対抗要件説）は、届出は対抗要件であるという見
解である。この見解によるときは、届出がなくても合意があったことは否定さ
れない。届出という対抗要件を備えないために婚姻を対抗できないのは「第三

◆Point 008◆

者」との関係であり、当事者間では婚姻は有効に成立していると考えることが可能になる。このことは、「届出のウエイトをさらに軽くして、婚姻の要件は合意であり、届出は対抗要件であるとすることも考えられる。これに従うと、当事者間で合意をしても（合意を内包する共同生活が行われていても）、対抗要件を備えない限り、婚姻を第三者に対抗することはできないことになる。ただし、当事者間では婚姻は有効に成立していると考える余地が残されている。『内縁』という用語には『外部社会に対して公示されていない関係』という意味がある」（大村 2020b・110 頁）と説明されている。

　筆者は、第 3 説（対抗要件説）が良いと考えている。なぜなら、共同生活の実体がある「内縁」の保護の程度については、第三者にも影響する場面と、当事者間に限られる場面とを区別することが合理的だからである。

4　方式を欠く届出

(1) 届出をしないとき　　現行民法 742 条 2 号本文は、「当事者が婚姻の届出をしないとき」について婚姻を無効としている。上記 **3(3)** の第 3 説（対抗要件説）によるときは、立法論としては、「当事者が婚姻の届出をしないとき」でも婚姻は当事者間では無効ではなく、第三者に対抗することができないと規定することが適切ということになる。

(2) 方式を欠く届出の効力　　現行民法 742 条 2 号ただし書は、「その届出が第 739 条第 2 項に定める方式を欠くだけであるときは、婚姻は、そのためにその効力を妨げられない」と規定している。これは、婚姻届の方式は（婚姻の）有効要件ではないことを意味する。

5　創設的届出

(1) 戸籍の記載における区別　　戸籍の記載は、①記載されてはじめて法律的な効果を生ずるもの（例えば、婚姻・養子縁組の記載）と、②既に生じた法律的な効果のある事実を登録するもの（例えば、出生や死亡の記載）がある。

　上記①は、夫婦・親子としての共同生活があっても、戸籍に記載されないときは事実上の婚姻（内縁）、事実上の養子としての関係にとどまることを意味する。そのため、届出義務や履行義務の定めはなく（戸籍法 74 条・66 条参照）、届出をしなくとも過料という問題を生じない。このように届出をしなくても罰則がなく、その社会的な事実に基づく法律上の効果を主張し得ないだけであることが、内縁等の保護の前提となっている。

　上記②は、出生や死亡の事実に伴うすべての法律関係は、戸籍に記載されなくても当然に生ずることを意味する。そのため、親、子その他一定の関係者が届出をする義務を負わされ（戸籍法 52 条・87 条）、履行期限が定められ（戸籍法 49 条・86 条）、これを怠ったときは過料に処せられる（戸籍法 137 条）。

第 3 章　円満婚姻の定義　　*23*

◆Point 008◆

(2) 婚姻届（創設的届出）　　婚姻届は、上記(1)①に対応するものであり、戸籍に記載されてはじめて法律的な効果を生ずるもの（創設的届出）である。創設的届出においては、「その届出行為自体が当該戸籍事件を成立させる要件であるから、届出が真に本人の意思に基づくものであるから、届出が真に本人の意思に基づくものであるかどうかということが最も重要な点である。本人の意思に基づかない届出は、虚偽の届出であり、たとえこれを受理して戸籍の記載をしても何ら効力を生じない」（木村・神崎 10〜11 頁）とされる。

　ここでは、上記(1)②に対応する報告的届出（既に生じた法律的な効果のある事実を登録するもの）は「結局のところ既に発生した事実の報告に過ぎないので、届出人の意思がその事件自体の存在や効力を左右するということはあり得ない」（木村・神崎 11 頁）ことと区別し、創設的届出の位置づけを理解することが重要である。

6　形式的審査

(1) 市町村長による受理　　婚姻届を受理する際に市町村長が審査するところ、その範囲は、形式的審査にとどまる。その理由は、「多数の届出人や申請人を相手として集団的、画一的かつ迅速に処理しなければならない戸籍行政事務の性質に由来する」（木村・神崎 9 頁）と説明されている。

(2) 実質的要件の審査　　明治民法 776 条本文は、「戸籍吏ハ婚姻カ……法令ニ違反セサルコトヲ認メタル後ニ非サレハ其届出ヲ受理スルコトヲ得ス」と規定していた。現行民法 740 条も、「婚姻の届出は、その婚姻が第 731 条、第 732 条、第 734 条から第 736 条まで〔筆者注：婚姻障害〕及び前条第 2 項の規定〔筆者注：婚姻届の方式〕その他の法令の規定に違反しないことを認めた後でなければ、受理することができない」と規定している。同条は現行民法 737 条も対象としていたが、同条は平成 30 年改正 a により成年年齢と婚姻年齢が一致したことを受けて削除されたため（→◆Point 007◆）、現在は対象とされていない。

　婚姻障害（実質的・消極的要件）との関係については、「民法の要求する実質的要件の存否をも審査し得るものであり、ただ、その場合でも審査の方法は、……形式的審査で足りる」（木村・神崎 13 頁）と説明されている。ただし、立法論として、「虚偽の婚姻届……によって様々な問題が生じていることは周知の通りである。また、実際上の問題から離れても、婚姻……という重大な結果が発生する行為については、当事者の真意を確認し、場合によっては不公正な契約条件を事前にチェックする手続を設ける必要があるとも言える」（大村 2020a・110 頁）という指摘もある。

24　　第 1 編　定義

◆Point 009◆ 円満婚姻の効果

1　経済的なこと

円満婚姻の経済的なこととして、本書では、①同居義務（→◆Point 022◆）、②協力義務・扶助義務（→◆Point 023◆）、③婚姻費用の分担義務（→◆Point 024◆）、④夫婦財産の帰属：（潜在的）別産制（→◆Point 025◆）、⑤公的制度（→◆Point 026◆）を検討している。

2　心理的なこと

円満婚姻の心理的なこととして、本書では、①貞操義務（→◆Point 039◆）、②不貞行為を理由とする損害賠償請求（→◆Point 040◆）、③不貞行為による法律離婚（→◆Point 041◆）、④法律離婚を理由とする損害賠償請求（→◆Point 042◆）、⑤夫婦の氏（→◆Point 043◆）を検討している。

3　再構成

円満婚姻の再構成として、本書では、①再構成の禁止（→◆Point 057◆）、②共同親権（→◆Point 058◆）を検討している。

4　夫の死亡

円満婚姻の夫の死亡として、本書では、①死亡による婚姻の終了（→◆Point 070◆）、②法定相続（→◆Point 071◆）、③交通事故死と相続構成（→◆Point 072◆）、④遺族厚生年金（→◆Point 073◆）、⑤相続放棄と死亡保険金（→◆Point 074◆）を検討している。

5　生まれくる子

円満婚姻の生まれくる子として、本書では、嫡出推定（→◆Point 087◆）を検討している。

第4章：法律離婚の定義

◆Point 010◆ 法律離婚とは

1　法律上の離婚

法律離婚とは、法律上の婚姻をした夫婦の共同生活が実質的に破綻して法律上も離婚したこと、「夫婦が婚姻を解消すること」（広辞3074頁）である。一旦有効に成立した婚姻関係を将来に向かって消滅させることによって「法律上夫婦でなくなることであり、夫婦関係の破綻そのものではない」（星野1972・473頁）とされる。「婚姻関係は、当事者の一方の死亡及び離婚によって解消するが、離婚は、この当事者の一方の死亡によらない離婚の解消、すなわち、夫婦の生存中における婚姻の解消を意味するもの」（木村・神崎394頁）である。「夫婦の一方が死亡すれば配偶者関係は終了するから、後に生存配偶者が姻族関係

第4章　法律離婚の定義　　**25**

◆Point 010◆

終了の手続をとっても、これは離婚とは異なる。離婚は、宗教上・倫理上の理由などから、婚姻の場合と異なって、必ずしも当事者の意思自治を認めず、裁判所などの関与によって制約する法制が多い」（小辞典 1322 頁）と説明されている。

「離婚」という言葉は、広義では、外縁（事実上の離婚）を含むこともある。離婚は、身分行為であり、「実体の存在……が、重要」（星野 1978・374 頁）という指摘がある。しかし、本書では、法律離婚という意味で用いることを原則とする（これと異なる意味で用いるときは、その旨を明示する）。これは、外縁（準離婚・事実上の離婚）という本書の検討課題が、法律上は離婚していないことを要件とするためである。

P を「法律上の婚姻をしていること（法律婚姻）」、Q を「夫婦の共同生活が実質的に破綻していること（実質破綻）」、R を「形式（戸籍）と実体（生活）が一致していること（形式一致）」とする三元論によると、法律離婚は、ナイ P 型、すなわち、法律上の婚姻をしておらず（P はナイ）、夫婦の共同生活は破綻しており（Q はアル）、形式と実体は一致している（R はアル）。これに対し、外縁は、ナイ R 型、すなわち、法律上は婚姻をしているにもかかわらず（P はアル）、夫婦の共同生活が実質的に破綻しており（Q はアル）、形式（婚姻）と実体（離婚）は一致していない（R はナイ）。

法律離婚は、婚姻の実体（夫婦の共同生活）が完全に破綻しているという点（＝実質破綻）においては外縁と同じであり、離婚届（現民 764 条による現民 739 条の準用）を提出した点において外縁と区別される（→図 8）。

図 8 ▶ 婚姻破綻・離婚

2　愛情の消滅

婚姻における当事者の合意（実質的要件）は、「相手および将来生れるであろう子どもの一生についての責任を負うという意思である。……その意味において『愛』を法律は要求していると言ってよい。このさい、感情的な愛があるのが通常であろう」（星野 1989・211 頁）と説明されている。婚姻の実体（夫婦の共同生活）は、お互いに愛情を持つことによって支えられる。このことは、「結婚が当事者の相互選択によって成立するということは、裏を返せばどちらか一方のあるいは双方の選択によって解消することもできる関係だということを意味する」（野末 58 頁）。

◆Point 010◆

　離婚は、婚姻関係を消滅させるものであるから、愛情の消滅に基づくのが通常である。このことは、「愛情とは相手を慈しむことであり、……愛情がなくなれば何が起こるかといえば、離婚に至ることがある」（橘木 167 頁）と説明されている。

　離婚については、「大いなる安らぎをもたらし、困難な争いの後に長く求めていた自由を勝ち取ったかのような気持ちにさせる。同時に、だんだんと孤独が深まっていったり、自分自身が落伍者になってしまったかのように感じたり、待望していた未来が閉ざされてしまったかのようにも感じさせる。したがって、いかなる離婚であってもその多くは、しばらくほっとしてはまたしばらく喪失の不安を抱えるといった 2 つの両極端な意識の間で揺れ動く。それに加え離婚は、個人、家族、コミュニティなどの様々なレベルで象徴化された意味で実行されるのであり、同時に融通のきかない法的条件が離婚を拘束する」（アリソン 36 頁）という指摘もある。

3　経済的メリットの低下

　経済学的な結婚観として、広義の婚姻（法律上の婚姻に限らず内縁・事実上の婚姻を含む）により「夫婦が助け合うことによってさまざまなメリットが生じる」（山口慎 36 頁）場面として、①費用の節約、②分業の利益、③リスクの分かち合い、④子どもを持つことが指摘されている。この経済的メリットが十分なものと感じられないことが非婚化・晩婚化に影響している可能性がある。

　離婚についても、同様の見地から、「結婚のさまざまなメリット……が得られなくなったと感じ、夫婦のうち独身のほうが幸せになれると感じた側が離婚を希望する」（山口慎 223 頁）として、(1)「性格の不一致があとになってわかった」、(2)「結婚時点ではいい仕事についていたのに失業して経済的状況が激変した」、(3)「子どもを持つことを期待していたが残念ながら叶わなかった」ことなどが例示されている。「家族の絆が低下し……、女性でも働く人の数が増加する……時代であれば離婚率が上昇するのは自然な成り行き」（橘木 170 頁）という指摘もある。

4　離婚率・有配偶離婚率

　人口動態統計（厚生労働省）による離婚率とは、「離婚件数を男女計の人口で除した率」（厚労省 1999・1 頁）である。これは「戦後から 1960 年代の終わりまで……は、最初の頃は 0.6％ 前後で低かったが、70 年代から 80 年代にかけてやや増加傾向を示した。ところが 90 年代から急激に増加して 21 世紀の初めの頃には 2.3％ から 2.4％ の高さに達する」（橘木 170 頁）と説明されている。

　これに対して、人口動態調査（厚生労働省）に基づく標準化有配偶離婚率とは、「既婚者（有配偶人口）に対する離婚率を、年齢構成によらないように、

基準人口により修正したもの」（厚労省 1999・1 頁）である。これは 1990（平成 2）年には結婚している人 1000 人あたり、8.1 件の離婚があったのに対して、2000（平成 12）年には 15.2 件、2015（平成 27）年時点で 16.7 件となっている（山口慎 224〜225 頁）。また、同年別居離婚の年齢（5 歳階級）別有配偶離婚率は、1950（昭和 25）年以降は夫婦ともにどの年齢階級でも上昇傾向で推移し、近年は、25 歳以上の年齢階級では横ばい、24 歳以下では上昇が続いていたが、2020（令和 2）年では低下している年齢階級が多い（厚労省 2022・9 頁）。

年齢別婚姻率・離婚率からみた離婚については、「平均して一生の間に男は 0.79 回の結婚と 0.26 回の離婚をし、女は 0.84 回の結婚と 0.27 回の離婚をすることから、結婚に対する離婚の割合は男女とも 0.32 となる。すなわち、およそ結婚した 3 組に 1 組が離婚していることになる」（厚労省 2022・20 頁）と説明されている。

5　生活環境の与える影響

離婚をする理由としては、別の相手と再婚するため、というものがある。ここでは、異性の多い職場であることと離婚の関係について、「デンマークの研究」（山口慎 47 頁）において初婚の人の結婚相手が同じ職場である割合（約 10％）が離婚後に再婚した相手が同じ職場の人である割合（約 20％）に上がることを参考とし、「かなりの数の人が、職場の同僚と結婚するために離婚している」（山口慎 49 頁）、「職場が異性の出会いの主要な場になっており、職場での異性の多さが、不倫や離婚に結びついてしまっている」（山口慎 50 頁）とする見解がある。日本において同様の事情があるかは明らかではないものの、生活環境が離婚に与える影響として参考になると思われる。

◆Point 011◆ 協議による法律離婚の実質的要件（双方の合意）
1　法律離婚の意思

明治民法 808 条は「夫婦ハ其協議ヲ以テ離婚ヲ為スコトヲ得」と規定していた。そして、明治民法 809 条は「満 25 年ニ達セサル者カ協議上ノ離婚ヲ為スニハ 772 条及ヒ 773 条ノ規定ニ依リ其婚姻ニ付キ同意ヲ為ス権利ヲ有スル者ノ同意ヲ得ルコトヲ要ス」と規定していた。これは、満 25 歳に達しない者が離婚するときは、当事者の合意だけでは足りず、①その家にある父母（明民 772 条 1 項）、②その後見人および親族会（明民 772 条 3 項）、③親族会（明民 773 条）の同意を要することを意味していた。

現行民法 763 条は、「夫婦は、その協議で、離婚をすることができる」と規定している。これは、当事者の合意があるときは、その理由を問わないことを意味する。「協議上の離婚について要求される実質的要件は、婚姻当事者間に

離婚の意思、すなわち、婚姻を解消することについての自由な意思の合致が存在しなければならないことである。……法律上一定の離婚原因のあることを必要とせず、当事者間の合意でいつでも自由になし得る」（木村・神崎401頁）。最判昭和38・11・28民集17巻11号1469頁は、夫に戸主の地位を与えるための方便として離婚の届出をした事案において「両者の間に離婚の意思がないとは言い得ないから、本件協議離婚を……無効となすべからざることは当然である」と判示した。

　法律離婚の意思は、離婚届を提出する時点において必要である。最判昭和34・8・7民集13巻10号1251頁は、①「協議離婚の届出は協議離婚意思の表示とみるべきであるから、……その届出の当時離婚の意思を有せざることが明確になった以上、右届出による協議離婚は無効である」、②「翻意が相手方に表示されること、または、届出委託を解除する等の事実がなかったからといって、……協議離婚届出が無効でないとはいいえない」と判示した。そして、最判昭和53・3・9家月31巻3号79頁は、「当事者の意思に基づかない離婚届が受理されたことによる協議離婚は、その無効を確認する審判又は判決の確定をまつまでもなく、当然無効というべきである」と判示した。

2　諸外国との比較

　諸外国との比較について、「キリスト教の伝統の下では離婚は原則として禁止されていたので、欧米で離婚が自由化されたのは1960〜70年代のことである。これに対して、日本では早い時期から簡単に離婚が認められてきた。特に裁判による離婚のほかに、協議による離婚が広く認められている点が大きな特色である。この点も、日本における婚姻の私事性を示している」（大村2014b・57頁）と指摘されている。

　また、①「離婚の法的手続きは、法律や専門家に頼らず、まずは夫婦が自分たちで合意に到るよう促される点に特色がある。……協議離婚は最も一般的で、2015年には全離婚件数の87.6％を占めた」（アリソン159頁）、②「離婚しようとするカップルが書類を記入し捺印することで、2人には離婚の意思があり、その意味するところに既に合意していると見なされる」（アリソン148頁）という指摘もある。

◆Point 012◆ 裁判による法律離婚の実質的要件（離婚原因）

1　他方当事者の意思に反する離婚

　法律離婚について双方当事者の合意があるとき（協議離婚）は、その理由は問われない。しかし、家庭裁判所の判断により（当事者の合意なしに）離婚を認めるためには、法律の定める理由（離婚原因）が必要である。

◆Point 013◆

　歴史的な経緯については、「原則として夫のほうからの一方的な追い出し離婚しか認められなかったところから、一方では、妻つまり相手方の同意〔筆者注：当事者の合意〕が必要となり、他方では、相手が同意しないときは一定の事由があれば夫婦どちらからも裁判所において離婚判決をしてもらうほかないというところまで漕ぎつけた」（星野 1986・334 頁）と説明された。

2　裁判官の判断基準

　裁判上の離婚とは、法律上一定の離婚原因がある場合において裁判所の判決によってする離婚であり、「夫婦の一方からなされた離婚の訴えに基づき、裁判所が果たしてこの離婚原因があるかどうかを調査し、もし離婚原因があると認め、かつ、離婚させることが当事者のためになると判断されたときに、離婚の判決をして終局的に婚姻を解消させるというもの」（木村・神崎 403 頁）である。

　離婚原因としては、「婚姻を継続し難い重大な事由があるとき」（現民 770 条 1 項 5 号）をきちんと理解することが重要である。これは事実上婚姻が破綻してしまったこと（婚姻破綻）を意味する。その場合の処理については「法律というのは現実的なものですから、現に破綻してしまったものを法律上無理に婚姻のままにしておくのは無理があり、弊害もある……。そこで、これに法律的に対処するにはどうしても離婚を認めざるを得ないということになる」（星野 1986・340 頁）と説明された。「別居の期間が相当期間に及ぶ場合には、そのこと自体で婚姻破綻が事実上推定される」（秋武・岡 117〜118 頁）から、外縁においては、離婚原因（婚姻破綻）を認定できるのが原則である。

◆Point 013◆ 法律離婚の形式的要件（離婚届）

1　離婚届の必要性

　離婚届とは、「夫婦がその協議で離婚する場合に、市区町村長に対してする届出」（広辞 3074 頁）であり、これによって戸籍に記載される。このことについて、「家族構成員を記録することで、人々に対し家族とはどうあるべきか、あるいはどうあるべきではないのかという理解の枠組みに影響を及ぼし続けている。離婚も戸籍に記録されるため、家族の戸籍を汚すまいとする人たちが避けようとする（戸籍の）傷のひとつとされる」（アリソン 158 頁）という指摘もある。

　現行民法 764 条は、「第 738 条、第 739 条及び第 747 条の規定は、協議上の離婚について準用する」と規定している。現行民法 764 条によって準用される民法 739 条 1 項は、「婚姻は、戸籍法……の定めるところにより届け出ることによって、その効力を生ずる」と規定している。そして、戸籍法 76 条は、

30　第 1 編　定義

◆Point 013◆

「離婚をしようとする者は、左の事項を届書に記載して、その旨を届け出なければならない」として、(1)「親権者と定められる当事者の氏名及びその親権に服する子の氏名」、(2)「その他法務省令で定める事項」を列挙している。そして、戸籍法77条1項は「第63条の規定は、離婚又は離婚取消の裁判が確定した場合にこれを準用する」と規定し、同条2項は「前項に規定する離婚の届書には、左の事項をも記載しなければならない」として、(1)「親権者と定められた当事者の氏名及びその親権に服する子の氏名」、(2)「その他法務省令で定める事項」を列挙している。

　離婚届の提出を必要とすることは法律婚の解消における特色であり、内縁の解消と異なる点の1つである。このことは、「男女が法律上の夫婦になると、その関係を勝手にやめることができなくなる。勝手にやめられないというのは、『離婚』という正式の手続を踏まなければやめられないという意味である。……法律上の結婚でなければ、いかに長い間一緒に住んでいても離婚という手続をとることなくやめられる。換言すれば、適当に一緒になって、適当に別れることは自由なわけである」（星野1989・205頁）と説明された。

2　創設的届出・報告的届出

　戸籍の届出には、①既に生じた法律的な効果のある事実を戸籍に登録するもの（報告的届出）と、②戸籍に記載されてはじめて法律的な効果を生ずるもの（創設的届出）がある（→◆Point 008◆）。

　協議離婚の届出（離婚届）は、創設的届出であり、「その届出行為自体が当該戸籍事件を成立させる要件であるから、届出が真に本人の意思に基づくものであるから、届出が真に本人の意思に基づくものであるかどうかということが最も重要な点である。本人の意思に基づかない届出は、虚偽の届出であり、たとえこれを受理して戸籍の記載をしても何ら効力を生じない」（木村・神崎10〜11頁）と説明されている。立法論としては、「相手方の同意を得ないで出された離婚届によって様々な問題が生じていることは周知の通りである。また、実際上の問題から離れても……離婚という重大な結果が発生する行為については、当事者の真意を確認し、場合によっては不公正な契約条件を事前にチェックする手続を設ける必要があるとも言える」（大村2020a・110頁）という指摘もある。

　これに対して、裁判離婚の届出は、報告的届出であり、「一定の裁判がなされたことの報告であるから、果たしてその届出についての裁判がなされたかどうか、その効力が発生しているかということが問題となる。さらに、……確定しているかどうかの審査が必要となる」（木村・神崎10頁）と説明されている。

◆Point 014◆ 法律離婚の効果

1 経済的なこと

法律離婚の経済的なこととして、本書では、①清算的財産分与（→◆Point 027◆）、②扶養的財産分与（→◆Point 028◆）、③養育費（→◆Point 029◆）、④公的制度（→◆Point 030◆）を検討している。

2 心理的なこと

法律離婚の心理的なこととして、本書では、①再婚の自由（→◆Point 044◆）、②氏（→◆Point 045◆）を検討している。

3 再構成

法律離婚の再構成として、本書では、①再構成の自由（→◆Point 059◆）、②単独親権（→◆Point 060◆）、③面会交流（→◆Point 061◆）を検討している。

4 元夫の死亡

法律離婚の元夫の死亡として、本書では、①配偶者相続権の消滅（→◆Point 075◆）、②死亡保険金受取人の変更（→◆Point 076◆）を検討している。

5 生まれくる子

法律離婚後に生まれくる子として、本書では、①嫡出推定の制限（→◆Point 088◆）、②認知（→◆Point 089◆）を検討している。

第5章：外縁の定義

◆Point 015◆ 外縁とは

1 外縁の定義

外縁とは、法律上の婚姻をした夫婦の共同生活が実質的に破綻しているものの法律上は離婚していないこと（破綻した法律婚・事実上の離婚）である。外縁には「外側のふち。外側にそった部分。外周。そとべり」（広辞474頁）という定義もあるところ、本書においては、法律上の婚姻をした夫婦について、その内側の実質（夫婦としての実質的な共同生活）は失われているのに、その外側の形式（法律上の夫婦であることを示す戸籍）は残っているという意味で、外縁という文言を用いている。ここでは、①「法律上の婚姻であっても、事実上破綻して当事者が別居している場合（事実上の『離婚』とか『外縁』などと呼ばれる）に、例えば民法761条〔筆者注：日常家事債務の連帯責任〕の規定を適用しないとする下級審判決もあり、学者の支持を受けている。……法律上の婚姻であっても事実上破綻していて結婚の実体を備えていないものについては、婚姻の法律上の効果の一部が認められていない」（星野1989・214頁）、②「実質的には婚姻が破綻しているが戸籍上は離婚に至っていない状態を『外縁』

◆Point 015◆

と呼ぶこともあるが、これはいわば外観のみが残る登記に対比しうるだろう」（大村 2020b・110 頁）という指摘が参考になる。

夫婦には同居義務があり（現民 752 条）、これは、夫婦が精神的・肉体的・経済的な終生にわたる協同体であるという本質に基づいている（→◆Point 022◆）。そのため、別居しているときには、その関係が破綻している可能性はある。しかし、実際には様々な事案がある。夫婦が別居していても、それが単身赴任等によるものであり夫婦関係が破綻していないときは、外縁には含まれない。また、夫婦関係の悪化による別居であっても、別居後すぐに外縁となると評価することは困難であり、夫婦関係の修復が不可能になるまでに一定の期間を要するものと思われる。平成 8 年要綱の第七・一(エ)は、裁判上の離婚原因の 1 つとして「夫婦が 5 年以上継続して婚姻の本旨に反する別居をしているとき」を認めることを提案していた。これを受けた法改正の見通しは明らかではないものの、ここで示された「婚姻の本旨に反する別居」という言葉は、外縁の一面を示すものと理解できる。

P を「法律上の婚姻をしていること（法律婚）」、Q を「夫婦の共同生活が実質的に破綻していること（実質破綻）」、R を「形式（戸籍）と実体（生活）が一致していること（形式一致）」とする三元論によると、外縁は、ナイ R 型、すなわち、法律上は婚姻をしているにもかかわらず（P はアル）、夫婦の共同生活が実質的に破綻しており（Q はアル）、形式（婚姻）と実体（離婚）は一致していない（R はナイ）。

円満婚姻は、ナイ Q 型、すなわち、法律上の婚姻をしているが（P はアル）、夫婦の共同生活は破綻しておらず（Q はナイ）、形式と実体は一致している（R はアル）。円満婚姻は、破綻していない点において外縁と異なる。

法律離婚は、ナイ P 型、すなわち、法律上の婚姻をしておらず（P はナイ）、夫婦の共同生活は破綻しており（Q はアル）、形式と実体は一致している（R はアル）。法律離婚は、法律婚姻を解消している点において外縁と異なる（→図 9）。

図 9 ▶ 婚姻・婚姻破綻

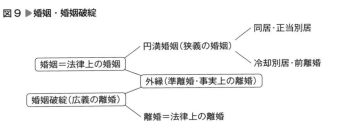

第 5 章　外縁の定義

◆Point 016◆

2 事実上の離婚

社会保険に関する最判令和3・3・25民集75巻3号913頁は、「婚姻関係が実体を失って形骸化し、かつ、その状態が固定化して近い将来解消される見込みのない場合、すなわち、事実上の離婚状態にある場合」と判示した（→◆Point 081◆）。

事実上の離婚とは、届出をした法律上の夫婦が、離婚の合意をして別居し、両者の間に夫婦共同生活の実体が全然存在しなくなったが離婚の届出はしていない、という状態であり、外縁と同じものと思われる。

◆Point 016◆ 外縁の要件

1 法律上の婚姻をしていること

外縁は、法律上の婚姻をしていることを要件とする。ここにいう法律上の婚姻とは、「終生の共同生活を目的とする一男一女の法律的結合関係」（木村・神崎357頁）のことであり、男女のカップルのうち一定の要件を満たすものに対して特別の保護を与える制度である。

2 夫婦関係が事実上は破綻して当事者が別居していること

外縁は、夫婦関係が事実上は破綻して当事者が別居していることを要件とする。「同居と婚姻の間にギャップが生ずること（婚姻よりも早く同居が始まり、離婚よりも早く別居が始まる）は、今日、広く認められている」（大村2020b・106頁）。そして、別居には多様性があるところ、それが事実上は破綻していると評価されるものが外縁である。この変化を時系列として図にすると、以下のとおりである（→図10）。

図10 ▶外縁に至る時系列

外縁は、同居して婚姻届出をした夫婦が別居した後、破綻（上記エ）してから離婚・死別（上記オ）するまでの期間である。そこでは、夫婦関係について、形式（戸籍法による届出）と事実（共同生活の実体）が一致していない。

3 法律上の離婚をしていないこと

外縁は、夫婦関係の破綻している法律婚であり、法律上の離婚をしていないことを要件とする。ここにいう法律上の離婚とは、一旦有効に成立した婚姻関係を将来に向かって消滅させることによって「法律上夫婦でなくなることであり、夫婦関係の破綻そのものではない」（星野1972・473頁）とされる。

◆Point 017◆

◆Point 017◆ 外縁の効果

1 経済的なこと

外縁の経済的なこととして、本書では、①婚姻費用の分担義務（→◆Point 031◆）、②建物明渡請求（→◆Point 032◆）、③夫婦財産の管理（→◆Point 033◆）、④公的制度（→◆Point 034◆）を検討している。

2 心理的なこと

外縁の心理的なこととして、本書では、①不貞行為（→◆Point 046◆）、②氏（→◆Point 047◆）を検討している。

3 再構成

外縁の再構成として、本書では、①その可能性（→◆Point 062◆）、②親権・監護権（→◆Point 063◆）、③面会交流（→◆Point 064◆）を検討している。

4 夫の死亡

外縁の夫の死亡として、本書では、①配偶者相続権の存続（→◆Point 077◆）、②交通事故死と扶養構成（→◆Point 078◆）、③交通事故の損害賠償請求とADR（→◆Point 079◆）、④遺言相続（→◆Point 080◆）、⑤遺族厚生年金（→◆Point 081◆）を検討している。

5 生まれくる子

外縁中に生まれくる子として、本書では、嫡出推定と認知（→◆Point 090◆）を検討している。

6 外縁の効果（まとめ）

(1) 形式と事実の不一致　外縁の法的効果については、形式と事実のいずれを重視するかが影響する。すなわち、法律上の婚姻が継続している（婚姻届は提出されており、離婚届は提出されていない）という形式からすれば、婚姻の法的効果を認めることが素直である。しかし、夫婦関係が事実上は破綻して当事者が別居している（共同生活の実体がない）という事実からすれば、婚姻の法的効果を認めることは妥当でない。いずれを重視することが適切かは、一律に判断するべきではなく、類型的に検討することに定義がある。

外縁は、夫婦関係が破綻して当事者が別居しているという限度において（法律上の）離婚と同様であるものの、離婚届を提出していないため、法律上は夫婦である。このような状態にあることを外部から確認することは、極めて困難であるから、これについて（法律上の）離婚と同様の効果（すなわち、婚姻から生ずる法律効果の適用の拒否）を認めることは、離婚を戸籍に記載することによって法律関係を画一的に処理するという要請とは矛盾する。その一方で、婚姻から生ずる法律効果は、夫婦共同生活の実体の存在を前提として認められるものであるから、この実体の存在しないところに無条件に生じさせることに

第5章　外縁の定義　*35*

◆Point 017◆

も疑問がある。したがって、外縁（事実上の離婚）に与えるべき法律効果は、上記2つのバランスを考慮して判断することが必要と考えられる。

(2) 形式（法律婚姻）を重視すべき場面　外縁の効果について形式（法律婚姻）を重視すべき場面として、まず、戸籍に記載するものがある。氏は、人を特定するものとして社会全体に影響するところ、夫婦が氏を同じくすることは、外縁でも円満婚姻と同じである（→◆Point 047◆）。法律上の婚姻・離婚は戸籍の有無によって区別されるから、再婚はできないこと（重婚の禁止）において、外縁は円満婚姻と同じである（→◆Point 062◆）。

　外縁の効果について形式（法律婚姻）を重視すべき場面として、広く第三者に影響するものがある。婚姻費用分担は、稼得能力の乏しい配偶者や未成熟子の生活を支えるものであり、これが適切に行われないときは親族による援助や生活保護受給の可能性が高くなる関係において第三者に影響するところ、婚姻費用分担について、外縁は円満婚姻と同じである（→◆Point 031◆）。夫婦としての財産管理（財産分与をしないことを含む）は、財産を処分する行為の相手方の利害に係るほか、不動産等の公示（登記等）の関係において第三者に影響するところ、財産管理についても、外縁は円満婚姻と同じである（→◆Point 033◆）。誰が親権者であるかも、法定代理人や子の財産管理との関係において第三者に影響するところ、両親が親権者であること（共同親権）において、外縁は円満婚姻と同じである（→◆Point 063◆）。法定相続は人の死亡によって財産を包括承継するものであり、債権債務や責任財産との関係において第三者に影響するところ、配偶者が法定相続人となることは、外縁でも円満婚姻と同じであると一般に解釈されている（→◆Point 077◆）。

(3) 実体（実質破綻）を重視すべき場面　外縁の効果について事実（実質破綻）を重視すべき場面としては、戸籍に記載せず、第三者に対する影響の少ないものがある。貞操義務に違反したこと（不貞行為）によって損害賠償責任を負うか否かは、配偶者が精神的苦痛を感じるか否かという問題であり、戸籍の記載とは関係なく、第三者に対する影響も少ないところ、不貞行為をしても損害賠償責任を負わないことにおいて、外縁は法律離婚と同じである（→◆Point 046◆）。このように貞操義務がないことは、嫡出推定を支える事実がないことを意味するから、出産した女性（母）の配偶者（夫）を生まれた子の親（父）と推定することは、外縁においては解釈（外観説）によって制限されている（→◆Point 090◆）。また、社会保障は、生存権に由来し、弱者保護という側面があるところ、社会保険における遺族年金の支給においては、事実（実質破綻）を重視しており、受給権者となれないことにおいて、外縁は法律離婚と同じである（→◆Point 081◆）。

◆**Point 018 ・ 019**◆

第2編 経済的なこと

第1章：**外縁をめぐる物語②**：令和元（2019）年12月

◆Point 018◆ 共同生活のための建物は、誰のもの?〔メール相談②〕

From：長田さつき

Sent：2019年12月6日10：06

To　：弁護士一中和洋先生

Subject：ご相談いたします

弁護士一中和洋先生　　こんにちは、長田さつきです。ご無沙汰しています。

　今回のご相談は、昨夜、桂太さんから電話で「自宅を売却したいと思っているので、速やかに転居してもらいたい。応じないときは、明渡しを求めて訴訟にすることを検討します」と言われたことについてです。

　私と学歩が住んでいる一戸建てが、桂太さんの単独名義であることは、以前お伝えしたとおりです。これは、平成28年10月6日に購入しました。2016年だから、今から3年前ですね。その時の頭金300万円は、父から私が生前贈与されたものを、私から桂太さんに渡しました。残金2700万円は住宅ローンを利用して、桂太さんが毎月7万円を銀行に支払っています。登記簿謄本と売買契約書等の写しを持参します。私は転居したくはないのですが、訴訟になると負けてしまうのでしょうか。

　お伺いしたいのは以下の3つのことです。

1　頭金を出していても、自宅は桂太さんの物ですか。

2　妻子であることに基づいて、住む権利が認められますか。

3　裁判になると、敗訴して明け渡すしかないのでしょうか。

　以上です。アドバイスしていただきますよう、お願いいたします。

◆Point 019◆ 共同生活の費用分担と、夫婦の財産?〔リアル相談②〕

一中　　こんにちは、メール読みました。いろいろ大変ですね。

さつき　　はい。メールしたとおり桂太さんから「自宅を売却していきたいので、速やかに転居していただきたい。応じないときは、明渡しを求めて訴訟とすることを検討します」と電話で言われたことを相談したくて。自宅の登記簿と売買契約書を持参しました。先生にメールした後で、桂太さんから届いた訴状（案）も印刷してきました。

第1章　外縁をめぐる物語②　　*37*

◆Point 019◆

一中 ありがとうございます、拝見します。土地も建物も、桂太さんの単独名義で所有権登記がされています。これらの不動産を購入したのは平成28年10月6日だから約3年前ですね。売買代金3000万円であること、桂太さんが住宅ローン2700万円を借りてA銀行の抵当権が設定されていること、毎月の返済額が7万円であることは、書面に記載されています。まだ残ローンは多いですね。頭金300万円をさつきさんがお父さんから贈与されたことについて、それを裏付ける書面はありますか。

さつき うーん。書面ですか。例えば、どんなものでしょう。

一中 そうですね、贈与契約書とか、銀行通帳の記録はありますか。

弥生 あの、書面がなければいけないのでしょうか。親子なら契約書なんか作らないのが普通だと思うのですけど。

さつき 契約書は作りませんでした。銀行通帳を確認してみます。もし通帳になかったら明け渡すしかないのでしょうか。

一中 そうではありません。自宅は桂太さんの単独名義ですから、区分所有者である桂太さんは、契約に基づかずに住んでいる人（占有者）に対して明渡しを請求できるのが原則です。所有権は民法206条で「自由にその所有物の使用、収益及び処分をする権利」と規定されており、建物に誰が住むかを決めることも含まれているためです。もちろん民法601条の賃貸借契約や民法593条の使用貸借契約があれば別ですけれど、ご夫婦の間では契約をしていないことが多いでしょう。そこで、実質的に共有であると主張できるかもしれないと考えて、頭金のことを質問しました。

さつき すみません。ちょっと難しくて、よく分からないです。頭金を私が負担したことを証明できないと負けてしまうのですか。離婚してないし、学歩と一緒に住んでいることは桂太さんのために子育てをしていると評価されないのでしょうか。

一中 そうですね。夫婦の同居義務は民法752条に規定されています。桂太さんは十分に話合いをしないまま一方的に明渡しを要求しているので、権利濫用として請求が棄却される可能性は高いのではないかと思います。権利者ではあっても何をしても良いわけではなく、濫用してはいけないと民法1条3項に規定されています。

さつき うーん、法律って難しいですね、一中先生に代理人として交渉してもらいたいと思います。お引き受けいただけますか。

一中 ええ。可能です。でも、桂太さんの発言は「自宅を売却していきたいので、速やかに転居していただきたい。応じないのであれば明渡しを求めて訴訟することを検討します」という内容にすぎず、まだ話し合う余地がありそう

◆Point 019◆

です。もう少し頑張っても良いかも、と思いますが、いかがでしょう。

さつき　分かりました。頑張ります。どのように進めるのが良いでしょうか。

葉月　一中先生、質問してもいいですか。私が飛雷さんと離婚したとき、財産分与をしましたよね。えーと、2分の1ルールとか。さつきちゃんの状態が、事実上は離婚と同じ外縁だとしたら、自宅の所有権を財産分与してもらえますか。

一中　うーん。それは難しいですね。財産分与の請求権は、法律離婚のときに限られるというのが一般的な理解なのです。

葉月　そうなのですね。すみません、余計なこと言ってしまって。

さつき　葉月ちゃん、心配してくれて、ありがとう。

一中　せっかくなので、外縁のこと、もう少し説明しますね。円満婚姻・法律離婚と比較しながら説明しましょう。円満婚姻中であれば同居・協力し合っているのが通常であり、財産分与は必要ないでしょう。法律離婚をすると夫婦ではなくなるため、財産分与によって清算することが必要です。外縁では、離婚届を出していないという形式面が重視されて、財産分与を請求できません。財産関係は第三者にも影響しますから、夫婦の判断で勝手に清算されても困る、という感じですね。桂太さん宛メールを僕が起案して、それをさつきさんから送信して「考え直してもらいたい」と伝えるのは、どうかな。

さつき　そうですね。いきなり弁護士さんに頼むと桂太さんが怒るかもしれないし、一中先生が作ってくれたメールを送信するだけなら、できると思います。

一中　この方法は、僕の先輩である中込一洋弁護士が『逆転の交渉術』という本で書いていることを参考にしています。その22頁に、「特に親族関係の紛争では、いきなり弁護士が介入すると、相手も驚いて、かえって態度を硬化させることが多いのです。そこで、交渉の場にはご本人に行っていただいて、相手の無用な警戒心を煽らないようにするのですが、事前に、何を言うべきかのアドバイスや、必要書類の準備に関するサポートなどを行います。直接言葉で言うだけでなく、手紙などの文書を使って相手にお願いをしつつ、こちら側が法律的に不利にならないような手立てを講じることもあります」と書かれています。ちょっと面白いですよね。個性的というか、変わっているというか。

さつき　面白い考え方ですね。弁護士さんは、もっと法律的なことだけを考えているのかと思っていました。メール案のご作成、よろしくお願いします。ところで、桂太さんは、毎月、学歩と私の生活費を振込送金してくれていますが、それは、学歩が小学生になるまでという約束でした。学歩が小さい間は、母親が家にいる方が良いから、という理由で。やっぱり一中先生も、私は仕事

第1章　外縁をめぐる物語②　　*39*

◆**Point 020**◆

をする方が良いと思いますか。

一中　そうですね。法律的には、婚姻費用の分担という問題です。外縁であるか否かはともかく、法律離婚をしていない以上、婚姻費用を分担する義務があるのが素直な帰結です。でも、このことは、夫が妻の生活費を負担するのが当然という意味ではありません。男性は家庭の外で働いて収入を得る、女性は専業主婦として家庭を守る、という性別役割分業が尊重された時代とは違います。今は性別とは関係なく働くことが期待されていますから、専業主婦は減少しつつあります。さつきさんの気持ちにもよるけれど、仕事をして収入を得ることは、将来の不安を小さくしてくれるかもしれません。無理のない範囲内で、検討してみるのが良いかも、と思います。

さつき　ありがとうございます。そうですよね、私も、そう思います。就活してみます。また相談に来ても良いですか。

葉月　一中先生、質問しても良いですか。私が飛雷さんと離婚したとき、離婚した後は養育費だけになると説明されました。さつきちゃんが外縁という状態になったら、事実上は離婚と同じなので、養育費だけになってしまいますか。

一中　はい。そう説明しました。よく覚えていますね。あの時は、法律離婚をしたときのことを説明しました。さつきさんの場合は、外縁という事実上の状態があると仮定しても法律的に夫婦であることに変わりはないため、婚姻費用を請求できるのです。

弥生　一中先生、もし婚姻費用を支払わないと桂太さんが言ってきたとき、面会交流を拒否することで圧力をかける作戦って、どうですか。

一中　うーん。それは、どうかな。学歩くんの気持ちが心配ですね。

さつき　弥生ちゃん、いろいろ考えてくれて、ありがとう。でも、学歩はパパに会いたいと言っているので、面会交流は続けていきたいの。

一中　はい、そうすることで良いと思います。また、何かあったら、お気軽に相談していただけると嬉しいです。ところで、希林くん、お元気なのかな。

弥生　はい、夫も元気です。連れてこられると良かったのだけど、仕事があって。一中先生によろしく、と言っていました。

◆**Point 020**◆ 財産帰属の説明まとめ〔〔メール回答②〕〕

From：弁護士一中（いちなか）

Sent：2019年12月26日14：16

To　：長田さつき様

Subject：今後のことなど

長田さつき様　　こんにちは、一中です。

◆**Point 021**◆

　先日お約束した桂太さん宛のメール案など、打合せメモ1にまとめました。
　メールのご質問について、回答を、まとめてみました。ご参考として。引き続き、よろしくお願いいたします〜。
1　頭金を出していても、自宅は桂太さんの物ですか。
（回答）
　共有持分が認められる可能性はあります。
2　妻子であることに基づいて、住む権利が認められますか。
（回答）
　共有持分がなくても、使用借権が認められる可能性はあります。
3　裁判になると、敗訴して明け渡すしかないのでしょうか。
（回答）
　共有持分も使用借権もないときでも、権利濫用という法律構成によって明渡請求が否定される可能性はあります。

第2章：経済的なことの比較

◆Point 021◆ 円満婚姻・法律離婚・外縁の比較②
1　円満婚姻の経済的なこと

図11 ▶円満婚姻モデル②

　外縁をめぐる三元論（→◆**Point 004**◆）によると、円満婚姻は、ナイQ型である（→図11）。AKとBKは、法律上の婚姻をしており（P：法律婚姻はアル）、その共同生活は破綻しておらず（Q：実質破綻はナイ）、形式と実体は一致している（R：形式一致はアル）。したがって、円満婚姻においては、法律上の婚姻としての効果を認めることが素直である。典型的な場面では、①同居義務（→◆**Point 022**◆）、②協力・扶助義務（→◆**Point 023**◆）、③婚姻費用の分担義務（→◆**Point 024**◆）は任意に履行されており、④夫婦財産の帰属（→◆**Point 025**◆）、⑤公的制度（→◆**Point 026**◆）が意識されることは少ない。
2　法律離婚の経済的なこと
　外縁をめぐる三元論（→◆**Point 004**◆）によると、法律離婚は、ナイP型で

第2章　経済的なことの比較　　*41*

◆**Point 022**◆

図12 ▶法律離婚モデル②

ある（→図12）。ARとBRは元夫婦にすぎず（P：法律婚姻はナイ）、その共同生活は破綻しているから（Q：実質破綻はアル）、形式と実体は一致している（R：形式一致はアル）。したがって、法律離婚においては、法律上の婚姻としての効果を認めないことが素直である。典型的な場面では、①清算的財産分与（→◆**Point 027**◆）をすることが必要になり、必要に応じて、②扶養的財産分与（→◆**Point 028**◆）、③養育費（→◆**Point 029**◆）、④公的制度（→◆**Point 030**◆）も検討される。

3 外縁の経済的なこと

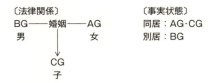

図13 ▶外縁モデル②

外縁をめぐる三元論（→◆**Point 004**◆）では、外縁は、ナイR型である（→図13）。AGとBGは、法律上は婚姻をしているにもかかわらず（P：法律婚姻はアル）、その共同生活が実質的に破綻しており（Q：実質破綻はアル）、形式（婚姻）と実体（離婚）は一致していない（R：形式一致はナイ）。外縁においては、形式と実体が一致していないことを考慮することが必要であり、法律上の婚姻としての効果を認めるか否かは、場面によって異なる。本書では、①婚姻費用の分担義務（→◆**Point 031**◆）、②建物明渡請求（→◆**Point 032**◆）、③夫婦財産の管理（→◆**Point 033**◆）、④公的制度（→◆**Point 034**◆）について検討している。

第3章：円満婚姻の経済的なこと

◆**Point 022**◆ 円満婚姻の効果としての同居義務

1 同居とは
(1) 夫婦の共同生活としての実体　同居とは「同じ家に共に住むこと」（広

◆Point 022◆

辞 2048 頁）である。同居は、夫婦の共同生活の実体を支えるものである。このことは、「夫婦の共同生活を維持するために、まず必要なのは、同じ住居に住むということだろう。同じ住居に住んでいれば、『ともに食べ、ともに寝る』ということになるのは、ある意味で自然である。逆に、同じ住居に住んでいなければ、それは困難になるだろう。同居は夫婦の共同生活を外側から保障する」（大村 2010・42 頁）と説明されている。

　明治民法 789 条は、1 項で「妻ハ夫ト同居スル義務ヲ負フ」、2 項で「夫ハ妻ヲシテ同居ヲ為サシムルコトヲ要ス」と規定していた。ここでは、「家」制度を背景として、男（夫）の判断を尊重するように同居義務が区別されていた。これに対して、現行民法 752 条は、「夫婦は同居……しなければならない」と規定している。ここでは、男女平等を背景として、妻と夫の義務は区別されておらず、「どこで同居するかは夫婦が共同で決めるべきもの」（大村 2010・42 頁）とされている。

　現行民法 752 条による同居義務は、「完全に相互的な義務」（大村 2010・42 頁）であり、「夫婦の義務を定める規定の中心をなす」（大村 2014a・79 頁）ものである。これは、夫婦が精神的・肉体的・経済的な終生にわたる協同体であるという本質から、同居すべきことが要請されることを意味する。この同居義務は、貞操義務を実質的に支える理由の 1 つである（→◆Point 032◆）。

(2) 別居しているとき　　別居とは「（家族などが）わかれて別々に住むこと」（広辞 2638 頁）である。別居しているだけでは、婚姻に基づく同居義務は否定されない。そのため、夫婦の一方が協議で定められた住居に同居しないときは、他方当事者は、裁判所の判断を求めることができる。しかし、このことは、裁判所の判断に基づいて夫婦が現実に同居するようになることを保障するものではない。強制執行によって同居させることは、夫婦共同生活の本質に適さないからである。もっとも、同居義務に違反したことが違法であるときは、離婚の重要な原因の 1 つになる。

　同居義務について現行民法が強制執行を許さないことは、「明治民法は夫婦の同居につき、裁判所による強制を認めていた」（大村 2014b・97 頁）ことと異なる。ここでは「金銭を払ったり、物を渡すという義務は、法律が規制するにふさわしい。強制執行に適しているからである」（星野 1972・455 頁）という指摘が、上記義務と質的に異なる同居義務は強制執行に適していないことを含意するものとして参考になる。

2　食事を共にすること

　家族において、食事を共にすることは重要である。このことは、①「直立二足歩行は長距離歩行を可能にし、カロリーの高い食物の探索力を高め、捕食圧

第 3 章　円満婚姻の経済的なこと　　*43*

は多産性を強めて女の負担を重くし、食物の採集活動における男女の分業を生みだし、消化器の縮小によって脳を大きくする道を開いた。その結果、人類は頭でっかちで成長の遅い子どもをたくさん抱えることになり、家族をつくって共同保育することが不可欠になったのである。食の共有はそのための必要条件だったと思う」(山極 2012・123 頁)、②「食物が分散し、捕食の危険が大きい場所では、共感力に富み、見返りを求めずに支援の手を差し伸べる行動が集団を生き延びさせる結果につながったにちがいない」(山極 258 頁)、③「人間以外の霊長類ではけんかの源泉であった食物を、人間はわざわざ挟んで両者が向かい合い、同じ食物に手を伸ばす。これは人間にしかできない行為であり、共食が可能な許し合う間柄であることを前提にして、相手の目の動きを読みながら、類人猿とちがうコミュニケーションの能力を付与していったのではないだろうか」(山極 336 頁)と説明されている。

3　円満婚姻における住宅の保護

(1) 共同生活を支えるもの　　同居義務の主体は「夫婦」(現民 752 条)である。これは、夫婦として共同生活体を作ることを意味する。したがって、夫婦の間の未成年の子を含み、協力・扶助の内容としても、子を養育することにも及ぶものと理解されている。

　家族が共同生活を営むには、物質的な基礎が必要である。衣・食・住と呼ばれるものは、最小限度として必要なものである。

(2) 居住用不動産の特則　　婚姻における「同居」の意義を「社会的に承認するという観点に立つならば、『夫婦』の『住居』(居住用不動産)に対して一定の法的保護を与える途が開かれる」(大村 2020a・111 頁)という問題提起がある。ここで問題とされるのは、「婚姻住宅(夫婦がともに生活する住居ということ)の保護にかかわる」「第三者に対するその権利性」(大村 2010・45 頁)であり、「取引実務に大きな影響を及ぼす」(大村 2020a・111 頁)ものである。

　法制審議会においても、①「離婚後の居住環境の確保を図るために一定の利用権を設定することなどを想定するとしても、他方配偶者や不動産取引の安全を不当に害することとならないよう、いかなる権利をいかなる期間設定するか慎重に検討する必要がある」(家族部会資料 24・35 頁)、②「相続の場面とは異なり、離婚においては不動産所有者である他方配偶者との意見対立がある場合が多く、他方配偶者が自由にこれを使用・収益することができなくなることによって被る不利益が大きいと考えられる。そうすると、所有者の意思に反してでもそのような利用権を設定することができるとする理論的な根拠や許容性が問題となり得る。また、婚姻解消後に元夫婦間の法律関係を残すことは好ましくないとする考え方もあり得るところであり、DV や虐待等がある場合にも関

◆Point 022◆

係が続くことについて配慮が必要となる。加えて、他方配偶者の利益や不動産取引の安全を不当に害することとならないように権利の存続期間をどのように設定するか、第三者との対抗関係をどのように考えるか、濫用の防止のために何らかの手当を置くべきか否か等も問題となる」（家族部会資料24・37頁）と指摘されたことがある。ここにも、家族の内部においては当事者の意思や共同生活の実体を重視することができるとしても、第三者との関係をも考慮する場面では、それを貫徹することは難しいという問題が示されている。

配偶者からの暴力の防止及び被害者の保護等に関する法律10条の2は、裁判所の保護命令の内容として「被害者と共に生活の本拠としている住居から退去すること」を加害者に対して命じることも認めている。これは「既存の法体系との間に緊張関係を生み出している」（大村2014b・98頁）ところ、「この制限を正当化するには、一定の場合に、同居義務を免除することは可能であるという考え方に立つ必要があるだろう」（大村2014b・99頁）という指摘がある。これは同居義務を認めない方が適切な場面もあることを含意しており、共同生活の実体について検討するうえで参考になる。

4 準離婚と前離婚

別居については、「一方で『準離婚』（離婚に準ずる効果が生じる状態）とされつつある。また他方で、『前離婚』（離婚までの中間的な状態）とされつつある」（大村2014b・101頁）という指摘がある。これは、別居における2つの側面を示している。「準離婚」という側面は、別居のうち一定の要件を満たすものについては離婚に準ずる効果が生じることを意味し、外縁と同じものと評価できる。これに対し、「前離婚」という側面は、別居には様々なものがあるものの夫婦の同居義務が履行されていない不完全な状態であり、冷却期間を経て夫婦が再び同居することもある反面、一定期間以上にわたって別居が継続されると法律上の離婚に至ることを意味している。

5 同居義務との関係

現行民法752条は「夫婦は同居……しなければならない」と規定しており、この同居義務は「夫婦の義務を定める規定の中心をなす」（大村2014a・79頁）ものである。しかし、同条は、別居を当然に違法とするものではない。同居義務に違反するか否かは、形式的に判断するのではなく、夫婦の共同生活を維持し、向上させるという見地から、柔軟に判断することが適切であろう。例えば、夫または妻の職業上の必要、精神上・肉体上の一時的障害、子の教育上の必要、その他の事由によって、一時的に別居することの方が却って共同生活を維持し、向上させるために望ましい場合がある。

別居については、外縁に至らない場合であっても、夫婦関係が円満ではない

第3章 円満婚姻の経済的なこと　　45

ことに応じて特別の配慮が必要とされることがある。その例について、「別居が準離婚・前離婚であることを直視するならば、子どもに対する法律関係も離婚後と同視することが考えられてもよい。現行民法を前提にするならば（離婚後は単独親権となる）、別居中の子については親権者・監護権者を決定するということが考えられる」（大村2014b・101頁）という指摘があるところ、婚姻費用分担等についても検討する必要がある。

6 強制執行の否定

同居義務については、強制執行することが否定されているほか、免除される場合もあると指摘されている。このことは、①「大審院判決には、奥さんが逃げてしまったとき、夫婦には同居の義務があるから同居せよとの判決はできるが、同居義務の強制履行はできないとしたものがある（大判昭和5年9月30日民集〔筆者注：9巻〕926頁）」（星野1972・455頁）、②「夫婦が性共同体であり、生活共同体であることが、『同居・協力』義務から示されているが、必要に応じて合意で別居することも否定されていない上に、一方的な別居に対し別居を強制することができないから、この点について法律は強い力を持っていない。持ちようがないのである」（星野1972・470頁）と説明されている。

このように同居義務が強制執行されないことは、外縁の状態が安定的に継続することの基盤となっている。

◆Point 023◆ 円満婚姻における協力・扶助義務

1 円満婚姻における協力義務

協力とは、「ある目的のために心をあわせて努力すること」（広辞773頁）である。夫婦としての共同生活は、協力によって支えられることが望ましい。明治民法には夫婦の協力義務に関する規定はなかったのに対し、現行民法752条は「夫婦は……互いに協力……しなければならない」と規定している。

協力義務について、かつては、いわゆる専業主婦モデルとして、夫は会社等に勤めて給料を得ることによって共同生活の財政的基礎を作り、妻は家事をして子を育てるという役割分担をする例が多かった。しかし、現在では、男女共同参画が推奨されており、夫婦ともに労働によって収入を得ることが増えてきている。筆者は、このように女性が会社等に努めて求償を得ることが増えていくこととバランスをとるために、男性は家事をして子を育てることに努める必要があると考えている。

協力の内容は、夫婦の合意によって決められる。例えば、「夫婦の間で家事分担のルールがはっきりと決まっていることもあるだろうし、暗黙のルールができていることもあるだろう。いずれにせよ家族の間では、代金を支払うこと

46　第2編　経済的なこと

なく無償でサービスが交換されている。家族は互いにサービスを提供しあうことによって、日々の暮らしを支え合っている。……家族であるというのは、『無償でかつ継続して、日常的なサービスの提供を期待できる』ということである」（大村 2014b・20 頁）とされる。これらの「サービスの提供は、……752条の『協力』に含まれている」（大村 2014b・21 頁）という指摘もある。

2　円満婚姻における扶助義務

扶助とは「たすけること。力をそえること」（広辞 2555 頁）である。夫婦としての共同生活は、扶助によって支えられることが望ましい。明治民法に夫婦の扶助義務に関する規定はなかったのに対し、現行民法 752 条は「夫婦は……互いに……扶助しなければならない」と規定している。これは「金銭面での扶け合いを指している」（大村 2014b・23 頁）とされる。この扶助は、未成熟の子を含む夫婦一体としての共同生活に必要な衣・食・住を供与し合うことであり、夫婦間の扶助は、いわゆる生活保持の義務とされている。

現行民法 752 条は、夫婦共同生活の本質として、夫婦間の生活保持義務を示したものであり、「夫婦は、その資産、収入その他一切の事情を考慮して、婚姻から生じる費用を分担する」と定める現行民法 760 条は、生活保持義務の履行として夫婦の共同生活に必要な費用の負担者を定めたものと位置づけられる（→◆**Point 024**◆）。

3　円満婚姻における監督義務

監督とは、「目をくばって指図をしたり取り締まったりすること。また、その人・機関」（広辞 672 頁）である。夫婦としての共同生活は協力・扶助によって支えられるとしても、どちらかが他方を監督することが当然に期待されるわけではない。

現行民法 714 条 1 項は監督義務者の不法行為責任について規定しているところ、最判平成 28・3・1 民集 70 巻 3 号 681 頁は、夫婦であるというだけでは監督義務者に当たらないと判示した。その理由は、①「同居、協力及び扶助の義務……は夫婦間において相互に相手方に対して負う義務であって、第三者との関係で夫婦の一方に何らかの作為義務を課するものではなく」、②「同居の義務についてはその性質上履行を強制することができないものであり」、③「協力の義務についてはそれ自体抽象的なものである」、④「扶助の義務はこれを相手方の生活を自分自身の生活として保障する義務であると解したとしても、そのことから直ちに第三者との関係で相手方を監督する義務を基礎付けることはできない」という点にある。上記判例は、最判昭和 58・2・24 判時 1076 号 58 頁を参照して、⑤「監督義務を引き受けたとみるべき特段の事情が認められる場合」には現行民法 714 条 1 項を類推適用することも判示した。これら

◆Point 024◆

の判示は、夫婦の同居義務・協力義務・扶助義務の持つ意味とその限界を考えるうえで参考になる。

◆Point 024◆ 円満婚姻における費用の分担義務

1 家計とは

家計とは、「一家の生活にかかわる収入と支出。一家が生活していく上で必要な経費」（広辞 529 頁）である。これを記録して管理することの重要性については、①「支出の記録を続けることで、自分の浪費のクセがわかるようになる」（づん 2019・18 頁）、②「心にゆとりも生まれ、お金の使い方をコントロールできる」（づん 2018・118 頁）という指摘がある。

家計には、収入・支出に関わるものとして、企業会計と類似する側面がある。そこでは、「いくら稼いでいくら使うかという出入り（フロー）」（長澤 234 頁）を検討する必要がある。企業会計において収入・支出を対象とするのは「損益計算書……である。この計算書において利益が計算される。具体的には、1 年間の企業の売上（商品やサービスを提供して得られた収益）からコスト（それらを提供するための原価や人件費、固定費などの費用）を差し引いて、利益が計算される」（田口 42 頁）ものである。損益計算書は「英語だと『Profit and Loss』なので、略して PL（ピーエル）と呼ばれる」ところ、そこで費用が分かれている理由は、「何にどれだけ費用がかかったのかを、個別に見られるから」（近藤・沖山 67 頁）と説明されている。

2 婚姻費用とは

婚姻費用とは、夫婦の共同生活に要する費用、すなわち、「夫婦が、子どもの養育も含めて、生活していくための費用」（大村 2010・63 頁）である。

明治民法 798 条 1 項は「夫ハ婚姻ヨリ生スル一切ノ費用ヲ負担ス但妻カ戸主タルトキハ妻之ヲ負担ス」、同法 799 条 1 項は「夫又ハ女戸主ハ用法ニ従ヒ其配偶者ノ財産ノ使用及ヒ収益ヲ為ス権利ヲ有ス」と規定していた。これは、戸主である夫（または女戸主）は、配偶者の財産を管理して使用収益する権利を有し、その代わりに生活費の負担をしなければならないことを意味する。これについて、「管理収益権限がないならば、当然には生活費の負担は出てこない。ここには、冷徹な財産法の論理が現れているとも言える」（大村 2014a・41 頁）という指摘がある。

現行民法 760 条は、「夫婦は、その資産、収入その他一切の事情を考慮して、婚姻から生ずる費用を分担する」と規定している。したがって、夫婦の一方が、その分担義務を果たさない場合、他方は婚姻費用の分担請求権を有することになる。しかし、その金額は当然には決まらない。このことは、「その請求権は

48　第 2 編　経済的なこと

抽象的なものにとどまり、その具体的な分担額が夫婦の協議で決められて、具体的な請求権となる。その協議が整わない場合には、家庭裁判所に調停ないし審判を申し立てることになる。調停で合意し、審判で決定されて、具体的な婚姻費用分担請求権が形成される。この婚姻費用の分担に関する処分の手続は、別表第二の審判事項である（家事別表第二の２）」（松本2020・３頁）と説明されている。

　現行民法の婚姻費用分担について、「見方によれば変わった規定である。一方で、財産の帰属・管理については完全な独立を前提としつつ、生活費の負担に関しては、均分ではなく応分の負担としているからである。……興味深い『共同性』のあり方が姿を見せていると言える（たとえば、組合契約の場合、出資金額は均分ではなく応分である。しかし、この場合には権利もまた応分、すなわち多くの出資をした者が多くの権利を有する。これに対して、夫婦の場合には権利は応分にはならずに平等＝均分となる）」（大村2014a・41～42頁）という指摘がある。このことから、現行民法は（明治民法と異なり）冷徹な財産法の論理を貫徹していないこと、家族の内部においては冷徹ではない（暖かな）家族法の原理によることを導くことができよう。

3　扶養義務・扶助義務との関係

　扶養とは「たすけやしなうこと。とくに、生活の面倒をみること」、扶養義務とは「ある範囲内の親族が負う法律上の生活保障義務」である（広辞2587頁）。

　明治民法790条は、「夫婦ハ互ニ扶養ヲ為ス義務ヲ負フ」と規定していた。これに対し、現行民法は、「直系血族及び兄弟姉妹は、互いに扶養をする義務がある」（現民877条１項）とするものの、夫婦の扶養義務に関する規定がない。このことは、①「あちこちにこれと関連する規定がある。夫婦が一定の条件で『婚姻から生ずる費用を分担する』という規定（民法760条）、……相互の『扶助義務』の規定などであるが、要するに夫婦・親子の法律効果の重要なものの１つが扶養義務である」（星野1989・204頁）、②「婚姻費用分担義務がある限り、夫婦間・親子間で扶養義務の存在が独立に問題になることはない」（大村2010・63頁）と説明されている。

◆Point 025◆ 円満婚姻における夫婦財産の帰属

1　財産とは

　財産とは、「財貨と資産。個人または集団の所有する、金銭や土地・建物・商品など経済的価値のあるものの総体。……民法上、人がその帰属主体となり、法律行為や相続の対象となりうるものの総体」（広辞1137頁）である。夫婦間においても「個人あるいは世帯の経済状況を論じるには、……いくら保有して

◆Point 025◆

いるか、といういわゆる資産（ストック）の検討」（長澤234頁）は必要である。

夫婦財産の検討には、企業会計と類似する側面がある。企業会計において財産（財政状態）を対象とするのは「貸借対照表……である。この計算書は、企業の財産や借り入れ、株主からの投資額などを一覧表にしたものであり、企業のいわば体力（将来性や安全性など）を表す」（田口43頁）ものである。「この左右の値は必ず一致するので、左右を対照させて見るから、貸借対照表と呼ぶ。英語だと Balance Sheet で、略して BS（ビーエス）」（近藤・沖山107頁）という。「左側がお金の使いみち、右側がお金の出どころ。つまり、会社の活動を『どのようにお金を調達したのか』という原因と、『どうお金を使ったのか』という結果で分解し、照らし合わせて見ることができる」（近藤・沖山106頁）ものである。

企業とは、「生産・営利の目的で、生産要素を総合し、継続的に事業を経営すること。また、その経営の主体」（広辞694頁）である。その典型である会社は「営利を目的とする社団法人」（広辞482頁）であり、法人とは「人ないし財産から成る組織体に法人格（権利能力）が与えられたもの」（広辞2673頁）である。そのため、企業会計は1つの主体の財産に関する。これに対し、夫婦は2人であり、それぞれの財産は独立している。夫婦において団体性が明記されていないことについては、「第二次世界大戦後の日本民法典の改正は、『家』制度を廃止するとともに、夫婦同権において徹底した。『家』制度をなくしてもなお存在する、というよりむしろそれにより正面に現われる『家庭』、家族共同体の団体性への配慮はなされなかった」（星野2015・393頁）という指摘がある。これは、明治民法では「家」制度を背景として戸主がリーダーとして取引主体になっていたのと異なり、現行民法では夫婦になっても個人の判断が尊重されることを意味する。

2　（潜在的）別産制

（1）原則としての別産制　現行民法762条は、1項で「夫婦の一方が婚姻前から有する財産及び婚姻中自己の名で得た財産は、その特有財産（夫婦の一方が単独で有する財産をいう。）とする」、2項で「夫婦のいずれに属するか明らかでない財産は、その共有に属するものと推定する」と規定している。これは、「財産の帰属管理に関する規定……。夫婦の財産のうちどのようなものがどちらの所有かを定めたもの」（星野1989・204頁）である。現行民法762条2項の「共有」について、「特則は存在しない。そうである以上、基本的には、物権法上の共有の規律が一般法として適用されることになる」（吉田416頁）と説明されている。

家具什器などについては、「夫婦2人の間では、離婚するときとか、一方が

50　第2編　経済的なこと

◆Point 025◆

死んだような場合以外には、あまり問題にならず、他の人との関係で問題となる。夫が借金した場合に債権者は冷蔵庫を差し押さえることができるか、といったこと」(星野 1972・457 頁)と説明されている。

現行民法 762 条 1 項に対しては、「夫の名義で財産が形成されることが多い現状を踏まえると、結果的に家事労働が評価されず、実際には妻に不利な規定である。実体に合わせて別産とみなすことのできない制度は、名ばかりの夫婦別産制に過ぎず違憲」(渋谷 467 頁)という評価もある。しかし、最大判昭和 36・9・6 民集 15 巻 8 号 2047 頁は、憲法 24 条に違反しないと判示した。その理由は、①憲法 24 条は「夫と妻とが実質上同等の権利を享有することを期待した趣旨の規定と解すべく、個々具体の法律関係において、常に必らず同一の権利を有すべきものであるというまでの要請を包含するものではない」こと、②現行民法 762 条 1 項は「夫と妻の双方に平等に適用されるものであるばかりでなく、……別に財産分与請求権、相続権ないし扶養請求権等の権利が規定されており、……これらの権利を行使することにより、結局において夫婦間に実質上の不平等が生じないよう立法上の配慮がなされている」ことにある。

(2) 特有財産　特有財産とは、「夫婦の一方が婚姻前から有する財産および婚姻中自己の名で得た財産」(広辞 2090 頁)である。最判昭和 34・7・14 民集 13 巻 7 号 1023 頁の「原判決は、……収益金が当事者のいずれに属するか明らかでないとは判示していないから、所論民法 762 条 2 項を本件に適用する余地はない」という判示は、「不動産が特有財産か否かは、登記名義だけでは決することはできない」(松本 2019・49 頁)ことを意味する。

夫婦の財産は、以下のとおり 3 つに分類できる。①特有財産とは、名実共にみた夫婦各自の財産(その取得について他方の協力がなかったもの)と、財産の性質により各自に帰属する財産(夫婦各自の専用品と目されるもの)である。特有財産といえるためには、「その対価なども実質的に自己のものであることが立証される必要があり、その立証のない限り、共有の推定が働く」(松本 2019・49 頁)とされる。②共有財産とは、名実共にみた共有財産(共同生活に必要な家財・家具、双方の名義になっている夫婦の協力で取得したもの)である。③実質的共有財産とは、名義は一方に属するが、実質的には共有になる財産(婚姻中、夫婦の協力により取得されたのに、名義は夫婦の一方になっているもの)である。

婚姻中自己の名で得た財産は、現行民法 762 条 1 項の「文言からは、特有財産に属するかのようであるが、①〔筆者注：特有財産〕に該当しない限りは、実質的共有財産〔筆者注：③〕に分類される」(松本 2019・49 頁)という指摘がある。

◆Point 025◆

　東京地判平成 4・8・26 判タ 813 号 270 頁は、「夫婦の一方が婚姻中の他方の協力の下に稼働して得た収入で取得した財産は、実質的には夫婦の共有財産であって、性質上特に一方のみが管理するような財産を除いては、婚姻継続中は夫婦共同で……財産を管理するのが通常であり、婚姻関係が破綻して離婚に至った場合には、その実質的共有関係を清算するためには、財産分与が予定されているなどの事実を考慮すると、婚姻関係が悪化して、夫婦の一方か別居決意して家を出る際、夫婦の実質的共有に属する財産の一部を持ち出したとしても、その持ち出した財産が将来の財産分与として考えられる対象、範囲を著しく逸脱するとか、他方を困惑させる等不当な目的をもって持ち出したなどの特段の事情がない限り違法性はなく、不法行為とならない」と判示した。

(3) 財産分与・配偶者相続権との関係　（潜在的）別産制であることは、夫婦になっても、それぞれの財産は独立していることを意味する。現行民法では、明治民法では「家」制度を背景として戸主がリーダーとして取引主体になっていたのと異なり、夫婦になっても個人の判断が尊重される。しかし、このことは、各財産（例えば、自宅の所有権登記、銀行預金）の名義とその形成における実質的貢献とは一致しないことを帰結する。例えば、専業主婦が家事労働によって夫を支えてきたときでも、自宅の所有権は夫の単独名義とされることがあり、夫の給料が振り込まれる銀行預金も夫の単独名義であることが通例である。

　現行民法は、婚姻関係が継続している間は、夫婦財産を清算することを想定していない。そして、婚姻が離婚によって終了するときは財産分与により清算し、婚姻が死亡によって終了するときは配偶者相続権によって対応している。

3　日常家事債務の連帯責任

(1) 日常家事とは　現行民法 761 条は「日常の家事」について規定している。日常とは「つねひごろ。ふだん。平生」（広辞 2222 頁）である。家事とは「家庭内のいろいろな事柄。……家庭生活を営むための大小いろいろの用事。掃除・洗濯・炊事など」（広辞 544 頁）であり、家庭とは「夫婦・親子など家族が一緒に生活する集まり。また、家族が生活する所」（広辞 583 頁）を意味する。

　家族について、①相互依存モデル（互いの責任と役割分担が全く別個であるもの）、②親密性モデル（夫婦とは親友のようなもので、経済的な依存関係よりも何よりも、互いを愛し支え合うことによって結びつくもの）に分けることがある。

　上記①（相互依存モデル）の例として、夫は働きに出て、妻は家庭と子育てに責任を負うことがあった。しかし、専業主婦は減少しており、現在では、夫も家事と子育てを分担することが増えている。このような場合、「誰が何をどの程度やるのかをめぐって夫婦が一致しないことが多々起こりうる。赤ん坊が泣いたら誰が抱っこするのか、誰がおむつを替えるのか、夫婦ともに体調が悪

52　第 2 編　経済的なこと

◆Point 025◆

いときに食事の支度は誰がするのか、といった数え切れないほどの雑事に直面し、その都度対処していかなければならない。……子どもが病気になったときに誰が仕事を休んで子どもの世話をするのか、2人とも仕事が忙しくストレスを抱えているときに、どのようにお互いを支え合えるのかなど、正解などというものが存在しない課題をこなしていかなければならない」（野末75頁）ことになる。

男女共同参画を理念として掲げて、男性と同じような給与所得者となることを女性に期待するのであれば、その反面において、女性と同じように家事労働することを男性に期待することが素直である。ところが実際には、「妻は夫より、実に週あたり19時間以上も多く家事をしている。……夫婦が時間の面で同等に働いている共働きカップル……でも日本は妻のほうが夫よりも10時間程度多く家事をしている」（筒井2015・174頁）、「妻は、夫が家事を一人前にできるようになるまでそういったことを教えなくてはならず、その間は低品質か、あるいはやたら『高品質』だが家計的には非合理的なサービス（高い肉を買ってきて焼くなど）を辛抱強く受け入れるしかない。このようなやっかいな事態を避けようと、妻が『いっそのこと自分で』と考えて料理をてきぱきとやってしまうと元の木阿弥で、結局夫は戦力外のままになってしまう」（筒井2015・180頁）と指摘される。これは、男性が家事労働できないために女性にかかる負担の重いことが、女性が婚姻に魅力を感じにくい原因の1つであることを示唆している。

(2) 債務の連帯責任　明治民法804条は、1項で「日常ノ家事ニ付テハ妻ハ夫ノ代理人ト見做ス」、2項で「夫ハ前項ノ代理権ノ全部又ハ一部ヲ否認スルコトヲ得但之ヲ以テ善意ノ第三者ニ対抗スルコトヲ得ス」と規定していた。これは「婚姻後は妻の財産も夫によって管理されるという制度がとられていた」（大村2010・67頁）ところ、これでは日々の暮らしに不都合があるため、「日常家事の範囲内では妻に夫を代理する権限を認める」（大村2010・68頁）ものであった。

現行民法761条は、「夫婦の一方が日常の家事に関して第三者と法律行為をしたときは、他の一方は、これによって生じた債務について、連帯してその責任を負う。ただし、第三者に対し責任を負わない旨を予告した場合は、この限りでない」と規定している。これは、明治民法と異なり「男女平等を前提」（大村2010・68頁）として、個人責任が原則となるところ、その例外として連帯責任（債務の連帯）を認めるものである。同条の趣旨について、札幌高判平成22・11・5判タ1349号170頁は、「日常の家事処理に伴う債務は、夫婦のいずれが名義人であっても、実質的には夫婦共同の債務であること、また、日常

第3章　円満婚姻の経済的なこと　　*53*

◆Point 026◆

家事について取引する相手方は、表意者が夫婦のいずれであっても、夫婦双方が法律行為の主体と考えるから、相手方保護の見地からも、日常家事債務については夫婦が連帯して責任を負う」と判示した。

日常の家事に関する法律行為とは「個々の夫婦がそれぞれの共同生活を営むうえにおいて通常必要な法律行為を指すものであるから、その具体的な範囲は、個々の夫婦の社会的地位、職業、資産、収入等によって異なり、また、その夫婦の共同生活の存する地域社会の慣習によっても異なる」（最判昭和 44・12・18 民集 23 巻 12 号 2476 頁）ものである。

◆Point 026◆ 円満婚姻と公的制度

1　配偶者控除

所得税については、配偶者控除が認められている。同一生計配偶者とは、「居住者の配偶者でその居住者と生計を一にするもの（……『青色事業専従者等』……を除く。）のうち、合計所得金額が 48 万円以下である者」（所得税法 2 条 1 項 33 号）であり、控除対象配偶者とは、「同一生計配偶者のうち、合計所得金額が 1000 万円以下である居住者の配偶者」（同項 33 号の 2）である、国税庁のウェブサイトにて公開されているタックスアンサー（よくある税の質問）「No.1191 配偶者控除」は、控除対象配偶者の範囲を「その年の 12 月 31 日の現況で、次の 4 つの要件のすべてに当てはまる人」として、①「民法の規定による配偶者であること（内縁関係の人は該当しません。）」、②「納税者と生計を一にしていること」、③「年間の合計所得金額が 48 万円以下（令和元年分以前は 38 万円以下）であること。（給与のみの場合は給与収入が 103 万円以下）」、④「青色申告者の事業専従者としてその年を通じて一度も給与の支払を受けていないことまたは白色申告者の事業専従者でないこと」を列挙している。

配偶者控除は、男女共同参画を進めるのであれば見直す必要があると思われる。ここでは、①「夫婦は相互扶助の関係にあり、一方的に扶養している親族とは関係性が異なるとして、1961 年に扶養控除から独立して創設された」（加藤 11 頁）、②「廃止論の主要論拠である女性の社会進出の阻害についてみると、現在の日本では男女間賃金格差があり正規雇用の女性の賃金は男性のおよそ 75％ となっており、OECD 加盟国のなかでは韓国、エストニアについて 3 番目に格差が大きくなっている。……中立的な働き方の実現に向けて、労働誘因策として控除制度を論じるのであれば、こうした労働環境における格差もあわせて議論すべきであろう」（加藤 13 頁）という指摘が参考になる。

2　健康保険の被保険者

健康保険法 3 条 7 項本文は、被扶養者を「次に掲げる者で、日本国内に住

◆Point 027◆

所を有するもの又は外国において留学をする学生その他の日本国内に住所を有しないが渡航目的その他の事情を考慮して日本国内に生活の基礎があると認められるものとして厚生労働省令で定めるもの」と定義して、「被保険者……の直系尊属、配偶者（届出をしていないが、事実上婚姻関係と同様の事情にある者を含む……）、子、孫及び兄弟姉妹であって、主としてその被保険者により生計を維持するもの」等を列挙している。

したがって、被保険者の配偶者と子は、「主としてその被保険者により生計を維持するもの」という要件を満たすときは被扶養者になる。例えば、専業主婦は被保険者（夫）の被扶養者であるから、「保険医療機関等のうち自己の選定するものから療養を受けたときは、被保険者に対し、その療養に要した費用について、家族療養費を支給する」（健康保険法 110 条 1 項）ことになる。

3 マイナンバー

行政手続における特定の個人を識別するための番号の利用等に関する法律 15 条は、「何人も、第 19 条各号のいずれかに該当して特定個人情報の提供を受けることができる場合を除き、他人（自己と同一の世帯に属する者以外の者をいう……）に対し、個人番号の提供を求めてはならない」と規定している。このことは、「自己と同一の世帯に属する者に特定個人情報の提供を求めることは禁止されていないが、これは、親が幼児に特定個人情報の提供を求めるような場合を念頭に置いている。国勢調査令 2 条 2 項においては、『世帯』とは、住居および生計を共にする者の集まり、または独立して住居を維持する単身者をいうと定義されている」（宇賀 98 頁）と説明されている。

円満婚姻においては、同居している家族は住居と生計を共にする者の集まりとして同一の世帯に属する者といえるから、個人番号の提供を求めることができる。

第4章：法律離婚の経済的なこと

◆Point 027◆ 法律離婚に伴う清算的財産分与

1 清算的財産分与とは

財産分与とは、「離婚に際し、財産関係の清算や離婚後の扶養などのために配偶者の一方から他方へなされる財産の分与」（広辞 1137 頁）である。清算的財産分与とは、財産関係を清算するための財産分与である。清算とは、「貸し借りの結末をつけること。転じて、過去の関係などにはっきりした結末をつけること」（広辞 1604 頁）である。基本的には、「財産分与における夫婦財産の清算においては、婚姻後に形成した財産について、双方の財産形成に対する経済

◆Point 027◆

的貢献度、寄与度を考慮し、実質的に公平になるように分配する」（秋武・岡175頁）ことになる。

現行民法768条は、1項で「協議上の離婚をした者の一方は、相手方に対して財産の分与を請求することができる」、2項で「前項の規定による財産の分与について、当事者間に協議が調わないとき、又は協議をすることができないときは、当事者は、家庭裁判所に対して協議に代わる処分を請求することができる。ただし、離婚の時から2年を経過したときは、この限りでない」、3項で「前項の場合には、家庭裁判所は、当事者双方がその協力によって得た財産の額その他一切の事情を考慮して、分与をさせるべきかどうか並びに分与の額及び方法を定める」と規定している。これは、日本国憲法の制定に伴う全面改正（昭和22年法律222号）に伴って新設されたものである。

この全面改正の経緯について、「財産分与は戦後に新設された制度であるが、その原型は戦前の『離婚に因る扶養義務』の提案に求められる。このような経緯からすると、財産分与は扶養の性質を帯びていたが、戦後はむしろ、婚姻中に夫婦の協力によって形成されたが、一方名義（多くは夫名義）になっている財産を分割するという説明がされるようになり、清算の側面が強調されるようになった」（大村2014a・50～51頁）と説明されている。

婚姻破綻の原因を作った者（いわゆる有責配偶者）であっても、清算的財産分与を求めることができると解される。これは、「清算的要素については、離婚に至った責任とは無関係であるから、有責性を考慮する余地はない（東京高判昭和57・8・31判時1056号179頁、東京高判平成3・7・16判タ795号237頁）」（松本2019・12頁）という理由による。

財産分与の請求権は、一定額の財産給付を求める権利であり、金銭給付で命じることが原則であるところ、「ほとんどの場合、一時金で給付が命じられる。……和解や調停ではともかく、判決や審判では将来給付……の例は少ない」（秋武・岡193頁）とされる。

2　清算的財産分与の対象となる財産

清算的財産分与の対象となるのは、「名義の如何を問わず、婚姻後夫婦が協力して取得した財産」（秋武・岡180～181頁）である。特有財産とは「夫婦の一方が婚姻前から有する財産および婚姻中自己の名で得た財産」（広辞2090頁）であるから、「特有財産は、原則として、清算的財産分与の対象から除外される」ところ、その典型例は「婚姻前から有していた財産や、婚姻後に取得したものであっても親族等から贈与を受け、又は相続した財産など」であり、「証拠上、特有財産かどうか不明なものは、民法762条2項の趣旨に照らして、分与対象財産と推定するのが原則」（秋武・岡181頁）とされる。

◆**Point 027**◆

　もっとも、特有財産の維持に他方の寄与があった場合には、その限度におい
て考慮することが必要である。このことは、「一方の特有財産たるべき借金を
他方が支払ったなど、具体的な『寄与』が求められる傾向にあるようである。
なお、ある財産取得に当たって、夫婦共有財産と特有財産とをともに原資にす
る場合があり、その場合は、その割合を考慮する必要がある。典型例は、自宅
とする不動産を取得するに当たって、その代金の一部を親からの贈与によって
支払う場合である。裁判実務上は、夫の親から贈与を受けたのであれば夫の特
有財産部分とし、逆に妻の親から贈与を受けたのであれば妻の財産部分として、
分与の計算において、割合的に考慮することが多い」（秋武・岡182頁）と説明
されている。

　ここでは、物権法上の共有との関係にも注意することが必要である。このこ
とは、「夫婦が一方の名義で取得した財産であっても、便宜上一方名義にした
だけで、その名義が真実の権利関係を反映しておらず、真実は、物権法上の共
有であるということはある」（松本2024・17頁）と説明されている。この場合、
裁判による共有物の分割（現民258条）によることも可能であることに注意す
る必要がある。東京地中間判平成20・11・18判タ1297号307頁は、夫婦共
同財産の清算は財産分与によるという被告の主張を認めず、「共有物分割請求
は適法」と判示した。その理由は、①「夫婦共同財産の分配の割合は、具体的
な数値をもって予め定められているものではなく、夫婦共同財産の形成に対す
る寄与の度合をしん酌して決められるべきものであって、これを既判力をもっ
て確定すべき方法はない」、②「夫婦の共有財産について、共有物分割請求を
認めずに、財産分与請求のみを認めることは、共有物の分割を希望する者に不
都合を生じさせる」、③「どちらか一方の単独名義となっている……事案につ
いては共有物分割を論じる余地はなく、専ら財産分与請求をするしかないので
あって、その意味においても財産分与請求と共有物分割請求はそれぞれが想定
する場面を共通にするものでもない」、④「夫婦の中には、一方の側からの離
婚請求が、有責配偶者であること等の理由から排斥される事案もあり、たとえ
このような事案であっても、夫婦の共有名義となっている財産の共有物分割の
途が閉ざされるべき理由はない」、⑤「夫婦の共有財産といえども、その取得
の時期、財源、経緯等の事情から、財産分与の対象とならないものもある」と
いう点にある。

3　清算的財産分与の算定方法

　現行民法768条3項は、「家庭裁判所は、当事者双方がその協力によって得
た財産の額その他一切の事情を考慮して、分与をさせるべきかどうか並びに分
与の額及び方法を定める」と規定している。最判昭和46・7・23民集25巻5

◆Point 027◆

号 805 頁は「離婚における財産分与の制度は、夫婦が婚姻中に有していた実質上共同の財産を清算分配」するものと判示している。これは、実質的共有説、すなわち、「婚姻中に取得した財産は、夫婦の一方の収入による場合でも他方の有形無形の協力に基づいている。つまり、夫婦の協力によって得た財産は、名義の如何を問わず、実質的に見れば、共有財産ということができる」(松本2019・50 頁) とする見解である。

　共働きが増えてきているところ、かつては夫が主たる収入源となり、妻は専業主婦であることが多かった。専業主婦とは、「職につかず、もっぱら家事にあたる主婦」(広辞 1656 頁) である。この場合は家事労働が「一切の事情」(現民 768 条 3 項) として考慮されるところ、その評価の程度は時代により変遷している。このことは、「古い裁判実務では、妻の家事労働を、夫の労働と、必ずしも対等には評価していなかったと思われるが、最近の実務の考え方では、専業主婦である妻の寄与を夫と同等に見るという考え方が主流となっている。この考え方は、家事を分担している共稼ぎの夫婦においても同様であって、基本的に、普通の平均的な家庭を前提とすれば、特段の事情のない限り、双方の寄与を平等と推定するという考えが現在の実務の主流である。これをいわゆる 2 分の 1 ルールということがある」(秋武・岡 175 頁) と説明されている。通常の財産分与の対象財産の清算割合を決める場合の「寄与」については、「主婦の家事労働の場合に代表されるように、比較的抽象的なもので足りるとされる傾向がある」(秋武・岡 181 頁) という指摘もある。

　家事事件手続法 154 条 2 項 4 号は、「財産の分与に関する処分の審判」において家庭裁判所は当事者に対し、金銭の支払、物の引渡し、登記義務の履行その他の給付を命ずることができることを規定している。したがって、離婚については紛争がないにもかかわらず財産分与について当事者の合意ができない (家事調停でも合意に至らない) ときは、家庭裁判所が財産分与の内容を審判で定めることになる。

　人事訴訟法 32 条は、1 項で「裁判所は、申立てにより、夫婦の一方が他の一方に対して提起した……離婚の訴えに係る請求を認容する判決において、……財産の分与に関する処分……についての裁判をしなければならない」、2 項で「前項の場合において、裁判所は、同項の判決において、当事者に対し、子の引渡し又は金銭の支払その他の財産上の給付その他の給付を命ずることができる」と規定している。したがって、離婚についても紛争となり離婚を認容する判決が言い渡されるときは、財産分与の内容についても家庭裁判所が判決で定めることになる。

　離婚訴訟の実務については、「夫婦の全体財産を、夫婦の所有名義ごとに分

けて、各当事者名義の純資産を計算し、それを比較し、それら財産形成への夫婦の寄与が均等であるという一般的な事例では、財産分与後の所有名義の財産が均等になるように清算的財産分与額を決めるという方法で行っている」（秋武・岡176〜177頁）とされる。例えば、妻から夫に対する財産分与の申立てにおいて、夫婦の寄与が均等であるとすると、夫の総資産（4000万円）と妻の総資産（2000万円）を合計した額（6000万円）が財産分与の対象である。均等になるようにするため、これを2で除した額（3000万円）を双方の手許に残す。妻は、総資産（2000万円）を有しているから、これとの差額（1000万円）が清算的財産分与として認められることになる。

4　清算的財産分与における財産評価

清算的財産分与においては、①「分与対象財産の確定をどの時点でするかということ（対象財産確定の基準時）」と、②「そうやって確定した具体的資産をどの時点の価格を基準に評価するかということ（財産評価の基準時）」を区別する必要がある（秋武・岡178頁）。

上記①（分与対象財産の確定）は、「夫婦の経済的協力関係は原則的に別居によって終了するとすれば……婚姻後別居時までに形成した財産を対象とすべきであろう。したがって、この意味の基準時は原則として別居時と考えるべきである」（秋武・岡178頁）、「単身赴任そのものは、別居と区別されるので、単身赴任の開始をもって清算の基準とすることはできない」（松本2019・63頁）と説明されている。したがって、夫名義の不動産がある場合、それを同居期間中に購入したときは財産分与の対象となるが、別居後に購入したときは対象とならない。

上記②（確定した具体的資産の評価）については、「裁判時の時価で行うのが合理的と考えられるから、この意味の基準時は、裁判時、すなわち、訴訟であれば、口頭弁論終結時ということになる」（秋武・岡178頁）と説明されている。したがって、夫名義の不動産の別居時の時価は6000万円であったのに、その後に時価が下落して5000万円になった場合には時価5000万円として計算されることになる。

5　清算的財産分与における負債の考慮

清算的財産分与の対象である不動産について、住宅ローンの取扱いが問題となることがあり、「債務についても、各当事者の純資産額を算定するときに各当事者の積極財産から考慮すべき消極財産を控除してされるというのが一般的である。双方の寄与を均等とみることができるような一般的な事案では、『積極財産－消極財産（考慮すべき債務）＝全体財産』として、双方が、債務も考慮したうえで、純資産額の2分の1を取得できるように清算的財産分与の額

◆Point 027◆

を調整するという手法によることになる」（秋武・岡186頁）と説明されている。これによると、訴訟において口頭弁論終結時の夫名義の不動産の時価が5000万円であったとき住宅ローン2000万円が残っていたとすれば、その不動産の価値は、時価と残債務の差額3000万円と算されることになる。

6 婚姻費用・慰謝料との関係

(1) 婚姻費用との関係　　婚姻費用とは、夫婦の共同生活に要する費用、すなわち、「夫婦が、子どもの養育も含めて、生活していくための費用」（大村2010・63頁）である。

最判昭和53・11・14民集32巻8号1529頁は、「財産分与の額及び方法を定めるについては当事者双方の一切の事情を考慮すべきものであることは民法771条、768条3項の規定上明らかであるところ、婚姻継続中における過去の婚姻費用の分担の態様は……事情のひとつにほかならないから、裁判所は、当事者の一方が過当に負担した婚姻費用の清算のための給付をも含めて財産分与の額及び方法を定めることができる」と判示した。

(2) 慰謝料との関係　　慰謝料とは、「生命・身体・自由・名誉・貞操などを侵害する不法行為によって生じた精神的苦痛に対する損害賠償」（広辞155頁）である。

最判昭和46・7・23民集25巻5号805頁は、財産分与と慰謝料の関係について、①「財産分与がなされたからといって、その後不法行為を理由として別途慰藉料の請求をすることは妨げられない」、②「損害賠償の要素をも含めて給付がなされた場合には、……財産分与がなされている事情をも斟酌しなければならないのであり、このような財産分与によって請求者の精神的苦痛がすべて慰藉されたものと認められるときには、もはや重ねて慰藉料の請求を認容することはできないものと解すべきである。しかし、財産分与がなされても、それが損害賠償の要素を含めた趣旨とは解せられないか、そうでないとしても、その額および方法において、請求者の精神的苦痛を慰藉するには足りないと認められるものであるときには、すでに財産分与を得たという一事によって慰藉料請求権がすべて消滅するものではなく、別個に不法行為を理由として離婚による慰藉料を請求することを妨げられない」と判示した。

7 内縁における財産分与規定の類推適用

内縁は、法律上の婚姻ではないが、事実上の夫婦として当事者が同居している場合である（→◆Point 057◆）。最決平成12・3・10民集54巻3号1040頁は、「死亡により内縁関係が解消した場合に、法律上の夫婦の離婚に伴う財産分与に関する民法768条の規定を類推適用することはできない」と判示した際の傍論として、「離別による内縁解消の場合に民法の財産分与の規定を類推適用

◆**Point 028**◆

することは、準婚的法律関係の保護に適するものとしてその合理性を承認し得る」と判示した。これは、内縁配偶者の保護のために現行民法 768 条を類推適用することの可否について、①「離別による内縁解消の場合」については当事者間の問題として容認する可能性を残しつつ、②「死亡により内縁関係が解消した場合」については第三者にも影響するため否定したものと理解することができる（→◆**Point 080**◆）。このような区別は、外縁の理解にも参考となるものを含んでいる。

8 令和 6 年の現行民法改正

　財産分与について、令和 6 年改正後の現行民法 768 条は、1 項で「協議上の離婚をした者の一方は、相手方に対して財産の分与を請求することができる」、2 項で「前項の規定による財産の分与について、当事者間に協議が調わないとき、又は協議をすることができないときは、当事者は、家庭裁判所に対して協議に代わる処分を請求することができる。ただし、離婚の時から 5 年を経過したときは、この限りでない」、3 項で「前項の場合には、家庭裁判所は、離婚後の当事者間の財産上の衡平を図るため、当事者双方がその婚姻中に取得し、又は維持した財産の額及びその取得又は維持についての各当事者の寄与の程度、婚姻の期間、婚姻中の生活水準、婚姻中の協力及び扶助の状況、各当事者の年齢、心身の状況、職業及び収入その他一切の事情を考慮して、分与をさせるべきかどうか並びに分与の額及び方法を定める。この場合において、婚姻中の財産の取得又は維持についての各当事者の寄与の程度は、その程度が異なることが明らかでないときは、相等しいものとする」と規定している。これは、同条 2 項ただし書の「2 年」を「5 年」に改め、同条 3 項の考慮要素を明確化するものである。

◆**Point 028**◆ 法律離婚に伴う扶養的財産分与

1 扶養的財産分与とは

　扶養的財産分与とは、「離婚に際し、財産関係の清算や離婚後の扶養などのために配偶者の一方から他方へなされる財産の分与」（広辞 1137 頁）である。扶養的財産分与とは、離婚した配偶者の一方が他方を扶養するための財産分与である。扶養とは「たすけやしなうこと。とくに、生活の面倒をみること」（広辞 2587 頁）であり、夫婦である間は扶養義務がある。扶養的財産分与は、例外的な事情がある場合に、上記扶養義務を離婚後にまで及ぼすことを認めるものである。

2 扶養的財産分与を認めるとき

　扶養的財産分与は、「離婚後の扶養という観点から決められる財産分与のこ

第 4 章　法律離婚の経済的なこと　　*61*

と」（秋武・岡 175 頁）であるところ、その請求が認められる場面は限定されている。このことは、「実務的には、扶養的財産分与は、清算的財産分与や慰謝料を受領しても、離婚後の生活に困窮するというような場合に補充的に命じられるという考えが強い」（秋武・岡 175〜176 頁）と説明されている。

　婚姻破綻の原因を作った者（いわゆる有責配偶者）は、扶養的財産分与を求めることができないと解される。このことは、「扶養的要素については、有責配偶者の請求を否定する見解が多数である（横浜地川崎支判昭和 46・6・7 判時 678 号 77 頁、岐阜家審昭和 57・9・14 家月 36 巻 4 号 78 頁）」（松本 2019・13 頁）と説明されている。

◆Point 029◆ 法律離婚後の養育費

1　婚姻費用分担義務の消滅

　夫婦の負う婚姻費用分担義務は、「夫婦間の扶助義務、親の子に対する扶養義務を包摂する」（大村 2010・63 頁）ところ、これは「婚姻という法律関係から生じるものであるから、離婚が成立すれば、その請求権は原則として消滅する」（松本 2020・4 頁）とされる。最決令和 2・1・23 民集 74 巻 1 号 1 頁は、「婚姻費用の分担は、当事者が婚姻関係にあることを前提とするものであるから、婚姻費用分担審判の申立て後に離婚により婚姻関係が終了した場合には、離婚時以後の分の費用につきその分担を同条により求める余地がないことは明らかである。しかし、……婚姻費用分担審判の申立て後に当事者が離婚したとしても、これにより婚姻費用分担請求権が消滅するものとはいえない」と判示した。

　離婚によって夫婦間の扶助義務するため、あらためて養育費を決めることが必要になる。このことは、「子の監護に要する費用の分担義務は、この扶養義務の内容である。この費用は、婚姻中は、婚姻費用に含まれ、婚姻解消後は、子の監護者が請求する場合は、一般的に養育費と称される」（松本 2020・8 頁）と説明されている。その根拠規定については、現行民法 877 条とする見解のほか、親権に関する規定に求める見解がある。

2　養育費とは

　養育とは「養い育てること。はぐくむこと」（広辞 3010 頁）であり、これに要する費用を養育費という。例えば、「子の通常の衣食住の費用、教育費及び医療費など」（秋武・岡 157 頁）である。子に対する扶養義務は離婚しても消滅しないため、離婚する際には養育費を決めることが必要になる。

　現行民法 766 条は、1 項で「父母が協議上の離婚をするときは、……子の監護に要する費用の分担その他の子の監護について必要な事項は、その協議で定

62　第 2 編　経済的なこと

◆Point 029◆

める。この場合においては、子の利益を最も優先して考慮しなければならない」、2項で「前項の協議が調わないとき、又は協議をすることができないときは、家庭裁判所が、同項の事項を定める」と規定している。最判平成元・12・11民集43巻12号1763頁は、「裁判所は、離婚請求を認容するに際し、子を監護する当事者をその親権者に指定すると否とにかかわらず、申立により、子の監護に必要な事項として、離婚後子の監護をする当事者に対する監護費用の支払を他方の当事者に命ずることができる」と判示した。これは、離婚後の養育費支払義務が一律に程度の高い（＝親権者であるか否かは義務の程度に影響しない）ことを含意している。このことは「親権行使の費用として扶養することになる、という考え方」（大村2014a・146頁）からは説明しにくいものの、「親権の帰属（常に父母に帰属）と行使（場合によって父母の一方）とを区別することによって、この問題に対処すればよい」（大村2014a・146～147頁）とされる。

　養育費の支払の申立ては、離婚後の「子の監護に要する費用の分担」（現民766条1項）を求める「将来の請求」（秋武・岡47頁）である。養育費負担義務は、「生活扶助義務（自分の生活に犠牲にしない限度で、扶養者の最低限の生活扶助を行う義務）ではなく、生活保持義務（自分の生活を保持するのと同程度の生活を被扶養者にも保持させる義務）」（秋武・岡157頁）である。この義務の根拠について、「親権を行う者は、子の利益のために子の監護及び教育をする権利を有し、義務を負う」（現民820条）の解釈として「養育費……の負担をも定めている」（大村2014b・23頁）とする見解もある。これは、親が未成年の子に対して負う扶養義務の程度が高いことを「親権行使の費用として扶養することになる、という考え方」（大村2014a・146頁）に基づいて説明するものである。

　現行民法と明治民法の比較として、「明治民法においては、婚姻も親子も『家』の中に含まれていた。……戸主とその家族（妻や子）との一般的な関係がまずあり、その他に、夫と妻、父（母）と子との特別な関係があった。現行日本法では『家』はなくなった。そのため、婚姻関係と親子関係を繋ぐものがなくなってしまった」（大村2014b・17頁）という指摘がある。このことは、親が未成年の子に対して負う扶養義務は、婚姻の有無には影響されないことを含意している。養育の実情について、「近代化が進んでも子どもの基本的社会化を行うのはその子どもの親である、という考え方には大きな変化が見られなかった。また、各国の法制度も実親による子どもの扶養を義務づけている」（筒井2015・188頁）という指摘がある。

3　再婚と養育費

　扶養義務者が再婚して家族関係に変化が生じた場合、①「これにより義務者

◆Point 029◆

が扶養すべき者が増えれば、これは養育費の額に影響を与えることとなる。義務者が再婚には至らないが内縁関係にある場合にも扶養義務が生じる場合があり、その場合は内縁配偶者を再婚相手と同様に扱うことになる。なお、内縁の妻との間の子は認知した場合にのみ被扶養者と扱うことになる」（松本 2020・173 頁）、②「未成年者が縁組をしていない場合、権利者の再婚相手は未成年者に対する扶養義務を負っていない。また、義務者にしても、権利者が収入のある人と再婚することを期待する立場にはない。そして、未成年者に対する法的な立場にも変化はない。そうすると、権利者の再婚は、原則的には、義務者の養育費負担義務に影響を与えないというべきである」（松本 2020・189 頁）と説明されている。

　最判平成 23・3・18 判時 215 号 55 頁は、X と婚姻関係にあった Y が、X 以外の男性と性的関係を持って二男を出産したことを X に告げず、民法 777 条所定の出訴期間内に嫡出否認の訴えを提起することができなかった X には二男との親子関係を否定する法的手段が残されていない事案において、「Y が X に対し離婚後の二男の監護費用の分担を求めることは、監護費用の分担につき判断するに当たっては子の福祉に十分配慮すべきであることを考慮してもなお、権利の濫用に当たる」と判示した。その理由は、①「X はこれまでに二男の養育・監護のための費用を十分に分担してきており、X が二男との親子関係を否定することができなくなった上記の経緯に照らせば、X に離婚後も二男の監護費用を分担させることは、過大な負担を課するもの」であり、②「Y は X との離婚に伴い、相当多額の財産分与を受けることになるのであって、離婚後の二男の監護費用を専ら Y において分担することができないような事情はうかがわれない」という点にある。

4　養育費の算定方法

　現在の実務には、平成 30 年度司法研究『養育費、婚姻費用の算定に関する実証的研究』における改定標準算定方式および改訂標準算定表が影響している。この表による婚姻費用算定方法の基本的枠組みは、「給与所得者の場合、義務者及び権利者の総収入から公租公課、職業費、特別経費を控除したものを基礎収入とし、これを生活費指数により按分する」（松本 2020・52 頁）ものである。具体的には、「まず、基礎収入を認定する。権利者及び義務者の双方について必要である。次いで、生活費指数を認定するが、これは、基本的に子の年齢で決まる。そして、婚姻費用の場合は、権利者及び義務者の基礎収入の合計をその収入で生活すべき全員の生活費指数で按分する」（松本 2020・53 頁）ことになる。

5　養育費の終期

　養育費の内容は、「離婚した場合に離婚時……から通常は成年……に達する

までの月々の金員の支払を求めるというもの」(秋武・岡47頁) である。父母の親権に服するのは「成年に達しない子」(現民818条1項) であるから、親が子に対して負う扶養義務の程度が高いことを「親権行使の費用として扶養することになる、という考え方」(大村2014a・146頁) によって説明するときは、成年に達した時を終期とすることが素直な帰結となる。

　成年年齢を20歳から18歳に引き下げる平成30年改正aの影響について、「改正法の趣旨が未成熟子の保護を後退させるものではないことは、関係者の国会答弁や参議院における附帯決議から明らかであるから……未成熟子の保護が後退するような解釈がされるとは想定されないであろう。したがって、改正法の成立又は施行後も、成年年齢のいかんを問わず、民法766条1項の適用又は類推適用によって、未成熟子を脱する時期までは、非監護親の監護親に対する養育費に支払を肯定すべき」(秋武・岡158頁) という指摘もある。しかし、素直に考えれば、成年になることは法律行為を自由になし得る(親の同意を要しない) ことを意味するのであるから、成年に達した後であっても「未成熟子」と評価して良いのか、という疑問は残る。少なくとも成年に達した子の意思を尊重する必要があり、漫然と監護親の指定する銀行口座に送金し続けることには違和感があろう。18歳・19歳の子に対する養育義務については、慎重に検討することが必要である。

6　法律離婚後の養育費の算定方法

　現在の実務には、平成30年度司法研究『養育費、婚姻費用の算定に関する実証的研究』における改定標準算定方式および改訂標準算定表が影響している。この表による養育費算定方法の基本的枠組みは、「給与所得者の場合、義務者及び権利者の総収入から公租公課、職業費、特別経費を控除したものを基礎収入とし、これを生活費指数により按分する」(松本2020・52頁) ものである。具体的には、「まず、基礎収入を認定する。権利者及び義務者の双方について必要である。次いで、生活費指数を認定するが、これは、基本的に子の年齢で決まる。そして……養育費の場合は、義務者と子が同居したと想定して、義務者の基礎収入を義務者と子で按分して子の生活費を算出し、これを権利者と義務者の基礎収入で按分する」(松本2020・53頁) ことになる。

◆Point 030◆ 法律離婚と公的制度

1　配偶者控除

　配偶者控除(所得税法2条1項33号) は、民法の規定による配偶者であることを要件とするから、離婚後には適用されない。

2 健康保険の被保険者

健康保険法 3 条 7 項 1 号にいう被扶養者は、「被保険者……配偶者（届出をしていないが、事実上婚姻関係と同様の事情にある者を含む……）」等であるから、離婚した元配偶者がこれに該当することはない。

3 マイナンバー

行政手続における特定の個人を識別するための番号の利用等に関する法律 15 条は、「何人も、第 19 条各号のいずれかに該当して特定個人情報の提供を受けることができる場合を除き、他人（自己と同一の世帯に属する者以外の者をいう……）に対し、個人番号の提供を求めてはならない」と規定している。したがって、親であっても、離婚等によって子と世帯を別にするに至った者は「他人」であることになり、子のマイナンバーの提供を求めることができなくなる。

第5章：外縁の経済的なこと

◆Point 031◆ 外縁における婚姻費用の分担義務

1 婚姻費用分担の算定方法

婚姻費用とは「夫婦が、子どもの養育も含めて、生活していくための費用」であるから、その「分担義務は、夫婦間の扶助義務、親の子に対する扶養義務を包摂する」ことになる（大村 2010・63 頁）。そのため、「婚姻費用分担額中に子の監護費用を含む場合、その子が成長するなどして未成熟子でなくなったことは、その部分の分担義務を失わせるから、婚姻費用の減額事由となる」（松本 2020・16 頁）とされる。夫婦は、その資産、収入その他一切の事情を考慮して、婚姻から生ずる費用を分担する義務を負う（現民 760 条）。これは、「婚姻という法律関係から生じるものであるから、離婚が成立すれば、その請求権は原則として消滅する」（松本 2020・4 頁）とされる。請求権が消滅するのは法律離婚が成立した場合のことであり、外縁には妥当しない。

離婚を検討している夫婦間において、婚姻費用について争いになることは少なくない。婚姻費用について争いがある場合は「離婚調停などと別個に婚姻費用分担の調停申立てをし、調停が調わないときは、家事審判によって適正な婚姻費用の支払が命じられる」（秋武・岡 189 頁）ことになる。家事事件手続法 154 条 2 項 3 号は、「婚姻費用の分担に関する処分の審判」において家庭裁判所は当事者に対し、金銭の支払、物の引渡し、登記義務の履行その他の給付を命ずることができることを規定している。

最判平成 9・4・10 民集 51 巻 4 号 1972 頁は、離婚前（別居してから離婚ま

◆Point 031◆

での期間）の養育費について現行民法 771 条・766 条 1 項の類推適用を認めた。その理由は、「離婚前であっても父母が別居し共同して子の監護に当たることができない場合には、子の監護に必要な事項としてその費用の負担等についての定めを要する点において、離婚後の場合と異なるところがないのであって、離婚請求を認容するに際し、離婚前の別居期間中における子の監護費用の分担についても一括して解決するのが、当事者にとって利益となり、子の福祉にも資する」という点にある。

婚姻費用と財産分与の関係について、最判昭和 53・11・14 民集 32 巻 8 号 1529 頁は、「離婚訴訟において裁判所が財産分与の額及び方法を定めるについては当事者双方の一切の事情を考慮すべきものであることは民法 771 条、768 条 3 項の規定上明らかであるところ、……裁判所は、当事者の一方が過当に負担した婚姻費用の清算のための給付をも含めて財産分与の額及び方法を定めることができる」と判示した。

2　外縁における婚姻費用の分担

婚姻費用分担において、形式と実質のいずれを重視すべきか。別居は、同居義務が履行されていないことを意味する。別居することによって婚姻費用分担を決める必要が具体化する。このことは、「婚姻費用の分担が家庭裁判所の事件となるのは、多くの場合、別居中であるなど婚姻関係が円満でないからである。そして、その程度は、円満な婚姻関係を回復する可能性があるものから、完全に破綻し、全く形骸化したものまで様々である」（松本 2020・21 頁）と説明されている。裁判所に判断を求めるのは、婚姻関係が完全に破綻し、全く形骸化した（外縁の要件を満たす）場合が多いと思われる。

婚姻関係の破綻によって婚姻費用分担義務を減免することについて「学説には、これを肯定するものが多い」（松本 2020・22 頁）ところ、「夫婦が別居するに至っており、もはや共同の婚姻生活は営まれていないとみるべき場合には、婚姻費用分担義務はない」（大村 2010・64 頁）とする見解もある。論理的には素直な帰結である。しかし、「実務は、……多くは、婚姻関係が破綻しても生活保持義務としての婚姻費用分担義務があるとし、ただ、破綻ないし別居について専ら又は主として責任がある者の分担請求は、信義に反し許されない」（松本 2022・22 頁）とする。これは、「婚姻関係が継続されることに対して疑問がある場合の解決は、婚姻費用を減額することで解決するのではなく、婚姻関係を解消することによって解決すべき」（松本 2020・28 頁）という理由による。

岐阜家中津川出審平成 27・10・16 判時 2307 号 83 頁は、「Y と X との婚姻関係が仮に破綻しているとしても……その原因は専ら Y の不貞行為によるものと認められる。そして、これらの非嫡出子は、いずれも Y が未だ X と婚姻

中であるにもかかわらず、婚外でもうけた子である。したがって、これらの非嫡出子に対する扶養義務を果たすためにXに対する婚姻費用の減額を認めることは、Yの不貞行為を助長ないし追認するも同然であり、信義誠実の原則に照らし、認められない。……上記はYがこれらの非嫡出子に対し別途扶養の義務を負うことまで否定するものではないが、少なくともこれらの非嫡出子の存在により、YのXに対する婚姻費用の分担義務が軽減されることは許されない」と判示した。

離婚請求との関係は、「配偶者の一方が離婚請求しながら、他方で、婚姻関係の継続を前提とする婚姻費用の分担を求める場合、その主張に矛盾があるかのように見える。しかし、分担を求めるといっても離婚成立までの期間についてであり、婚姻関係終了までは婚姻費用分担義務はあるから、矛盾するとはいえず、離婚請求そのものは婚姻費用分担義務に影響を与えるものではない」（松本 2020・29 頁）と説明されている。

3　別居時ルール明文化の可能性

別居とは「（家族などが）わかれて別々に住むこと」（広辞 2638 頁）である。立法論として、「同居・別居に関する規定を置くか、置く場合にはどのような規定を置くかという問題もある。ここで『同居』と言っているのは共同の生活が存在するということである。事実上の生活共同体に対して、どのような保護を与えるべきか。……あわせて『別居』に関する規定をおき、夫婦間の義務、親権の行使、嫡出推定（父性の確定）などを統一的にコントロールすることの可否も検討に値する」（大村 2020a・111 頁）と指摘されている。

法制審議会も、「別居していて夫の子を懐胎することを困難とする客観的な事情があるときは、嫡出否認の訴えによらず、戸籍窓口において、子の懐胎時期に関する証明書と懐胎時にそのような事情があることを示す資料等を提出することで、夫の子でない出生届の提出を可能とする方策」（金子修法務省民事局長：衆議院会議録 6 号 15 頁）を審議したことがある。親権・監護権について「父母が別居し、その婚姻関係が破綻したこと」の明文化が検討されたこともある（→◆Point 066◆）。これらが見送られた理由は、別居等の要件とか効果をどのように定めるかといった議論が十分に成熟していないという点にあった。このことは、①別居は「性関係がなくなる 1 つの徴憑ではあるとは思いますが、これはイコールでもなく、かつ、別居というものを外形的、客観的に認定するというのは案外難しい……。それを戸籍の窓口で判断するというふうなこともなかなか難しい」、②「いつから別居ということを登録したりしますと、これが可視化され……それが何年続くと離婚原因になるとかいうようなこととセットで考える余地は今後もある」、③「今回の改正法案の実施状況等も見ながら、

68　第 2 編　経済的なこと

今後の検討課題というふうに受け止めています」（金子修法務省民事局長：衆議院会議録 6 号 21 頁）と説明された。

　筆者は、ここで今後の検討課題とされたことを評価し、さらなる立法に向けた検討が続けられることを期待している。「別居」には多様なものが含まれるため、より厳密なものとして「外縁」（事実上の離婚）を明文化する方が良いと考える。

◆Point 032◆ 外縁における建物明渡請求

1　建物明渡請求の可否

　夫の単独名義の不動産に、妻と子のみが居住している場合、夫は所有権に基づいて明渡を請求することができるのか。形式論理的には認められそうであるが、これを否定した裁判例が複数ある。

　札幌地判平成 30・7・26 判時 2423 号 106 頁は、Y には具体的な共有持分権はなく、占有権原があるとはいえないとしつつ、近々財産分与申立事件の審判が下される見込みであるのに同手続外で本件マンションの帰趨を決することを求めることは Y の潜在的持分を不当に害する行為と評価すべきこと、X には本件マンションに居住する必要がなく、本件マンションの維持に伴う経済的不利益は賃料相当損害金を支払うことにより一定程度緩和されることも考慮して、「現時点において、本件マンションの明渡しを求めることは、権利濫用（民法 1 条 3 項）に当たり許されない」と判示した。

　東京地判平成 30・7・13 判タ 1471 号 189 頁は、「夫婦は同居して互いに協力扶助する義務を負うものであるから（民法 752 条）、夫婦が夫婦共同生活の場所を定めた場合において、その場所が夫婦の一方の所有する建物であるときは、他方は、その行使が権利の濫用に該当するような特段の事情がない限り、同建物に居住する権原を有すると解するべきである」と判示し、本件建物に長男と共に X を排除して居住するようになったのは夫婦関係の相互の不満不信による不和に基づくこと、婚姻費用の算定においては X が本件建物の共有持分を使用させていることについて考慮されていること、近い将来において X と Y の離婚が成立する際に本件の問題も解決すると見込まれること等から、「Y が本件建物に居住することが権利の濫用に該当するような特段の事情があるとは認めることができず、その他全証拠及び弁論の全趣旨によっても認めることができない」と判示した。

　これらは、論理構成に若干の相違はあるものの、「民法の基本原則」（大村 2019・240 頁）である権利濫用（現民 1 条 3 項）によって建物明渡請求を否定した点において共通している。

2　居住用不動産の保護

　法制審議会では「離婚後の配偶者の居住の保護に関する規律を設ける方向性については、慎重な検討が必要と思われる」（家族部会 24・37 頁）と指摘されたことがある（→◆Point 025◆）。これは、法律離婚になった場合であっても配偶者の居住権を保護する必要性があることを前提としており、法律離婚には至らない外縁において、より高い保護をするとの解釈を導く参考になると思われる。

◆Point 033◆ 外縁における夫婦財産の管理

1　別産制の維持

　財産帰属においては、形式を重視すべきか、実質を重視すべきか。物権法のレベルでは、第三者に対しても効力が生じるため、登記を基準にすることが原則となる。そうだとすれば、共有を主張することは難しい。

　（潜在的）別産制であることは、夫婦になっても、それぞれの財産は独立していることを意味する。現行民法において夫婦になっても個人の判断が尊重されることは、各財産の名義とその形成における実質的貢献とは一致しないことを帰結する。この問題について、現行民法は、婚姻が離婚によって終了する場面では財産分与により清算すること、婚姻が死亡によって終了する場面では配偶者相続権を認めることによって対応しており、婚姻関係が継続している間については規定していない。

　そのため、外縁においても夫婦は（潜在的）別産制のままである。ここでは、「実務が実質的共有についてどのような立場をとるかは必ずしも明確でない。多くの裁判例は、潜在的な共有と考えているようであるが、物権上の共有まで認めることのできる場合を必ずしも否定していないようである。婚姻中に持分に基づく請求を認める必要性はほとんどない」（松本 2019・53 頁）という指摘がある。ここでは、外縁において必要があるときは、物権上の共有まで認めることが検討課題となることが示唆されている。「持分が無形の寄与を含めて判断されるとすると潜在的なものとせざるを得ないと考えるが、経済的寄与が主たるものであれば、物権上の持分まで肯定できる余地はある」（松本 2019・51 頁）という指摘もある。

　札幌高判昭和 61・6・19 判タ 614 号 70 頁は、夫婦が共同で貯めた資金等で購入した不動産について家事労働等も含めた寄与割合として 2 分の 1 の共有持分権を確認し、かつその割合による更正登記手続を認めた。その理由は、「妻である Y が共働きをし、いわゆる内助の功を超えて本件土地の取得に寄与している場合においては、たとえ夫である X の単独名義で買い受けたものであっても、これを名義人の特有財産とする旨の合意もしくは特段の事情のない

限り、YとXとの共有に属すると解するのが相当であり、本件においては……合意もしくは特段の事情は認められない」という点にある。ただし、上記裁判例については、「裁判例の傾向から見ると、特殊なものと位置付けられる」（松本2019・54頁）とする評価もある。

2　別居時の財産分与の可能性

　外縁であることを理由として財産分与を求めることは認められないと考えるのが素直である。しかし、「財産分与によって処理できない例外的な場面には、共有に基づく請求を考慮するという枠組みがあるとの見方が可能である」（松本2019・53頁）とされる。東京地判平成24・12・27判時2179号78頁は、婚姻中に取得した不動産が住宅ローンとの関係で財産価値はゼロとして財産分与の対象とならないとされた事案において「少なくとも持分3分の1については、Yの持分に属する」として当該不動産の共有関係を認めた。その理由は、①「不動産の購入にあたって自己の特有財産から出捐をした当事者は、かかる出捐をした金員につき、離婚訴訟においては、その清算につき判断がなされないまま財産分与額を定められてしまい、他方で、たまたま当該不動産の登記名義を有していた相手方当事者は、出捐者の損失のもとで不動産の財産的価値のすべてを保有し続けることができるという極めて不公平な事態を招来することになる」、②「財産分与とは別に、当該不動産の共有関係について審理判断がされるべきである」という点にある。これは、不動産の共有関係を認めることと、財産分与を認めることは、適切な結論を導くための手段として互換性を有することを示唆している。

　上記見解をさらに進めると、外縁において財産分与を認めることも検討に値する。法制審議会でも、婚姻期間中でも財産分与を認めるか否かが検討された。具体的には、「（事例1―成年後見）夫婦が夫の名義で金融資産を形成していた場合において、夫に成年後見開始決定がされた。妻から、当該資産の半分を使いたいとして交付を求められているが、成年後見人としては、被後見人の名義であることから対応に苦慮している。（事例2―破産）夫婦が自宅を含む資産等を全て夫の名義としていた場合において、夫が独断で行ったデリバティブ取引による債務のために破産をすることとなった。……いずれの事例についても、配偶者の一方が包括的に財産の管理権を失ったという事例であり、また、仮に離婚した場合には、財産分与によって、他方配偶者の潜在的な持分が顕在化し得るという状況である。こういった場面において、仮に、財産分与以外に方法がないということで形式的な離婚をするような事態が生じているのであれば、むしろ例外的に離婚前の財産分与請求権を発生させることによって、法律に従って、適正な手続によって財産分与額を算定することができる制度を設けると

いう考え方もあり得る」（家族部会資料10・22頁）という問題提起がされた。これが採用されなかったのは、「離婚前から財産分与請求権を発生させることは、（離婚時の）清算対象財産について、婚姻中から民法上共有の性質を有しているかのように思われ、極めて慎重な検討を要する」（家族部会資料14・27頁）ためである。

　ここでも婚姻中か否かという形式面だけで判断することによる不都合が意識されており、外縁を検討するうえで参考になる。

◆Point 034◆ 外縁と公的制度
1　配偶者控除
　配偶者控除（所得税法2条1項33号）は、外縁でも適用されるのか。法律上は配偶者であるため、適用されることが素直な帰結であろう。

　租税において法律婚が基準となることについては、「婚姻という形式を選択できるが意図的に選択しない場合の男女間の内縁関係については、債権債務関係の有無とのバランスおよび税務行政執行上の公平性から考えると妥当であろう」（加藤28頁）という指摘がある。これは内縁が保護されないという文脈であるが、これを敷衍すると、法律婚がある以上は外縁であっても保護されるという結論を導くことができると思われる。

2　健康保険の被保険者
　健康保険法3条7項本文は「被扶養者」について「配偶者……であって、主としてその被保険者により生計を維持するもの」（1号）と規定している。外縁においては、法律上の離婚はしていないため配偶者であることは否定されないものの、夫婦関係が実質的に破綻しているため「主としてその被保険者により生計を維持するもの」という要件を満たさないことにより被扶養者とならないことが多いと思われる。

3　マイナンバー
　行政手続における特定の個人を識別するための番号の利用等に関する法律15条は「自己と同一の世帯に属する者以外の者」を他人としており、外縁における別居中の親は、世帯を異にするから、子のマイナンバーの提供を求められないことになる。

◆Point 035◆

第3編 心理的なこと

第1章：**外縁をめぐる物語③**：令和2（2020）年2月

◆Point 035◆ 浮気されているの、どうしたら良いですか？
〔メール相談③〕

From：長田さつき

Sent：2020年2月6日10：06

To　：弁護士一中和洋先生

Subject：ご相談いたします

一中和洋先生　　こんにちは、長田さつきです。お久しぶりです。

　起案していただいてメールを桂太さんにメールしたところ、3日くらい放置された後で「明渡しの時期にはこだわらない。しばらくの間は自宅に学歩と住んでもらって構わない」という回答がメールで届きました。それで一安心かなと思っていたところ、今度は、また別の相談です。

　桂太さんの浮気。私の友人が、ラブホテルから女性と一緒に出てきた桂太さんを見かけて、スマホで動画を撮影してくれました。それを見せて問い詰めたところ、桂太さんは、かなり前から浮気していたことを認めました。相手の女性は、師走紗香（しわすさやか）さん、24歳です。桂太さんと師走さんは同じ職場で働いていて、師走さんが恋人から暴力を振るわれたことを相談したのがきっかけで仲良くなったみたいで、桂太さんが既婚者であると知りながら師走さんが積極的に誘ってきたとのことでした。2人のLINE記録もデータでもらい、私のパソコンに保存しました。裁判に必要なら、証拠として提出します。LINE記録を読むと、時系列は、①桂太さんが師走さんと交際を始める、②桂太さんが私たちと別居する、③桂太さんの借りているマンションに師走さんも転居する、という順番でした。

　桂太さんが私たちを自宅から追い出そうとしていたのも、師走さんの入れ知恵ではないかと思っています。私は、桂太さんには今でも愛情があって、離婚も損害賠償請求もするつもりはありません。悪いのは、師走さんです。

　桂太さんからは、丁寧な謝罪があって、会って話しました。慰謝料150万円による解決を提案されています。資金繰りの都合があるため分割弁済となっていて、合意書作成時に現金70万円を受け取り、その後は毎月5万円ずつ、16回に分割して送金してもらう内容です。私は、この提案を受け入れるかど

第1章　外縁をめぐる物語③　　*73*

うか、悩んでいます。

　お伺いしたいのは以下の３つのことです。

1　浮気をするように働きかけた師走さんに、損害賠償を請求できますか。

2　桂太さんに損害賠償請求しないことに問題ありますか。

3　合意書を作成するとしたら、どんな内容が適切ですか。

　以上、アドバイスをいただきますよう。

◆Point 036◆ 恋愛をするのは、個人の自由なの？〔リアル相談③〕

一中　こんにちは、メール読みましたよ。ご自宅のことを解決できたと思ったら、今度は、浮気ですか。いろいろありますね。さつきさん、体調いかがかな。

さつき　はい。ありがとうございます。そうですね、なんか最近は、うまく眠れないし、食欲もなくて。それで、２人の LINE 記録を印刷してきたのですけど、師走さんに対して損害賠償を請求できますか。

一中　なるほど、これを見ると、桂太さんが平成 29 年 10 月 6 日に別居したのは、師走紗香さんと一緒に暮らすためと見る方が素直ですね。師走さんは平成 29 年 6 月頃から桂太さんを積極的に誘っていますし、その時点で、桂太さんが婚姻していることも妻子と同居していることも知っていたと読み取れますから、師走さんに対する損害賠償請求には十分な合理性があります。

さつき　ありがとうございます。それなら、私の代理人になってもらえますか。師走さんに対する請求なら、一中先生に依頼しても問題ありませんよね。

一中　ええ、そのことは問題ありません。ただ、桂太さんと師走さんは平成 29 年 11 月 6 日から同居しているので、僕がさつきさん代理人として手紙を出すと、それが師走さん宛であっても、同居している桂太さんが受け取るかもしれません。そのあたりのことは、お考えになりましたか。

さつき　うーん、どうだろう。難しいなぁ。ところで、桂太さんは師走さんと同居していて、現実的には、私たちのところに帰ってくる可能性は低いですよね。浮気されたことをきっかけにして旧姓に戻すことはできますか。もう現実的には夫婦じゃないのだから、氏も変えられるのかな、と思って。

一中　うーん。旧姓は、霜森でしたね。残念ながら、夫婦の氏については戸籍法の関係において形式が重視されるため、法律上の婚姻をしている限り、変更できません。旧姓に戻すためには、法律的に離婚する必要があります。

さつき　うーん、それはしたくないので、旧姓に戻すのは諦めます。

葉月　あー、そういえば、私は、離婚届を提出して、如月から霜森に戻したのですね。ところで、私が相談していたとき、夫婦関係が破綻した後に浮気し

◆Point 036◆

たとしても損害賠償は請求できないと言われたと思うのだけど、さつきちゃんが、もし外縁という状態だとすると、損害賠償は請求できなくなるのですか。

一中　はい。そう説明しました、よく覚えていますね。葉月さんのときは、飛雷さんが浮気した可能性がある時期は、別居の数年後でした。そのため、夫婦関係が破綻した後に浮気したとしても損害賠償は請求できないと説明したのですね。さつきさんは、浮気された時点では未だ同居していましたから、夫婦関係が破綻していたと評価される可能性は低いです。浮気されたのが婚姻破綻の前か後か、その違いが重要なのですね。

葉月　そうか、なるほど、そうですね。納得しました。

一中　はい。それでは、浮気のことをもう少し説明しましょう。円満結婚・法律離婚と比較すると、外縁のことも理解しやすくなると思います。法律的には、浮気を不貞行為と言います。円満婚姻では互いに貞操義務がありますから、どちらかが不貞行為をしたら、違法です。浮気した人はもちろん、既婚者であると知っていれば、浮気相手となった人も損害賠償義務を負うのが原則です。これに対して、法律離婚をすれば貞操義務は消滅しますから、不貞行為にはなりません。外縁については、法律上は夫婦であっても事実上は離婚と同じ状態であるため貞操義務はないとする判例があります。さつきさんの場合、桂太さんが浮気をした時点では同居していたので外縁には至っておらず、損害賠償を請求することには合理性があると思います。さあ、このことを前提として、さきほど提起した問題をあらためて検討しましょう。師走さんに対する損害賠償請求の手紙を僕が出して、それを桂太さんが読むとしたら、どんな状況になりそうですか。

さつき　うーん。桂太さんは、すごく怒る気がします。彼としては、師走さんのことを傷つけたくないという感じなので。それも変だとは思いますけど。でも、それを考えると、私から桂太さんにメールする方が良いのかな。

弥生　さつきちゃん、それだったら、私が桂太さんに会って、お説教しようか。

葉月　えー。それは違うでしょ。

一中　そうですね。弥生さんが出ていくのは心配です。師走さんに損害賠償請求するかどうかはともかく、さつきさんの要求しようと思う金額の「通知書（案）」を僕が作りますから、さつきさんから桂太さん宛にメールしてはどうですか。例えば300万円を請求するのは、いかがでしょう。裁判例の傾向からは高めですが、請求額としてはおかしくないと思います。ところで、不貞行為は2人でするものですから、師走さんと桂太さんの連帯責任です。専門的には共同不法行為と言い、民法719条で規定されています。どちらに請求するか

第1章　外縁をめぐる物語③　　75

◆Point 036◆

は権利者の自由だけど、受け取れる総額は変わりません。

さつき　えーと、連帯責任とすると、私が師走さんに支払ってもらった後で、師走さんが桂太さんの責任を追及できるのですか。

一中　はい、専門的には求償権といいます。そのことを考えると、桂太さんの提案についても検討しておく方が良いですね。提案された内容は、慰謝料総額は 150 万円で、合意書作成時に 70 万円を現金で支払い、残額を毎月 5 万円ずつ 16 回に分割して振込送金するものでしたね。確実に支払われるのであれば、悪くない内容だと思います。約束のとおり支払われなかったときに強制執行することを想定するなら、公正証書にしておく方が良いかも。そこまではしないとしても、通知書案に記載していた請求額 300 万円の支払義務を認めたうえで、約束の期限までに 150 万円を支払ったときには残額 150 万円を免除するという条項にする方が、履行をすることにメリットが大きくなって任意に支払われる可能性が高くなるかもしれません。

弥生　それが良さそう。公正証書にすると費用もかかるし、合意書（案）も一中先生に作ってもらったら？

さつき　はい。そうします。一中先生、お引き受けいただけますか。

一中　分かりました。それも起案しましょう。

さつき　よろしくお願いします。それで、すみません、メールに書かなかったことも相談したくて。実は、桂太さんから「離婚して欲しい」と言われています。私は「浮気したことの責任も果たされていないし、学歩も小さいから離婚はしない」と回答したのですけど、それで、えーと正直に言うと、今は、別の男性のことを好きになっています。勤務先で知り合ったカミアリアラタさん、28 歳です。カミアリは神が在る、アラタは新しいに太いと書きます。私の方が、2 つ、年上なの。まだ大人の関係ではないのですけど、桂太さんと法律離婚をしないまま、この人と結婚することはできますか。

一中　えーと、そうですね、桂太さんは、浮気相手の師走さんと同居したままの状態で離婚を求めているくらいですから、さつきさんとの夫婦関係は破綻していると評価できそうです。そうなると、さつきさんが別の男性と性的な関係をもったとしても、不貞行為として損害賠償責任を負う可能性が低いと思います。でも、結婚することができるかというと、それは別の問題です。学歩くんは、新太さんについて、何か言っていますか。

さつき　はい。まだ 2 回しか会わせていないけど、「楽しい人だね」と言っていました。たぶん相性は良いと思います。桂太さんも離婚を希望しているので、問題になるのは親権です。そこには、桂太さんの父親の影響があるかもしれません。すごく学歴を気にする人で、有名小学校に入れるために離婚しない

76　第 3 編　心理的なこと

◆Point 036◆

方が良いとか、どうしても離婚するときには社会的評価の高い夫が親権者とならなければいけないとか、いろいろ桂太さんに意見しているみたい。それで、桂太さんと法律離婚をしないまま、神在新太さんと結婚することができたら嬉しいな、と思って。

弥生　一中先生、再婚なんて、できませんよね。夫婦なのですから。私は、こんなこと相談することだけでも間違っている、と……

葉月　それは言わないって約束したじゃない。一中先生に相談しているのは、さつきちゃんなんだから。

さつき　はい。えーと、桂太さんと法律離婚できないのは、学歩の親権者をどちらか一方に決めることができないためで、もう師走さんと桂太さんも同居しているから、私だって再婚できても良いのかな、と思って。変な話ですよね、すみません。

一中　いえ、変な話ではありませんよ。人の気持ちは、どんどん変わっていきますし、それは正しいとか間違っているとか決めにくいものです。ただ、法律的には、弥生さんの言うことの方が正しいのです。重婚は、民法732条で禁止されていますから。神在さんと再婚することを真剣に考えるのであれば、まず、桂太さんと法律離婚をすることが先になります。まあ、事実上の婚姻、つまり内縁ということであれば、今すぐにでも可能ですが、そのような意味ではありませんよね。

さつき　はい。そうですよね。法律離婚そのものは合意できているので、学歩の親権者をどうするかが問題です。桂太さんから「学歩が10歳になったら、私が預かりましょう。優れた学習環境を作ることが必要ですから、私が責任をもって育てます」と言われたこともあるけど、私は、絶対に学歩と離れたくありません。親権は母のものだと思っていたのですけど、簡単ではないですね。インターネットで調べたら、親権と監護権を分けることもあると書いてありました。そのことも、説明していただけますか。

葉月　一中先生、親権と監護権を分けることって、できるのですか。私が離婚した時は説明された記憶がないのですけど。

一中　そうですね、説明しなかったと思います。法律離婚した時は、まだ妊娠中でしたし、葉月さんが親権者はなることを飛雷さんは認めていましたからね。

葉月　そうか、検討する必要がなかったのですね。

弥生　一中先生、学歩くんは5歳ですし、さつきちゃんが親権者になれますよね。

一中　そうですね。裁判所が判断することになれば、親権も監護権も、母親

第1章　外縁をめぐる物語③　　**77**

◆Point 037◆

であるさつきさんに認められる可能性は高いと思います。これまでの裁判実務では、子どもが小さいときは母親を優先する傾向がありましたし、別居した経緯やその後の状況からも、さつきさんが選ばれる方が自然です。親権と監護権を分けることは、実務では多くはありません。ただ、交渉には強制力がありませんから、桂太さんが譲歩しない限り、合意に至らないかもしれませんね。そのときは夫婦関係調整調停を申し立てるのが良いかも、と思います。

さつき　　分かりました。桂太さんと、もう一度、しっかり話してみます。

◆Point 037◆ 不貞行為の説明まとめ〔メール回答③〕

From：弁護士一中（いちなか）

Sent：2020 年 2 月 26 日 14：16

To　：長田さつき様

Subject：今後のことなど

長田さつき様　　こんにちは、一中です。

　先日お約束していた文書として、①師走さんに 300 万円を損害賠償請求する内容の通知書（案）（→◆Point 093◆）と、②桂太さんとの合意書（案）（→◆Point 094◆）を PDF で添付しました。桂太さんと師走さんは平成 29 年 11 月 6 日から同居していることが LINE 記録で認められるので、この日から不法行為が始まったものとして遅延損害金のことも記載しました。施行日との関係で、現行民法 404 条の年 3％ではなく、平成 29 年法律 44 号による改正前の現行民法 404 条による年 5％としています。これらの通知書（案）・合意書（案）をさつきさんから桂太さん宛に送るメール案は、以下のとおりです。

※（メール案、始まり）

桂太さん　　こんにちは、さつきです。お元気にされていますか。

　師走さんが貴方と同居していることは、どうしても許すことができません。師走さんに損害賠償請求するために、通知書（案）を作りました。いきなり郵送する前に、夫婦として、貴方に再考してもらうチャンスを与えます。お互いに譲歩することによる早期解決のため、合意書（案）も添付します。ご検討いただきますよう。

※（メール案、終わり）

　メールご質問について、回答を、まとめてみました。ご参考として。引き続き、よろしくお願いいたします〜。

1　浮気させた師走さんに対して損害賠償請求できますか。

（回答）

　師走さんは、既婚者であることを知りながら桂太さんと交際を始めて同居ま

78　第 3 編　心理的なこと

でしています。このことを示す証拠がありますから、損害賠償請求が認められる可能性は高いです。
2　桂太さんに損害賠償請求しないことは問題ないですか。
（回答）
　損害賠償請求権は、権利であって、義務ではありません。そのため、桂太さんに請求しないことは適法です。ただし、師走さんとの共同不法行為（民法719条）なので、負担部分に応じて桂太さんに求償することができます。桂太さんが師走さんに支払うことになると、誰に請求しても、あまり変わらないことになりますね。
3　不貞行為の合意書には、何を記載するのが良いですか。
（回答）
　PDFとして添付した合意書（案）では、通知書（案）に記載した請求額300万円の支払義務を認めてもらい、提案額150万円を約束の期限までに遅滞なく支払ったときに残額を免除するという条項にしています。こうすると約束に違反したときの不利益が大きくなるため、任意に履行するよう努力することが期待できます。

第2章：心理的なことの比較

◆Point 038◆ 円満婚姻・法律離婚・外縁の比較③
1　円満婚姻の心理的なこと

図14 ▶円満婚姻モデル③

　外縁をめぐる三元論（→◆Point 004◆）によると、円満婚姻は、ナイQ型である（→図14）。AKとBKは、法律上の婚姻をしており（P：法律婚姻はアル）、その共同生活は破綻しておらず（Q：実質破綻はナイ）、形式と実体は一致している（R：形式一致はアル）。したがって、円満婚姻においては、法律上の婚姻としての効果を認めることが素直である。
　典型的な場面では、①円満婚姻における貞操義務（→◆Point 039◆）は任意に履行されており、これに違反したときは、②不貞行為を理由とする損害賠償請

●Point 038●

求（→●Point 040●）、③不貞行為による法律離婚（→●Point 041●）、④法律離婚を理由とする損害賠償請求（→●Point 042●）が問題になる。また、夫婦の氏（→●Point 043●）が意識されることは少ない。

2　法律離婚の心理的なこと

図15 ▶法律離婚モデル③

外縁をめぐる三元論（→●Point 004●）によると、法律離婚は、ナイP型である（→図15）。ARとBRは元夫婦にすぎず（P：法律婚姻はナイ）、その共同生活は破綻しているから（Q：実質破綻はアル）、形式と実体は一致している（R：形式一致はアル）。したがって、法律離婚においては、法律上の婚姻としての効果を認めないことが素直である。

典型的な場面では、①再婚の自由（→●Point 044●）があり、②氏（→●Point 045●）については婚氏続称も認められている。

3　外縁の心理的なこと

図16 ▶外縁モデル③

外縁をめぐる三元論（→●Point 004●）によると、外縁は、ナイR型である（→図16）。AGとBGは、法律上は婚姻をしているにもかかわらず（P：法律婚姻はアル）、その共同生活が実質的に破綻しており（Q：実質破綻はアル）、形式（婚姻）と実体（離婚）は一致していない（R：形式一致はナイ）。したがって、外縁においては、形式と実体が一致していないことを考慮することが必要であり、法律上の婚姻としての効果を認めるか否かは、場面によって異なる。

本書では、①不貞行為（→●Point 046●）、②氏（→●Point 047●）について検討している。

◆Point 039◆

第3章：円満婚姻の心理的なこと

◆Point 039◆ 円満婚姻における貞操義務

1 貞操義務とは

(1) 貞操とは　貞操とは、①「配偶者以外の者との間に性関係を持たないこと」（大村 2014a・79 頁）、②「異性関係の純潔を保持すること。みさおの正しいこと」（広辞 1984 頁）である。「みさお（操）」とは、「定めた意志を固く守ってかえないこと。志を立ててかえないこと」（広辞 2802 頁）である。性関係とは、特殊な身体的接触の体験（性的行為）を共有することである。性的行為とは、「身体的内部領域を一定の他者との関係で相互に開放し、視覚や聴覚のみならず、嗅覚や触覚などの五感すべての作用をもってその領域を相互に経験し合う特殊な人的営み」（井田 117 頁）である。

　不同意性交等罪は不同意わいせつ罪（刑法 176 条）の「加重特別類型と捉えることができる」（井田 122 頁）ところ、その対象となる「性交等」を刑法 177 条は「性交、肛門性交又は口腔性交又は膣若しくは肛門に身体の一部（陰茎を除く。）若しくは物を挿入する行為であってわいせつなもの」と定義している。これらの保護法益は、「身体的内密領域を侵害しようとする性的行為からの防御権という意味での性的自己決定権として捉えられるべき」（井田 118 頁）とされる。ここにいう身体的内部領域とは、「他人にアクセスされることを欲せず、他人のそれにアクセスすることも欲しない身体的領域」（井田 117 頁）であり、ここでは、特別に親密な関係にある人に限って身体的内部領域に立ち入ることを許すという気持ちを持っている人が大多数であろうと想定されている。

　この見解を参考にすると、貞操を「配偶者以外の者との間に性関係を持たないこと」と定義することは、婚姻によって、身体的内部領域に立ち入ることを許す特別に親密な関係にある人が特定される（その人が配偶者である）ことを意味する。

(2) 貞操義務の根拠　貞操義務とは、①配偶者以外の者との間に性関係を持たないことを内容とする「不作為義務」（大村 2014a・79 頁）、②「夫婦が互いに負う貞操を守るべき義務」（広辞 1984 頁）である。この義務は、「婚姻によって形成されるカップルは排他的なものとして構想されている。夫婦は『健やかなときも病めるときも互いに愛し合う』存在として予定されており、第三者に眼を向けることは許されない」（大村 2010・140 頁）ことを意味する。

　夫婦の貞操義務については、明治民法にも現行民法にも、直接の規定がない。貞操義務は、離婚原因に関する規定によって間接的に示されている。このことは、①「『不貞』を離婚原因としていることから貞操義務が存在することがわ

◆Point 039◆

かる。……結婚するとはそういうことだ、他の人と性関係を持たないということにほかならない」（大村 2017b・119 頁）、②「貞操義務が正面から規定されていないが、不貞が離婚原因となっているところからも（民法 770 条 1 項 1 号）、当然貞操義務もあると解されている」（星野 1989・203〜204 頁）と説明されている。

　貞操義務を実質的に支える 1 つ目の理由として、夫婦の共同生活、すなわち婚姻の効果としての「同居」（現民 752 条）の保護がある（→◆Point 022◆）。このことは、①「なぜ 1 人の人とだけ、継続的な性関係を持たなければならないのだろうか。おそらくは『性関係』と『共同生活』とが密接な関連を持つからであろう。パートナー以外の人と性関係を持つということは、共同生活を覆す可能性を持つということである」（大村 2017b・120 頁）、②「夫婦の共同生活とは性生活のことにほかならない」（大村 2017b・121 頁）、③「現在の不貞は、英語の infidelity（不貞、不信心）という言葉に現れているように……パートナーの信頼に対する裏切りであるがゆえに非難されるものになっている」（筒井 2016・231 頁）、④「自分にとって貴重な何か——時間でも、お金でも、また肉体でも——を他の誰にでもなく、特定の誰かに与えるということこそが、友人、恋人、そして家族の関係に満足をもたらす」（筒井 2016・240 頁）と説明されている。

　貞操義務を実質的に支える 2 つ目の理由として、妊娠・出産との関係がある。このことは、①「不貞は、……『生まれてくる子どもの父が誰かわからなくなる』から非難される」（筒井 2016・231 頁）、②「結婚するというのは、妻が子を産んだときには、夫はその子を自分の子として引き受けることを約束することなのである。……貞操義務と嫡出推定とは密接不可分の仕組み」（大村 2017b・122 頁）と説明されている。嫡出とは「正妻からの出生。法律上有効な婚姻をした夫婦間の出生」（広辞 1879 頁）であり、これを保護するためには、妻が性関係をもつ相手を夫だけに限定することが必要である。

(3) 姦通とタブー　　タブーとは、「超自然的な危険な力をもつ事物に対して、社会的に厳しく禁止される特定の行為。触れたり口に出したりしてはならないとされる物・事柄。禁忌」（広辞 1824 頁）である。

　婚姻の要素として、①「性交の継続的にして且つ終生的関係なること」、②「個体的に定まりたる配偶者あること」（穂積 170 頁）、③「性交の排他的なること」（穂積 171 頁）、④「其性交関係の公認せられたるものなること」（穂積 173 頁）があるとして、原始社会において、上記 4 要素の「保障と為り、其違反を制裁して、婚姻の習俗及法律を生ぜしめたるものは、主として近親性交の『タブー』及び姦通の『タブー』である」（穂積 174 頁）と説明されたことがある。

82　　第 3 編　心理的なこと

◆**Point 039**◆

そこでは、貞操義務について「配偶者以外の者との性交を厳禁せられ、其禁を犯す者は宗教的、社会的又は法律的制裁を受くべきものとする。……其始に於て此排他的要素なる貞操を守らしめるに於て最も力有ったものは『タブー』である」（穂積171頁）とされた。

(4) 不同意性交等罪との関係　夫婦の貞操義務は、配偶者以外の者と性関係を持つことを禁止するものであり、配偶者でありさえすれば常に性関係を持つことが適法であるという意味ではない。配偶者の間においても不同意性交等罪（刑法177条）・不同意わいせつ罪（刑法176条）が成立する場合がある。

　東京高判平成19・9・26判タ1268号345頁は、強姦罪（平成29年法律72号による改正前の刑法177条）を認める理由として、①「夫の妻に対する性交を求める権利……が存在するとしても、それを実現する方法が社会通念上一般に認容すべきものと認められる程度を超える場合には、違法性を阻却しないと解される。そして、暴行・脅迫を伴なう場合は、適法な権利行使とは認められず、強姦罪が成立するというべきである」、②「本件当時においては、夫として別居している妻に対して性交を求める権利もなくなったというべきである。……本件は、実質的な破綻状態を要件とする説によっても、強姦罪が成立することになる」と判示した。ここにいう「実質的な破綻状態を要件とする説」は、「こうした限定もまた、婚姻関係にある個人の身体的内密領域の刑法的保護を理由なく切り詰めてしまうもの」（井田128頁）と批判されていた。これを受けて、令和5年法律66号による改正後の不同意性交等罪（刑法177条）・不同意わいせつ罪（刑法176条）は「婚姻関係の有無にかかわらず」という文言をいれることによって明確化された。このように刑法の領域において「婚姻関係の有無にかかわらず」性犯罪が成立するとされた（「実質的な破綻状態を要件とする説」が採用されなかった）ことは、民法解釈として円満婚姻や外縁の効果を考えるうえでも参考になる。

(5) 紛争の分類　家族は、配偶関係（夫婦）や血縁関係（親子・兄弟など）によって結ばれた親族関係を基礎にして成立する小集団であり、「社会構成の基本単位」（広辞560頁）として個人と国家の中間にある。そのため、家族をめぐる権利義務については、それが家族の内部にのみ関係するのか、それとも第三者（家族ではない者）にも関係するのかによって考慮すべき事情が異なることになる。

　家族の内部にのみ関係する紛争解決について、「『法は家の中に入らない』……という原則が反映されており、家族に対して法的な介入を組織だって行うより、自分たちで問題解決を導く方がより良い」（アリソン149頁）と認識されているという指摘がある。これは、「家族に関する紛争は、通常、長期間にわ

第3章　円満婚姻の心理的なこと　*83*

◆Point 039◆

たって形成されたものであり、当面の課題が解決されたとしても、家族関係が将来にわたって継続するために再び同じような問題が生じるおそれがあるばかりか、背後に感情的な対立があり、しかも、家族関係の紛争の性質上、これを他人に知られたくないという面がある」（秋武外3～4頁）ためである。

しかし、夫婦の一方が不貞行為をしたときは、当然に、その相手方（夫婦ではない者）が存在する。このように第三者（家族ではない者）が関係しているため、不貞行為について「法は家の中に入らない」という原則は及ばない。

2 不貞行為とは

(1) 不貞行為と姦通　　不貞とは「貞操を守らないこと」（広辞2574頁）であり、不貞行為は「異性と自由意思に基づく性的関係を持つこと」（秋武・岡105頁）である。

不貞行為は、浮気、不倫、姦通と呼ばれることがある。浮気とは「他の異性に心を移すこと」（広辞302頁）、不倫とは「男女の婚姻外の関係」（広辞2599頁）、姦通とは「配偶者のある者、特に妻が、配偶者以外の異性と肉体関係をもつこと」（広辞669頁）である。

不貞行為（姦通）については、①「法律も道徳も、不倫によってかきたてられる欲求や衝動、怨念や嫉妬には勝てない。……夫婦間の愛情や信頼の有無・多寡に関係なく、誰にでも突然起こる可能性がある」（坂爪7頁）、②「社会問題としての不倫の要点は、統計上の数値の大小だけではなく、当事者が受ける心身のダメージの深刻さと、それが不倫相手や配偶者、家族や子どもに及ぼす影響の強さにある。1件の不倫の背景には、決して数値化することのできない、本人及び周囲の人たちの巨大な苦しみが潜んでいる」（坂爪26頁）という指摘もある。

(2) 姦通罪の廃止　　姦通は、かつては犯罪とされていた。姦通罪とは「夫のある女性が姦通する罪」（広辞669頁）であり、昭和22年法律124号による改正前の刑法183条は、1項で「有夫ノ婦姦通シタルトキハ2年以下ノ懲役ニ処ス其相姦シタル者、亦同シ」、2項で「前項ノ罪ハ本夫ノ告訴ヲ待テ之ヲ論ス但本夫姦通ヲ縦容シタルトキハ告訴ノ効ナシ」と規定していた。同条は「夫が婚姻外の性交を行った場合には（相手の女性が『有夫ノ婦』でない限り）罪にならなかったのであるから、明らかに男女の平等に反する」（井田572頁）ものであった。姦通罪の背景にあった家父長制価値観は、「妻が浮気相手の子どもを産んでしまうと、家父長である夫の名誉を傷つけるし、家督相続にも問題が発生する。その意味で姦通罪は家父長制を守るためのものであった」（坂爪76頁）と説明されている。

姦通罪に関する規定が削除された経緯は、「第二次世界大戦後、日本国憲法

84　第3編　心理的なこと

◆**Point 040**◆

14条の平等条項との関係が問題とされ、妻のみならず夫による姦通も処罰すべきだとする『両罰論』と、いずれも不可罰とする『削除論』が出されて議論が起こったが、結局……旧183条は削除されるに至った」（井田572頁）と説明されている。

(3) 人々の意識の変化　現在の状況については、①「（既婚男女の）婚姻外の性関係に対する意識が変化していることもみのがせない。かつては『不義密通』と呼ばれる姦通罪によって処断された婚姻外の性関係は、1970年代から80年代にかけて『不倫』、さらには『フリン』とカタカナ化して呼ばれるようになり、その反倫理性は希薄化の一途をたどっている」（大村2010・140頁）、②「不倫も社会問題である。男女同権の風潮の高まりと結婚に対する価値観の多様化の中で、不倫を絶対悪とみなす風潮は少しずつだが、緩まっている」（坂爪26頁）という指摘がある。

◆**Point 040**◆ 不貞行為を理由とする損害賠償請求

1　不法行為（現民709条）とは

(1) 不貞行為をされた配偶者（被不貞配偶者）の保護　不法行為による損害賠償について、現行民法709条は、「故意又は過失によって他人の権利又は法律上保護される利益を侵害した者は、これによって生じた損害を賠償する責任を負う」と規定している。同条の要件を満たすとき、不貞行為をされた配偶者（被不貞配偶者）は、不貞行為による損害賠償請求権を取得する。

　不貞行為の発覚について、「携帯電話のメールやLINEのやりとりが発覚の端緒となっている事例が相当数ある。これは、多くの不貞行為が配偶者に発覚しないように注意を払いながら計画的に開始されているわけではなく、不貞というのは日常生活に偶然的に紛れ込んでくる事態であることを示している」（大塚7頁）という指摘がある。

　性的関係（性交渉）の立証については、①「配偶者と相手方との性交渉の事実……を直接立証するのは至難のことである。そのため、一定の外形的事実があれば、通常、性交渉が行われたと推認することができるとし、この推認を覆すに足りる証拠がない以上、不貞行為を認定することができるという判断の順序を経る」（大塚391頁）、②「配偶者の自白を証拠として採用できないとされたケースもある。すなわち、他方配偶者が不貞行為をした配偶者を問い詰め、長時間にわたり説得して、他方配偶者のいうとおり不貞を認める内容の陳述書を作成させたようなケースについては、自由な意思に基づいて事実を記載したのか疑問があるとして、証拠として採用できないと判断された」（大塚394頁）と説明されている。

第3章　円満婚姻の心理的なこと　　*85*

◆Point 040◆

　以下では項をあらためて、不貞行為をされた配偶者（被不貞配偶者）を X、不貞行為をした配偶者（不貞配偶者）を Y、Y と不貞行為をした第三者（不貞相手方）を Z として、いくつかの事例について検討する。

(2) 不貞行為をした配偶者（不貞配偶者）の不法行為責任　　配偶者には、貞操義務がある。貞操義務は、配偶者以外の者との間に性関係を持たないという不作為義務であるから、不貞行為をされた配偶者（被不貞配偶者）X は、不貞行為をした配偶者（不貞配偶者）Y に対して、不法行為（現民 709 条）に基づいて損害賠償請求できるのが原則である。このことは、①「他方の配偶者が有している婚姻共同生活の平和の維持という権利又は法的保護に値する利益を侵害したことになり、不法行為責任を負わなければならない」（秋武・岡 106 頁）、②「家父長制度の維持から夫婦の共同生活の平和に保護すべき対象が変わった」（坂爪 28 頁）と説明されている。

　不貞行為について、最判平成 8・3・26 民集 50 巻 4 号 993 頁は「肉体関係を持つこと」を請求原因事実とした。最判昭和 54・3・30 民集 33 巻 2 号 303 頁は、「夫婦の一方の配偶者と肉体関係を持った第三者は、故意又は過失がある限り、……配偶者を誘惑するなどして肉体関係を持つに至らせたかどうか、両名の関係が自然の愛情によって生じたかどうかにかかわらず、他方の配偶者の夫又は妻としての権利を侵害し、その行為は違法性を帯び、……他方の配偶者の被った精神上の苦痛を慰謝すべき義務があるというべきである」と判示した。これは、① X と Y は婚姻届出をした夫婦であり、両名の間には A・B・C が生まれた、②ホステスとして勤めていた Y と知り合い、Z は Y に妻子のあると知りながら Y と肉体関係を結び、一女を出産した、③ Z と Y との関係は X の知るところとなり、X が Y の不貞を責めたことから Y は妻子のもとを去り、東京で Z と同棲するようになり、その状態が現在まで続いている、④ Z はバーを開業し、Y との子を養育しているが、Y と同棲する前後を通じて Y に金員を貢がせたこともなく、生活費を貰ったこともない事案に関するものである。この点については、「どのような場合に『故意』があるとされるのか（『故意』の内実は何か）、どのような場合に『過失』があるのか（ここでの第三者の『行為義務』はいかなる観点から基礎づけられるのか）についての言明はない」として肯定説と否定説を紹介し、「夫婦はそれぞれ独立対等の人格的主体であって、相互に身分的・人格的支配を有しない」（潮見 2013・227～228 頁）と指摘する見解もある。

　不貞行為の認定について、「LINE やメールによる不貞に関連するやりとりから不貞行為を認定した事例も相当数あるが、他方で、その内容によっては不貞行為まで認定できないとした事例も相当数ある。興信所等の調査により、2

86　　第 3 編　心理的なこと

◆Point 040◆

人でラブホテル等に入れば、不貞行為があったものと推認されている」(大塚5頁)という指摘がある。

(3) 不貞配偶者と不貞行為をした第三者(不貞相手方)の不法行為責任　配偶者の負う貞操義務は、配偶者以外の者との間に性関係を持たないという不作為義務である。配偶者(婚姻の当事者)ではない(=第三者である)不貞相手方には、貞操義務がないため、不貞配偶者とは責任を負う場面が異なる。このことは、「不貞行為を配偶者が認めていても、その相手方との関係では不貞行為を認定できないとした事例が相当数ある」(大塚5頁)と指摘されている。

　Y(不貞配偶者)とZ(不貞相手方)が性的関係(性交渉)を持ったとしても、Yが婚姻している(被不貞配偶者=Xがいる)ことについて乙に故意・過失がないときは、不法行為(現民709条)の要件を満たさず、Xに対する損害賠償責任を負うことはない。このことは、①「独身であると認識していた場合、……故意はない。そして、過失があるというためには、何らかの注意義務違反があり、注意義務を尽くせば、権利侵害の事実を知ることができたということが必要である」(大塚397頁)、②「多くの裁判例は、交際相手が独身であると信じていたというケースについては、過失も否定をしている」(大塚398頁)と説明されている。

　YとZが性的関係を持ったとき、Yが婚姻している(被不貞配偶者=Xがいる)ことについてZに故意・過失があれば、被不貞配偶者Xに対して不法行為(現民709条)による損害賠償責任を負うのが原則である。このことは、「婚姻中に交際をすることは例外的であり、それが不貞行為(不法行為)にならないと言うためには、婚姻関係が破綻をしていたと信じたのがやむを得ないと言えるような特段の事情が必要であり、そのような事実認識が明示されない限り、婚姻関係が破綻をしたと信じたとしても、過失は否定されない」(大塚400頁)と説明されている。

　X(被不貞配偶者)に対して損害賠償責任を負うときでも、XとYの間に生まれた子に対して、Z(不貞相手方)が損害賠償責任を負うとは限らない。最判昭和54・3・30民集33巻2号303頁は、「害意をもって父親の子に対する監護等を積極的に阻止するなど特段の事情のない限り……不法行為を構成するものではないと解するのが相当である。けだし、父親がその未成年の子に対し愛情を注ぎ、監護、教育を行うことは、他の女性と同棲するかどうかにかかわりなく、父親自らの意思によって行うことができるのであるから、他の女性との同棲の結果、未成年の子が事実上父親の愛情、監護、教育を受けることができず、そのため不利益を被ったとしても、そのことと……女性の行為との間には相当因果関係がない……からである」と判示した。これは父親が不貞配偶者

第3章　円満婚姻の心理的なこと　　*87*

◆Point 040◆

という事案であるところ、母親が不貞配偶者である事案については最判昭和
54・3・30判時922号8頁が同趣旨を判示している。

2 不貞行為による慰謝料

(1) 慰謝料とは　慰謝料とは「生命・身体・自由・名誉・貞操などを侵害す
る不法行為によって生じた精神的苦痛に対する損害賠償」（広辞155頁）である。
現行民法710条は、「他人の身体、自由若しくは名誉を侵害した場合又は他人
の財産権を侵害した場合のいずれであるかを問わず、前条の規定により損害賠
償の責任を負う者は、財産以外の損害に対しても、その賠償をしなければなら
ない」と規定している。被不貞配偶者に認められる損害賠償請求権も、精神的
苦痛に対する損害賠償（＝慰謝料）である。

(2) 慰謝料額　慰謝料額について、裁判所による「認容額は、第1部〔筆者
注：平成27年10月〜同28年9月の東京地裁判決〕では、150〜199万円、100
〜149万円、200〜249万円の順であったが、第2部〔筆者注：平成28年12月
〜同31年2月の東京地裁判決〕では、200〜249万円が100〜149万円の約1.5
倍に増加している。請求金額に対する認容金額の割合は、第1部及び第2部
とも、全体の約7割が半分以下である」（大塚4頁）と説明されている。

　慰謝料額について、「不倫相手の支払う慰謝料（一般には100万〜200万円程
度）が、不倫をした配偶者の支払う慰謝料（離婚の場合、慰謝料と財産分与の
トータルで300万から400万円程度）よりも少ない傾向」（坂爪29頁）が指摘さ
れている。この傾向は、①（不貞配偶者と不貞相手方の共同不法行為である）
不貞行為を理由とする損害賠償請求（→◆Point 043◆）と、②（不貞配偶者だけ
が責任を負う）法律離婚を理由とする損害賠償請求（→◆Point 045◆）の区別に
よって説明することができる。

(3) 消滅時効　消滅時効とは、権利を行使しない状態が一定期間にわたり継
続することによって、権利消滅の効果を生ずる制度である。

　現行民法724条は、「不法行為による損害賠償の請求権は、次に掲げる場合
には、時効によって消滅する」として、(1)「被害者又はその法定代理人が損害
及び加害者を知った時から3年間行使しないとき」、(2)「不法行為の時から20
年間行使しないとき」を列挙している。ここでは、平成29年改正によって長
期20年も時効であることが明文化されたことにも注意する必要がある。

　現行民法724条の2は、「人の生命又は身体を害する不法行為による損害賠
償請求権の消滅時効についての前条第1号の規定の適用については、同号中
『3年間』とあるのは、『5年間』とする」と規定している。同条は平成29年
改正で新設されたものであるところ、その対象は「単に精神的な苦痛を受けた
という状態を超え、PTSDを発症するなど精神的機能の障害が認められるケ

88　　第3編　心理的なこと

◆**Point 040**◆

ースについては、身体的機能の障害が認められるケースと区別すべき理由はなく、精神的機能の侵害による損害賠償請求権は、ここでいう『身体の侵害による損害賠償請求権』に含まれる」（筒井・村松 61〜62 頁）と説明されている。したがって、不貞行為によって精神的な苦痛を受けたというだけでは精神的機能の侵害に当たらず、現行民法 724 条の 2 は適用されないというのが素直な帰結である。

　不貞行為を理由とする被不貞配偶者 X の損害賠償請求権は、不貞配偶者 Y との関係では不貞行為を X が知った時から、不貞相手方との関係では不貞行為とその相手方を X が知った時から起算される。ここでは、最判平成 6・1・20 判時 1503 号 75 頁は、「他方の配偶者と第三者との同せいにより第三者に対して取得する慰謝料請求権については、一方の配偶者が……同せい関係を知った時から、それまでの間の慰謝料請求権の消滅時効が進行すると解するのが相当である。けだし、……精神的苦痛は、同せい関係が解消されるまでの間、これを不可分一体のものとして把握しなければならないものではなく、一方の配偶者は、同せい関係を知った時点で、第三者に慰謝料の支払を求めることを妨げられるものではないからである」と判示したことが参考になる。

3　共同不法行為としての不貞行為

　共同不法行為とは、「数人が共同して他人の法益を侵害すること。共同したおのおのは損害の全部につき連帯して責任を負い、教唆者や幇助者もこれと同じ責任を負う」（広辞 769 頁）ものである。現行民法 719 条は、1 項で「数人が共同の不法行為によって他人に損害を加えたときは、各自が連帯してその損害を賠償する責任を負う。共同行為者のうちいずれの者がその損害を加えたかを知ることができないときも、同様とする」、2 項で「行為者を教唆した者及び幇助した者は、共同行為者とみなして、前項の規定を適用する」と規定している。

　被不貞配偶者 X に対して不貞配偶者 Y と不貞相手方 Z が不法行為責任を負うときは、共同不法行為（現民 719 条 1 項）となり、Y と Z は連帯責任を負う。連帯責任とは「連帯で負担する責任」（広辞 3128 頁）である。

　現行民法 719 条の連帯責任は、連帯債務とは異なるもの（＝不真正連帯債務）と解されてきた。連帯債務とは「数人の債務者が、同一内容の可分給付についておのおの独立して全責任を負い、しかもそのうちの 1 人が履行すれば、他の債務者の債務もすべて消滅する債務関係」（広辞 3128 頁）であるところ、最判平成 6・11・24 判時 1514 号 82 頁は、「民法 719 条所定の共同不法行為者が負担する損害賠償債務は、いわゆる不真正連帯債務であって連帯債務ではないから、その損害賠償債務については連帯債務に関する同法 437 条の規定は

第 3 章　円満婚姻の心理的なこと　*89*

適用されないものと解するのが相当である〔最判昭和 48・2・16 民集 27 巻 1 号 99 頁参照〕。……X は、本件調停において、本件不法行為に基づく損害賠償債務のうち A の債務のみを免除したにすぎず、Y に対する関係では、後日その全額の賠償を請求する意思であったものというべきであり、本件調停による債務の免除は、Y に対してその債務を免除する意思を含むものではないから、Y に対する関係では何らの効力を有しない」と判示した。いわゆる債権法改正において現行民法 719 条は改正されなかったものの、連帯債務に関する規定（現民 436〜445 条、平成 29 年改正前の現民 432〜445 条）が改正されたことの影響については議論がある。そこでは、「不真正連帯債務とされていたもの、たとえば、共同不法行為者間での求償についても、新法下では『割合』型の処理がされる」（潮見 2017・603 頁）という指摘もあることに注意を要する。

◆Point 041◆ 不貞行為による法律離婚

1 離婚原因としての不貞行為

　明治民法 813 条は、「夫婦ノ一方ハ左ノ場合ニ限リ離婚ノ訴ヲ提起スルコトヲ得」として、(1)「配偶者カ重婚ヲ為シタルトキ」、(2)「妻カ姦通ヲ為シタルトキ」(3)「夫カ姦通罪ニ因リテ刑ニ処セラレタルトキ」等を列挙していた。現行民法は、重婚の禁止に違反したときは婚姻の取消しを認め（現民 732 条・744条 2 項）、「配偶者に不貞な行為があったとき」（現民 770 条 1 項 1 号）を離婚原因としている。明治民法が姦通について妻と夫を区別していたのと異なり、現行民法は不貞行為について男女を区別していない。

　不貞行為は、「有責主義による離婚原因の典型であるといえる。なお、異性と過度に交際したとしても、性的関係を伴わない以上、民法 770 条 1 項 5 号の問題とはなっても、不貞行為に該当せず、同性との性的関係についても、同様に同条同項 5 号の問題となるとしても、不貞行為とはならない」（秋武・岡105 頁）と説明されている。最判昭和 48・11・15 民集 27 巻 10 号 1323 頁は、「配偶者ある者が、自由な意思にもとづいて、配偶者以外の者と性的関係を結ぶことをいうのであって、この場合、相手方の自由な意思にもとづくものであるか否かは問わない」と判示した。

　不貞行為の立証については、「配偶者の一方が他の異性と親密なメールのやりとりをしたものをプリントアウトして、証拠として提出されることがあるが、これだけでは、性的関係を持ったと認定することはできないことが多いのが実情である。こうした立証の困難性からすれば、性的関係の存在が立証できない場合であっても、異性との限度を超えた親密な交際であれば、『婚姻を継続し難い重大な事由』（民法 770 条 1 項 5 号）になり得るから、不貞行為とともに、5

90　第 3 編　心理的なこと

◆**Point 041**◆

号を主張し、その立証に力を注ぐべきであろう」（秋武・岡 106 頁）という指摘がある。

2　不貞行為をされた配偶者（被不貞配偶者）の権利

(1) 離婚を求める判断　不貞行為をされた配偶者は、現行民法 770 条 1 項 1 号に基づいて離婚の訴えを提起することができる。不貞行為が「一時的なものであるか、継続的なものであるかは問わない」（秋武・岡 106 頁）とされる。これは、不貞行為が一時的なもので婚姻の破綻に至らないときでも「不貞行為」に該当することは認めたうえで、裁量棄却について検討すべきことを意味する。現行民法 770 条 2 項は、「裁判所は、前項第 1 号から第 4 号までに掲げる事由がある場合であっても、一切の事情を考慮して婚姻の継続を相当と認めるときは、離婚の請求を棄却することができる」と規定している。

(2) 離婚を求めない判断　不貞行為をされた配偶者（被不貞配偶者）には自由な判断が認められるのであり、離婚の訴えを提起する義務があるわけではない。

　不貞行為の影響について、「浮気をされたほうは、睡眠障害や抑うつ感にとどまらず、自殺未遂、暴力、飲酒問題、自尊心の低下や無力感といった心身のさまざまな問題が生じる。そして、結果的に離婚する夫婦もあれば婚姻関係を継続する夫婦もあるが、後者には数年かけて信頼関係を取り戻していく夫婦もあれば、形式的に婚姻関係を継続し同居している夫婦もある。いずれにせよ、浮気はセックスの問題というよりも、夫婦の親密性をめぐる問題である」（野末 161 頁）という指摘もある。

3　不貞行為をした配偶者（不貞配偶者）による離婚請求の制限

(1) 不貞配偶者の離婚請求を認めないという原則　不貞配偶者が、不貞相手方と再婚することを目的として、被不貞配偶者との離婚を希望することがある。重婚は禁止されているからである。しかし、そのような請求は、信義則に反するから、無制限に認めることはできない。被不貞配偶者には自由な判断が認められるところ、それは不貞行為の被害者であるためであり、不貞行為をした加害者（不貞配偶者）は立場が異なる。

　最大判昭和 62・9・2 民集 41 巻 6 号 1423 頁（以下、昭和 62 年判例という）は、「離婚は社会的・法的秩序としての婚姻を廃絶するものであるから、離婚請求は、正義・公平の観念、社会的倫理観に反するものであってはならないことは当然であって、この意味で離婚請求は、身分法をも包含する民法全体の指導理念たる信義誠実の原則に照らしても容認されうるものであることを要する」と判示し、不貞配偶者からの離婚請求を認めないことを原則とした。

　昭和 62 年判例は、例外を認め、「有責配偶者からされた離婚請求であっても、

夫婦の別居が両当事者の年齢及び同居期間との対比において相当の長期間に及び、その間に未成熟の子が存在しない場合には、……著しく社会正義に反するといえるような特段の事情の認められない限り、当該請求は、有責配偶者からの請求であるとの一事をもって許されないとすることはできない」と判示した。その理由は、このような場合には離婚による精神的・社会的状態等は殊更に重視されるべきではなく、また、離婚による経済的不利益は、本来、財産分与または慰謝料により解決されるべきという点にある。これは「限定的ながら破綻主義に移行」(渋谷464頁)したものと評価できる。

(2) 不貞配偶者の離婚請求を認めるとき　昭和62年判例は、有責配偶者を「5号所定の事由による離婚請求がその事由につき専ら責任のある一方の当事者」と定義したうえで、その離婚請求が信義誠実の原則に照らして許容され得ることの考慮要素として、①有責配偶者（不貞配偶者）の責任の態様・程度、②被不貞配偶者の婚姻継続についての意思および不貞配偶者に対する感情、③離婚を認めた場合における被不貞配偶者の精神的・社会的・経済的状態、④夫婦間の子、殊に未成熟の子の監護・教育・福祉の状況、⑤別居後に形成された生活関係（例えば、夫婦の一方または双方が既に内縁関係を形成している場合にはその相手方や子らの状況等）、⑥時の経過がこれらの諸事情に与える影響を指摘した。

　最判昭和63・2・12判時1268号33頁は、「別居期間は……約22年及び、同居期間や双方の年齢と対比するまでもなく相当の長期間であり、しかも、両者の間には未成熟の子がいないのであるから……特段の事情がない限り、これを認容すべき」と判示した。最判平成6・2・8判時1505号59頁は、「別居してから……既に13年11月余が経過し、双方の年齢や同居期間を考慮すると相当の長期間に及んでおり、Yの新たな生活関係の形成及びXの現在の行動等からは、もはや婚姻関係の回復を期待することは困難であるといわざるを得ず……Xの婚姻継続の意思及び離婚によるXの精神的・社会的状態を殊更に重視して、Yの離婚請求を排斥するのは相当でない」と判示した。これらは、昭和62年判例の判示した考慮要素について具体的事例に応じて認定している。

◆Point 042◆ 法律離婚を理由とする損害賠償請求

1　法律離婚による不貞配偶者の慰謝料

(1) 個別の違法行為を理由とするものとの区別　不貞行為があれば、X（被不貞配偶者）はY（不貞配偶者）に対して損害賠償を請求できるのが原則である。それに基づく損害賠償請求が認められる場合であっても、Xは、離婚を求めることもあれば、離婚を求めないこともある。したがって、不貞行為（個

◆**Point 042**◆

別の違法行為）を理由とする損害賠償請求と、離婚をやむなくされたことを理由とする（離婚に伴う）損害賠償請求は、区別することができる。

　最判令和4・1・28民集76巻1号78頁は、「離婚に伴う慰謝料請求は、夫婦の一方が、他方に対し、その有責行為により離婚をやむなくされ精神的苦痛を被ったことを理由として損害の賠償を求めるものであり、このような損害は、離婚が成立して初めて評価されるものであるから、その請求権は、当該夫婦の離婚の成立により発生するものと解すべきである。そして、不法行為による損害賠償債務は、損害の発生と同時に、何らの催告を要することなく、遅滞に陥るものである〔最判昭和37・9・4民集16巻9号1834頁参照〕。したがって、離婚に伴う慰謝料として夫婦の一方が負担すべき損害賠償債務は、離婚の成立時に遅滞に陥る」と判示した。これは、不貞行為（個別の違法行為）を理由とする損害賠償請求と、離婚をやむなくされたことを理由とする（離婚に伴う）損害賠償請求は、損害発生日（＝遅滞に陥る日）が異なることを意味する。このことは、「離婚そのものによる慰謝料請求と離婚原因を構成する不法行為に基づく慰謝料請求とがあるから、そのいずれであるのかを明確にする必要がある（前者は、離婚することで生じる損害であるから、遅延損害金の起算点は判決確定の日の翌日〔判決確定の日とする考えもある。〕となるが、後者であれば個々の不法行為に基づく損害であるから、不法行為の日〔一部請求として訴状送達の日の翌日を起算点とするものが多い。〕となる）」（秋武・岡48頁）と説明されている。

(2) 法律離婚における慰謝料額　　法律離婚をしたときにY（不貞配偶者）が支払義務を負う慰謝料額については、①「円満であった夫婦が不貞行為により破綻するに至った事例の平均慰謝料額は約202万円であるのに対し、離婚に至った事例の平均慰謝料額は約171万円である」（大塚388頁）、②「慰謝料額の算定に当たっては、円満な夫婦が不貞行為の結果、破綻に至ったかどうかが重要であり、離婚するかどうかということは、……夫婦間の様々な事情による」（大塚389頁）、③「離婚をしたケースの中には、必ずしも不貞行為の結果破綻し、離婚をしたとは言い切れないものも含まれている可能性がある」（大塚390頁）という指摘がある。

2　不貞行為をした第三者(不貞相手方)の不法行為責任

　X（被不貞配偶者）がY（不貞配偶者）と不貞関係にあった第三者Z（不貞相手方）に対して離婚による慰謝料を請求した事案において、最判平成31・2・19民集73巻2号187頁（以下、平成31年判例という）は、①「夫婦の一方は、他方に対し、その有責行為により離婚をやむなくされ精神的苦痛を被ったことを理由としてその損害の賠償を求めることができる」、②「夫婦が離婚するに至るまでの経緯は当該夫婦の諸事情に応じて一様ではないが、協議上の離婚と

第3章　円満婚姻の心理的なこと　　*93*

◆Point 043◆

裁判上の離婚のいずれであっても、離婚による婚姻の解消は、本来、当該夫婦の間で決められるべき事柄である」、③「夫婦の一方と不貞行為に及んだ第三者は、これにより当該夫婦の婚姻関係が破綻して離婚するに至ったとしても、当該夫婦の他方に対し、不貞行為を理由とする不法行為責任を負うべき場合があることはともかくとして、直ちに、当該夫婦を離婚させたことを理由とする不法行為責任を負うことはない」、④「第三者がそのことを理由とする不法行為責任を負うのは、当該第三者が、単に夫婦の一方との間で不貞行為に及ぶにとどまらず、当該夫婦を離婚させることを意図してその婚姻関係に対する不当な干渉をするなどして当該夫婦を離婚のやむなきに至らしめたものと評価すべき特段の事情があるときに限られる」、⑤「夫婦の一方は、他方と不貞行為に及んだ第三者に対して、上記特段の事情がない限り、離婚に伴う慰謝料を請求することはできない」と判示した。

　平成 31 年判例の射程距離について、「不貞行為による慰謝料と離婚による慰謝料は別であるとの考え方（峻別説）に立ち、両者の取扱いをはっきりと分けている。……おそらく、両者は峻別する意味があるのは、過去に夫婦の一方と相手方との間に不貞行為があり、他方配偶者がそのことを知って 3 年以上が経過しているのにもかかわらず、相手方に対して、離婚してから 3 年以内であるとして、離婚慰謝料を請求してきたというケースであろう」（大塚 387 頁）という指摘がある。これは、消滅時効の起算点が異なること、すなわち、不貞行為による慰謝料請求権の消滅時効は X が不貞行為を知った時から起算されるのに対し、離婚による慰謝料請求権の消滅時効は離婚する時までは消滅時効が進行しないことを指摘するものとして、重要である。

◆Point 043◆ 円満婚姻の効果としての夫婦の氏

1 円満婚姻における氏

(1) 夫婦の氏　　明治民法 788 条 1 項は「妻ハ婚姻ニ因リテ夫ノ家ニ入ル」と規定し、同法 746 条は「戸主及ヒ家族ハ其家ノ氏ヲ称ス」と規定していた。これは「家」制度に基づくものであり、日本国憲法によって否定された。

　現行民法 750 条は、「夫婦は、婚姻の際に定めるところに従い、夫又は妻の氏を称する」と規定している。これは、「『夫婦の氏』として『夫または妻の氏』を選択するということを意味する。ここには、婚姻が新しい家族を生み出す（夫婦の氏はその呼称である）という考え方を読みとることもできる」（大村 2014a・68 頁）とされる。しかし、「婚姻の届出があったときは、夫婦について新戸籍を編製する」（戸籍法 16 条 1 項本文）ことは、婚姻が新しい家族を生み出す（夫婦の氏はその呼称である）という考え方と「適合的な面を持っている」

94　　第 3 編　心理的なこと

◆Point 043◆

（大村 2014a・68 頁）とされる。「家の氏」が「夫婦の氏」に変わったにすぎないという印象は、選択的夫婦別姓制度を認める法改正をすれば否定できる。

(2) 制度としての円満婚姻　法律上の婚姻をするときは、その効果を全面的に受け入れることが必要であり、その効果の一部である氏だけを回避することはできない。

　このことは、氏を変更したくないカップルが婚姻届を提出しない理由ともなっている。法改正によって選択的夫婦別姓制度を認めるか否かという議論は、制度としての婚姻を、氏について選択肢を増やす限度において変革しようとする動きを受けたものである。ここでは、重婚的内縁における妻・非嫡出子が氏の変更を希望した事案に関する裁判例も参考になる（→◆Point 055◆）。

(3) 最高裁判例における憲法解釈

　夫婦同氏制（現民 750 条、戸籍法 16 条）の合理性について、最大判平成 27・12・16 民集 69 巻 8 号 2586 頁（以下、平成 27 年判例という）は、①「家族は社会の自然かつ基礎的な集団単位と捉えられ、その呼称を 1 つに定めることには合理性が認められる。……そして、夫婦が同一の氏を称することは、上記の家族という 1 つの集団を構成する一員であることを、対外的に公示し、識別する機能を有している」、②「婚姻の重要な効果として夫婦間の子が夫婦の共同親権に服する嫡出子となるということがあるところ、嫡出子であることを示すために子が両親双方と同氏である仕組みを確保することにも一定の意義がある」、③「夫婦同氏制それ自体に男女間の形式的な不平等が存在するわけではなく、夫婦がいずれの氏を称するかは、夫婦となろうとする者の間の協議による自由な選択に委ねられている」と判示した。

　平成 27 年判例は、夫婦同氏制の問題点も認めている。すなわち、④「夫婦となろうとする者の一方は必ず氏を改めることになる」、⑤「氏を改める者にとって、そのことによりいわゆるアイデンティティの喪失感を抱いたり、婚姻前の氏を使用する中で形成してきた個人の社会的な信用、評価、名誉感情等を維持することが困難になったりするなどの不利益を受ける場合があることは否定できない」、⑥「現状からすれば、妻となる女性が上記の不利益を受ける場合が多い状況が生じているものと推認できる」、⑦「これらの不利益を受けることを避けるために、あえて婚姻をしないという選択をする者が存在することもうかがわれる」と判示した。

　上記④〜⑦の問題点について、平成 27 年判例は、⑧「夫婦同氏制は、婚姻前の氏を通称として使用することまで許さないというものではなく、近時、婚姻前の氏を通称として使用することが社会的に広まっているところ、上記の不利益は、このような氏の通称使用が広まることにより一定程度は緩和され得る

◆Point 043◆

ものである」と判示した。しかし、通称使用だけでは克服できない問題が残されている。

2　現行民法改正をめぐる議論

(1) 平成8年要綱　平成8年要綱の第三・一は、夫婦の氏について「各自の婚姻前の氏を称する」という選択肢を認めることを提案していた。これを受けた法改正の見通しは明らかではないものの、その議論は、家族の本質を考えるうえで参考になる。

　例えば、「同一の戸籍に記載された者を『家族』と呼ぶならば、現在の家族は『夫婦と未婚の子』からなることになる。これらの者は、かつての『家』の氏に代わり、新しい『家』（＝夫婦）の氏を称する。この『家』は『縮小された新たな家』であるとともに『温存された古い家』でもある。……選択的夫婦別姓制度は、上記の2つの『家』意識を一掃することを狙ったものと評しうる」（大村 2015・392頁）という指摘は、明治民法における「家」と比較する視点を示している。また、「従来の婚姻に付着した性別役割分業を回避するための象徴的行為として婚姻届を出さないという例も少しずつ目立つようになっている。婚姻前の氏を保持することにより、個人を尊重した対等なカップルであること、とりわけ『○○家の嫁』ではないことを示そうというわけである」（大村 2014b・52頁）という指摘は、内縁をめぐる議論にも影響を与えている。

(2)「寛容さ」という視点　筆者は、円満婚姻の制度としての側面が揺らいでいる現在では（→◆Point 005◆）家族法の立法における「寛容さ」が重要であるという見地から、選択的夫婦別姓制度を認める方が良いと考えている。

　ここでは、①「どのような家族法を持つかは『私事』ではありえない。夫婦別姓支持論の中には、別姓の採用は夫婦の選択にゆだねられているのだから、同姓にしたい人の権利を奪うものではないという主張が存在する。この議論がもし、『同姓にしたい人は同姓にすればいいのだから、あなたには関係のない話でしょう』という趣旨ならば、それは家族法が『公事』であることを無視した発言である……。むしろ、選択的夫婦別姓論は、それを選びたい人には選ぶことを許容しようという寛容さを求める呼びかけとしてとらえるべきだろう」（大村 2010・378頁）、②「婚姻中の夫婦のあり方につき、一定の範囲で夫婦の選択を認めるならば（夫婦財産契約、夫婦別姓など）、離婚後の夫婦のあり方についても選択を認める余地はないわけではなかろう」（大村 2010・178頁）という指摘が参考になる。「最近のアンケート調査では、選択的夫婦別姓制に賛成する傾向が強く、……賛成が7割（70.6%）に及ぶ」（辻村 2021・174頁）という指摘もある。

　筆者は、この「寛容さ」という視点は、離婚後の共同親権という選択肢を認

96　第3編　心理的なこと

◆Point 044◆

めることの実質的理由にもなると考えている（→◆Point 060◆）。

第4章：法律離婚の心理的なこと

◆Point 044◆ 法律離婚後の再婚の自由

1 不貞相手方との再婚

　明治民法768条は「姦通ニ因リテ離婚又ハ刑ノ宣告ヲ受ケタル者ハ相姦者ト婚姻ヲ為スコトヲ得ス」と規定していた。姦通は不貞行為を意味し（→◆Point 039◆）、上記規定による「姦通した男女間の……再婚禁止は一種の制裁」（大村2010・136頁）であった。

　現行民法には、Y（不貞配偶者）とZ（不貞相手方）の再婚を禁止する規定はない。そのため、YがX（被不貞配偶者）と離婚した後に、Zと再婚することも許容される。このことは、現行民法は「離婚や死別により配偶者を失った者に再婚を認めている。改めて述べるまでもない当然のことであるが、規定上は再婚禁止期間を定める733条の存在がこのことを示している。再婚であることに由来する婚姻障害は、直接にはこの規定によるもの以外には存在しない」（大村2009・46頁）と説明された。下記**3**のとおり現行民法733条は令和4年改正によって削除されたため、現在では、再婚であることに由来する婚姻障害は存在していない。

2 再婚禁止期間の意義

(1) 制裁としての再婚禁止　　現行民法733条については、「夫の死亡後少なくともしばらくの間は再婚するなという倫理観が表れているという批判もある。しかし……これは、嫡出推定の重複を避ける趣旨で置かれた規定であり（それゆえ、重複が生じないことが明らかな場合には、この規定は適用されない。民733条2項参照）、起草時には、むしろ伝統的な倫理観は否定的にとらえられていた」（大村2010・136頁）という指摘もある。

(2) 再婚禁止期間6か月の評価　　明治民法767条は、1項で「女ハ前婚ノ解消又ハ取消ノ日ヨリ6箇月ヲ経過シタル後ニ非サレハ再婚ヲ為スコトヲ得ス」と規定し、2項で「女カ前婚ノ解消又ハ取消ノ前ヨリ懐胎シタル場合ニ於テハ其分娩ノ日ヨリ前婚ノ規定ヲ適用セス」と規定していた。平成28年改正前の現行民法733条も、1項で「女は、前婚の解消又は取消しの日から6箇月を経過した後でなければ、再婚をすることができない」、2項で「女が前婚の解消又は取消しの前から懐胎していた場合には、その出産の日から、前項の規定を適用しない」と規定していた。

　最大判平成27・12・16民集69巻8号2427頁（以下、平成27年判例とい

第4章　法律離婚の心理的なこと　　*97*

◆Point 044◆

う）は、平成28年改正前現行民法733条1項（以下、本件規定という）の「6箇月」のうち100日を超過しない部分について憲法違反を否定した。その理由は、①「婚姻をするについての自由は、憲法24条1項の規定の趣旨に照らし、十分尊重に値するものと解することができる」、②「本件規定の立法目的は、女性の再婚後に生まれた子につき父性の推定の重複を回避し、もって父子関係をめぐる紛争の発生を未然に防ぐことにあると解するのが相当であり〔最判平成7・12・5集民177号243頁参照〕、父子関係が早期に明確となることの重要性に鑑みると、このような立法目的には合理性を認めることができる」という点にある。

　平成27年判例は、本件規定の「6箇月」のうち100日超過部分について、憲法14条1項に違反するとともに、憲法24条2項にも違反すると判示した。その理由は、①「再婚をすることについての制約をできる限り少なくするという要請が高まっている事情も認めることができる」、②「厳密に父性の推定が重複することを回避するための期間を超えて婚姻を禁止する期間を設けることを正当化することは困難である」という点にある。

(3) 再婚禁止期間100日の評価　　令和4年改正前の現行民法733条1項は、「女は、前婚の解消又は取消しの日から起算して100日を経過した後でなければ、再婚をすることができない」と規定していた。同条2項は、「前項の規定は、次に掲げる場合には、適用しない」として、(1)「女が前婚の解消又は取消しの時に懐胎していなかった場合」、(2)「女が前婚の解消又は取消しの後に出産した場合」を列挙していた。

　これは、平成27年判例が憲法違反としたことを受けた平成28年改正により、再婚禁止期間が前婚の解消または取消しの日から起算して100日に短縮し、前婚の解消もしくは取消しの時に懐胎（妊娠）していなかった場合または女性が前婚の解消もしくは取消しの後に出産した場合を禁止の対象外としたものである。ただし、同改正後の規定について、「確かに立法目的は肯定されるが、しかし、父子関係の医学的鑑定が簡便となっていること、非懐胎証明による届出も認めていないことなど、100日の再婚禁止期間も必要最小限の手段ではないので、再婚禁止期間は廃止されるべきである」（渋谷465頁）と指摘されていた。

3　令和4年の現行民法改正

　現行民法には、再婚禁止期間に関する規定がない。これは、令和4年改正による嫡出推定規定の見直しに伴い、現行民法733条が削除されたためである。同条を削除した理由は、①「離婚等により婚姻を解消した日から300日以内に生まれた子について、母が子の出生のときまでに再婚していた場合には子は

98　第3編　心理的なこと

再婚後の夫の子と推定することとしたため、推定の重複により父が定まらない
事態は生じなくなることから、再婚禁止期間を廃止する」（葉梨康弘法務大臣：
衆議院本会議録5号11頁）、②「婚姻の要件に関する両性の平等という憲法的価
値を十全に実現するとともに、父性推定が重複する場面においては再婚後の夫
の子との推定を優先させるとの新たな規律〔筆者注：令和4年改正後の現行民
法772条3項〕と相まって、無戸籍となる子が生ずることの防止にも資すると
いう積極的意義を有する」（佐藤95頁）と説明されている。

◆Point 045◆ 法律離婚の効果としての氏

1 夫婦の氏の消滅

夫婦の氏（現民750条）が「婚姻が新しい家族を生み出す（夫婦の氏はその呼
称である）という考え方を読みとることもできる」（大村2014a・68頁）ことか
らすれば、離婚によって氏は変更される（婚姻前の氏に復する）ことが素直で
ある。

現行民法767条1項は「婚姻によって氏を改めた夫又は妻は、協議上の離
婚によって婚姻前の氏に復する」と規定しており、これは現行民法771条に
よって裁判上の離婚に準用されている。そして、戸籍法19条1項は、「婚姻
……によって氏を改めた者が、離婚……によって、婚姻……前の氏に復すると
きは、婚姻……前の戸籍に入る。但し、その戸籍が既に除かれているとき、又
はその者が新戸籍編製の申出をしたときは、新戸籍を編製する」と規定してい
る。これは、「婚姻が解消されれば、もはや夫婦同氏の要請はその基礎を欠く
に至るので、婚姻によって氏を改めた者は当然に婚姻前の氏に復さなければな
らない」（木村・神崎414頁）と説明されている。

子の氏は、父母の離婚によって当然には変更されない。したがって、離婚に
よって婚姻前の氏に復した者が子と同居するときは、その者と子の氏が異なる
ことになる。これを一致させる方法として、現行民法791条1項は、「子が父
又は母と氏を異にする場合には、子は、家庭裁判所の許可を得て、戸籍法の定
めるところにより届け出ることによって、その父又は母の氏を称することがで
きる」と規定している。

2 婚氏続称

昭和51年改正によって新設された現行民法767条2項は、「前項の規定に
より婚姻前の氏に復した夫又は妻は、離婚の日から3箇月以内に戸籍法の定め
るところにより届け出ることによって、離婚の際に称していた氏を称すること
ができる」と規定し、婚氏続称を認めている。これも現行民法771条によっ
て裁判上の離婚に準用されている。戸籍法77条の2は「民法第767条第2項

……によって離婚の際に称していた氏を称しようとする者は、離婚の年月日を届書に記載して、その旨を届け出なければならない」と規定している。

　これは、離婚によって氏を変更する（婚姻前の氏に復する）ことには不利益が伴うためである。このことは、「氏が変わることによる社会生活、社会活動上の不利益は、事実上、女性の側に負わされる結果となることから、従来からとかく批判がなされていたところである。殊に、妻が未成熟の子を引き取って離婚した場合などにおいては、離婚後その母子間において氏を異にすることとなり、子の監護教育その他において種々の不都合を生ずることもあり得る」（木村・神崎416頁）と説明されている。妻が未成熟の子を引き取って離婚したときでも、婚氏を続称すれば母子の氏は一致したままである。

第5章：外縁の心理的なこと

◆Point 046◆ 外縁と不貞行為

1　不貞配偶者の責任

　不貞行為においては、形式を重視すべきか、実質を重視すべきか。婚姻が外部的に公示されているとしても、不貞行為があった時点で既に夫婦生活の実質がなかったとすれば（愛情がなくなっていたとすれば）精神的被害はなく、慰謝料は請求できないとすることが素直である。不貞配偶者の責任において問題となるのは配偶者以外の者との間に性関係を持たないという不作為義務（貞操義務）であり、これは夫婦間の内部における義務である（第三者と直接には関係しない）ことからも、実質を重視することに合理性がある。

2　不貞相手方の不法行為責任

　不貞行為をした第三者（不貞相手方）の責任については、不貞配偶者の責任とは異なり、夫婦間の内部における義務であるとは評価できない。そのため、形式を重視することも検討に値する。しかし、ここで問題となるのは形式（戸籍上の法律婚）を信頼した第三者の保護ではなく、性関係を持ったことに基づいて第三者が不法行為責任を負うか否かという問題であるから、実質を重視する方が妥当である。この点について、原則として「他方の配偶者が有している婚姻共同生活の平和の維持という権利又は法的保護に値する利益を侵害したことになり、不法行為責任を負わなければならない。もっとも、婚姻が既に破綻していたのであれば、すでに保護すべき婚姻共同生活はないことになるから、不法行為責任は生じない。それゆえ、こうした問題の場合、不貞行為がされた時点で既に婚姻が破綻していたか否かが重要な争点となる」（秋武・岡106頁）という指摘がある。

◆**Point 046**◆

　最判平成 8・3・26 民集 50 巻 4 号 993 頁は、「X の配偶者 Y と第三者 Z が肉体関係を持った場合において、X と Y との婚姻関係がその当時既に破綻していたときは、特段の事情のない限り、Z は、X に対して不法行為責任を負わないものと解するのが相当である」と判示した。その理由は、「Z が Y と肉体関係を持つことが X に対する不法行為となる……のは、それが X の婚姻共同生活の平和の維持という権利又は法的保護に値する利益を侵害する行為ということができるからであって、X と Y との婚姻関係が既に破綻していた場合には、原則として、X にこのような権利又は法的保護に値する利益があるとはいえない」という点にある。これは、①X と Y は婚姻の届出をした夫婦であり、長女・長男が出生した、②Y が転職してから残業が増え、X は不満を募らせるようになった、③Y は株式会社 A に転職して代表取締役に就任したところ、X はこれに強く反対し、自宅の土地建物に抵当権を設定したことを非難して財産分与をせよと要求するようになった、④Y は夫婦関係調整の調停を申し立てたが X は出頭せず、Y は調停申立てを取り下げた、⑤Y は A 名義で本件マンションを購入して転居し、X と別居するに至った、⑥Z はスナックでアルバイトをし、来店した Y と知り合った、⑦Z は、Y から妻とは離婚することになっていると聞いて肉体関係を持つようになり、本件マンションで同棲するに至った、⑧Z は Y との間の子を出産し、Y はその子を認知したという事実関係のもとにおいて、Z が Y と肉体関係を持った当時、Y と X との婚姻関係が既に破綻しており、Z が X の権利を違法に侵害したとはいえないとした原判決を維持したものである。

3　不貞配偶者の離婚請求

　不貞行為をした配偶者（不貞配偶者）が、その相手方（不貞相手方）と再婚することを目的として離婚を請求するは、原則として認められない。それは、「離婚請求は、正義・公平の観念、社会的倫理観に反するものであってはならないことは当然であって、この意味で離婚請求は、身分法をも包含する民法全体の指導理念たる信義誠実の原則に照らしても容認されうるものであることを要する」（最大判昭和 62・9・2 民集 41 巻 6 号 1423 頁）ためである。婚姻関係が実質的に破綻し、外縁になった後は、不貞行為は違法と評価されないから、上記判例の射程は及ばない。したがって、有責配偶者からの離婚請求という理由によって制限されることはなくなる。

　最判昭和 46・5・21 民集 25 巻 3 号 408 頁は、「Y は、X との間の婚姻関係が完全に破綻した後において、訴外 Z と同棲し、夫婦同様の生活を送り、その間に一児をもうけたという……事実関係のもとにおいては、その同棲は、Y と X との間の婚姻関係を破綻させる原因となったものではないから、これを

もって本訴離婚請求を排斥すべき理由とすることはできない。……同棲が第一審継続中に生じたものであるとしても、別異に解すべき理由はない」と判示した。

4 不貞相手方との再婚

現行民法には、不貞行為との再婚を禁止する（明治民法768条のような）規定はないから、不貞行為をした配偶者（不貞配偶者）Yが離婚した後に、その不貞行為をした第三者（不貞相手方）と再婚することも許容される。このことは、外縁でも同様である。

◆Point 047◆ 外縁における氏

1 夫婦の氏の継続

夫婦は、婚姻の際に定めるところに従い、夫または妻の氏を称する（現民750条）。この夫婦の氏は、外縁においても維持される。現行民法767条1項は「婚姻によって氏を改めた夫又は妻は、協議上の離婚によって婚姻前の氏に復する」と規定しており、これは現行民法771条によって裁判上の離婚に準用されているが、これは、法律離婚によって法律的に夫婦でなくなった場合の規定であり、外縁には及ばない。氏は、人の同一性を判断する基準であり、第三者にも影響することからは、妥当な結論と思われる。

2 通称使用

最大判平成27・12・16民集69巻8号2586頁は、夫婦同氏制（現民750条、戸籍法16条）の合憲性を認めるに当たり、その問題点として「夫婦となろうとする者の一方は必ず氏を改めることになる」、「氏を改める者にとって、そのことによりいわゆるアイデンティティの喪失感を抱いたり、婚姻前の氏を使用する中で形成してきた個人の社会的な信用、評価、名誉感情等を維持することが困難になったりするなどの不利益を受ける場合があることは否定できない」こと等を認めつつ、「不利益は、このような氏の通称使用が広まることにより一定程度は緩和され得る」と判示した（→◆Point 043◆）。

これを参考とすると、婚姻関係が実質的に破綻し、外縁となった段階では、婚姻によって氏を改めた夫または妻が通称として旧姓を使用することにも合理性があると思われる。

102 第3編 心理的なこと

◆**Point 048・049**◆

第4編 家族の再構成

第1章：**外縁をめぐる物語④**：令和5（2023）年10月

◆**Point 048**◆ 別の人と交際しても良いですか？〔メール相談④〕

From：長田さつき

Sent：2023年10月6日10：06

To ：弁護士一中和洋先生

Subject：ご相談いたします

一中先生　　こんにちは、長田さつきです。お久しぶりです。

　以前ご相談していた不貞行為の慰謝料のことは、結局ご作成いただいた合意書（案）の内容で解決して、約束のとおり全額を支払ってもらいました。あれから、もう3年が経過していますね。今でも、桂太さん名義の一戸建てには私と学歩の2人だけで暮らして、桂太さんは賃借しているマンションで師走さんと同居しています。それで、もう別居期間が5年近くなっていることもあり、桂太さんが夫婦関係調整調停を申し立てたみたいで、家庭裁判所から書面が届きました。調停申立書（→◆**Point 096**◆）等です。

　あまりにも一方的なので、桂太さんを反省させるために、しばらく、学歩に会わせないことにしようかと思います。桂太さんが勝手なことばかりしているのですから、バランスをとるため、子どもに会えなくさせる方が良いと思いませんか。

　お伺いしたいのは以下の3つのことです。

1　夫婦関係調整調停では、どのように話し合いますか。

2　答弁書には、何をどのように記載すれば良いですか。

3　調停事件が終わるまで、面会交流を拒否できますか。

　以上、アドバイスをいただきますよう。

◆**Point 049**◆ 破綻した後なら、恋愛は自由なの？〔リアル相談④〕

一中　　こんにちは、メール拝読しました。夫婦関係調整調停が申し立てられたのですね。まずは、家庭裁判所から届いた書類を拝見しましょう。

さつき　　お願いします。調停申立書等をコピーして持参しました。

一中　　この申立書を見ると、離婚すること自体に争いはなく、離婚後の親権者をどちらにするかということだけが問題とされていますね。

第1章　外縁をめぐる物語④　　*103*

◆Point 049◆

さつき　　はい。そう書いてありました。でも、なんだか自分勝手な言い分のように思います。私はどうしたら良いのでしょうか。一中先生、代理人になっていただけますか。

一中　　分かりました。お引き受けしましょう。えーと、面会交流の相談もありましたね。

さつき　　はい。桂太さんを反省させるために、調停が終わるまで、学歩に会わせないことにしようかな、と思って。桂太さんが自分勝手なことばかりしているのですから、その償いをするまでの1年間くらい、子どもに会えなくても仕方がないですよね。

一中　　はい。それでは、せっかくの機会ですから、面会交流についても説明しますね。円満婚姻・法律離婚と比較しながら、外縁のことも説明しましょう。円満婚姻では、仮に別居をしているときでも単身赴任等によるものにすぎず夫婦の仲は良いことが想定されますから面会交流について格別に合意する必要はないことが多いです。法律離婚した後の元夫婦の関係には様々なものがあるけれど、夫婦の関係と、親子の関係は、別の問題です。裁判所に調停を申し立てたりすれば、面会交流をするよう促されることが多いと思います。これに比べると、外縁は、まだ法律離婚に至っていないので、面会交流を認める方が素直だということになります。もっとも、面会交流に応じることを義務づける条文があるわけではありませんし、桂太さんが不貞行為した責任を感じているなら、面会交流を拒否しても、裁判所には行きにくいと思います。もっとも、さつきさんが考えるべきなのは、学歩くんのことではないのかな。お父さんに会いたいのか、それほどでもないのか。

さつき　　そうですね。学歩は、7歳になりました。パパのことは今でも大好きで、一緒に遊べることをすごく楽しみにしています。

葉月　　えー、さつきちゃん、それだったら会わせる方がいいよ。学歩くんにとっては良いパパだってことだもん。私は、毎月1回か2回くらい、駒鳥を飛雷さんに会わせてるよ。一中先生、駒鳥のこと、覚えていますか。

一中　　ええ。駒鳥ちゃん、覚えています。元気なのかな。

葉月　　はい、元気いっぱいです。8歳になりました。

さつき　　そうか、そうだよね。学歩のために会わせる方が良いかな。面会交流のことは、もう一度、考えてみます。桂太さんは毎月7万円の生活費を送金してくれているし、学歩のことは、しっかり考えてくれているのかも。それで、すみません、メールに書かなかったことも相談したくて。実は、調停申立書が届く2か月前くらいに、桂太さんから「離婚して欲しい」と言われたことがあります。私は「浮気したことの責任も果たされていないし、学歩も小さいから

104　第4編　家族の再構成

◆Point 049◆

離婚はしない」と回答したのですけど、それで、えーと正直に言うと、今は、別の男性のことを好きになっています。勤務先で知り合った神在新太さん、28歳です。私の方が、2つ、年上なの。まだ性的な関係はないのですけど、桂太さんと法律離婚をしないまま、この人と結婚することはできますか。

一中　えーと、そうですね、桂太さんは、浮気相手の師走さんと同居したままの状態で離婚を求めているくらいですから、さつきさんとの夫婦関係は破綻していると評価できそうです。そうなると、さつきさんが別の男性と性的な関係をもったとしても、不貞行為として損害賠償責任を負う可能性が低いと思います。でも、結婚することができるかというと、それは別の問題です。学歩くんは、新太さんについて、何か言っていますか。

さつき　はい。まだ2回しか会わせていないけど、「楽しい人だね」と言っていました。たぶん相性は良いと思います。桂太さんも離婚を希望しているので、問題になるのは親権です。そこには、桂太さんの父親の影響があるかもしれません。すごく学歴を気にする人で、有名小学校に入れるために離婚しない方が良いとか、どうしても離婚するときには社会的評価の高い夫が親権者とならなければいけないとか、いろいろ桂太さんに意見しているみたい。それで、桂太さんと法律離婚をしないまま、神在新太さんと結婚することができたら嬉しいな、と思って。質問です。えーと、桂太さんと法律離婚できないのは、学歩の親権者をどちらか一方に決めることができないためで、もう師走さんと桂太さんも同居しているから、私だって再婚できても良いのかな、と思って。変な話ですよね、すみません。

一中　いえ、変な話ではありませんよ。人の気持ちは、どんどん変わっていきますし、それは正しいとか間違っているとか決めにくいものです。ただ、法律的には、弥生さんの言うことの方が正しいのです。重婚は、民法732条で禁止されていますから。神在さんと再婚することを真剣に考えるのであれば、まず、桂太さんと法律離婚をすることが先になります。まあ、事実上の婚姻、つまり内縁ということであれば、今すぐにでも可能ですが、そのような意味ではありませんよね。

さつき　はい。そうですよね。法律離婚そのものは合意できているので、学歩の親権者をどうするかが問題です。桂太さんから「学歩が10歳になったら、私が預かりましょう。優れた学習環境を作ることが必要ですから、私が責任をもって育てます」と言われたこともあるけど、私は、絶対に学歩と離れたくありません。親権は母のものだと思っていたのですけど、簡単ではないですね。インターネットで調べたら、親権と監護権を分けることもあると書いてありました。そのことも、説明していただけますか。

第1章　外縁をめぐる物語④　　**105**

◆Point 050◆

葉月　一中先生、親権と監護権を分けることって、できるのですか。私が離婚した時は説明された記憶がないのですけど。

一中　そうですね、説明しなかったと思います。法律離婚した時は、まだ妊娠中でしたし、葉月さんが親権者はなることを飛雷さんは認めていましたからね。

葉月　そうか、検討する必要がなかったのですね。

弥生　一中先生、学歩くんは5歳ですし、さつきちゃんが親権者になれますよね。

一中　そうですね。裁判所が判断することになれば、親権も監護権も、母親であるさつきさんに認められる可能性は高いと思います。今の実務では、子どもが小さいときは母親を優先する傾向がありますし、別居した経緯やその後の状況からもさつきさんが選ばれることが自然です。親権と監護権を分けることは、実務では多くはありません。ただ、調停には強制力がありませんから、桂太さんが譲歩しない限り、成立しないかもしれません。そうなると、離婚訴訟を提起することが必要になってしまいます。

さつき　うーん、難しいですね。調停については、一中先生にご相談しながら決めていきたいです。

◆Point 050◆ 再構成の説明まとめ〔メール回答④〕

From：弁護士一中（いちなか）

Sent：2023 年 10 月 26 日 14：16

To　：長田さつき様

Subject：今後のことなど

長田さつき様　　こんにちは、一中です。

　メールのご質問について、回答を、まとめてみました。ご参考として。引き続き、よろしくお願いいたします〜。

1　夫婦関係調整調停では、どのように話し合いますか。

（回答）

　調停では、基本的には2人の調停委員が手続を進めますが、実務では、申立人側と相手方側とを分けて、交互に話し合うことが多いです。

2　答弁書には、何をどのように記載すれば良いですか。

（回答）

　答弁書（案）（→◆Point 096◆）を添付しました。ご検討いただきますよう。少しでも違和感などありましたら、お気軽に、ご指摘いただけると嬉しいです。

3　調停事件が終わるまで、面会交流を拒否できますか。

106　第4編　家族の再構成

（回答）
　夫婦関係調整調停と面会交流は別の問題ですから、拒否することには疑問があります。

第2章：再構成の比較

◆Point 051◆ 再構成の定義
　再婚という言葉は、2度目以降の法律上の婚姻を意味するのが通常である。婚姻について、本書では法律上の婚姻という意味で用いることを原則としており、再婚もこの意味で用いることが適切であろう。しかし、婚姻という言葉は、広義では、内縁（事実上の婚姻。夫婦同様の共同生活をする男女のカップル）を含むこともある。本書では、2度目以降のものが内縁である場合を含むものとして、「再構成」という言葉を用いる。

　この見地からは、広義の再婚（再構成）には、2度目以降も法律婚姻（再婚）であるときだけではなく、2度目以降は内縁（事実上の婚姻）であるときも含まれる（→図17）。

図17 ▶再構成

◆Point 052◆ 再構成と親権
1　血族とは
　家族は「夫婦の配偶関係や親子・兄弟などの血縁関係によって結ばれた親族関係を基礎にして成立する」（広辞560頁）ものであり、血縁関係をその重要な要素とする。現行民法725条1号は、「6親等内の血族」を親族に含めている。血族とは、「同じ先祖から出て血統のつづいている者。法律上はこれと同一視した者（養親子など）を含める（法定血族）」（広辞923頁）ものである。

　血族には、自然血族と法定血族がある。自然血族とは、①「親子・兄弟など、自然の血縁によって結ばれた者」（広辞1287頁）、②「実親子関係から広がる実祖父母孫や実兄弟姉妹など、実の血族の間柄」（末光43頁）である。これに対し、法定血族とは、①「法律により血族と同一の親族関係を生じたもの。養子と養親およびその血族との関係を指す。準血族」（広辞2677頁）、②「自然血族ではないものの、血族として扱われる間柄」（末光44頁）である。

◆Point 052◆

2 子とは

(1) 「子」の定義
子とは、「親から生まれたもの。また、それに準ずる資格の者」(広辞 958 頁) である。子は 1 親等の直系卑属である。直系とは、①「直接にうけつがれ続いている系統、……人と人の間の血統が親子の関係で続いている系統」(広辞 1918 頁)、②「親子関係 (の連続) によって血の繋がった者」(大村 2014b・14 頁)、③「祖先と子孫の血族の関係」(末光 44 頁) である。卑属とは、①「親等上、子と同列以下にある血族」(広辞 2458 頁)、②「世代が……下の者」(大村 2014b・14 頁)、③「ある人……からみてより新しい世代 (子を含み、子より新しい世代) の者」(末光 44 頁) である。直系血族の「親等は、親族間の世代数を数えて、これを定める」(現民 726 条 1 項) ところ、父母または子は「直接ニ血統ノ継続セル者」(梅 1912・6 頁) であり、世代数は 1 であるため 1 親等である。

実子とは「自分の生んだ子。自然の血縁に基づく子」(広辞 1306 頁) であり、自然血族である。実子には、嫡出子と非嫡出子がある。嫡出子とは「正妻から出生した子。法律上の婚姻をした夫婦間に出生した子」(広辞 1879 頁) である。「妻が婚姻中に懐胎した子は、……夫の子と推定」(現民 772 条 1 項) されることは、「貞操義務の存在、子に嫡出子 (子) としての身分を与える (個別の、または定型的な) 意思によって支えられて」(大村 2020・106 頁) いる。これに対し、非嫡出子とは「法律上の婚姻関係にない男女間に生まれた子。民法上は『嫡出でない子』という。婚外子」(広辞 2462 頁) である。このように区別されることが、子を産む育てることを想定するカップルにおいては婚姻することに大きなメリットがあることを裏付けている。

養子とは、①「養子縁組によって子となった者」(広辞 3013 頁)、②「血縁のない 2 人の人間が、合意によってつくり出す法的な子」(大村 2010・200 頁) であり、法定血族である。これは、合意によって家族になるという側面において (婚姻による) 配偶者と類似するが、(法定血族として) 子になるという側面において異なる。

(2) 親子を支えるもの
親と子は「互いにサービスを提供しあうことによって、日々の暮らしを支え合っている」(大村 2014b・20 頁) とされる。幼年期・老年期における家族の必要性として「生物としてのヒトは成熟までに時間を要するために、誕生後一定の年齢に達するまでは他人の庇護を必要とする。また、医療技術の発達によって、今日では、諸機能の低下した高齢者 (そして重病者) も生命を維持し続けることが可能になっている。そこで、これらの者に対する援助が必要となる」(大村 2010・4 頁) という事情がある。

経済的自立が困難な人を支える主体としては、家族と国家が主な選択肢であ

108　第 4 編　家族の再構成

◆**Point 052**◆

る。そして、子育ての場面では、家族（親）の方が好ましい。それは、（老齢者の介護と異なり）子育てには日常生活を共にすることによって子の人格を円満かつ健やかに形成していくという教育に関わる側面もあるため、親を中心とする家族の自由な在り方を尊重する必要性が高いためである。

3 親とは

親とは「父と母との汎称」（広辞451頁）、父とは「男親」（広辞1870頁）、母とは「子のある女」（広辞2380頁）である。ここでは、親となるのは男女1人ずつの組み合わせ（男女カップル）であることが想定されている。女とは「人間の性別の1つで、子を産み得る器官を備えている方」（広辞465頁）、男とは「人間の性別の1つで、女でない方」（広辞426頁）である。子が1親等の直系卑属であるのに対し、親は1親等の直系尊属である。尊属とは、①「親等上、父母と同列以上にある血族」（広辞1733頁）、②「世代が上の者」（大村2014b・14頁）、「ある人……からみてより古い世代（親を含み、親より古い世代）の者」（末光44頁）である。

経済的自立が困難な人を支える主体としては、家族と国家が主な選択肢である。そして、老齢者の介護の場面では、家族（子）だけの負担とせず、国家もの方が好ましい。それは、（子育てと異なり）老齢者の介護には人格形成（教育）に関わる側面はないため、子を中心とする家族の自由な在り方を尊重する必要性は相対的に低いところ、少子高齢化社会では国家による助力が欠かせないためである。

4 親権とは

現行民法818条1項は、「成年に達しない子は、父母の親権に服する」と規定している。親権が必要とされる理由は、「ヒトは成熟に時間のかかる生物なので、子どもに対する保護が必要である。また、複雑化した社会を生きていくためには、一定の準備期間を持つことも必要である。こうした生物学的・社会的な必要に応じるために、民法は、人を未成年者と成年者に分けて、未成年者は原則としての親の親権に服するものとしている」（大村2003・226頁）と説明されている。

親権を所有権と比較して、「権利者の自由な行動を法秩序が容認する（介入しない）というものなのである。……排他的な支配権であるとは言いにくくなっている。いずれも社会から信託された権利として、義務を中心に構成されるようになっているということもできる。しかし、それでも、所有者ないし親権者が自由に行動しうる領域（国家がただちには介入できない領域）が残存している。その意味では、私たちの社会は依然として、財を個人に委ねる、子を親に委ねることが、よい結果をもたらす（ことが多い）と信じている社会なので

第2章　再構成の比較　　*109*

あろう」（大村 2015・251 頁）という指摘がある。

5 親の義務という側面

親権は、親の義務でもある。現行民法 820 条は「親権を行う者は、……子の監護及び教育をする権利を有し、義務を負う」と規定しており、『親権』という用語がなお用いられているものの、それは親の権利（子の義務）であると同時に『義務』であるとされている。「2011 年改正に際して、本条に『子の利益のため』という文言が挿入された。この文言は、親権が権利であれ義務であれ、その行使の目的を示し、態様を方向づけるものとなろう。……従来は裁判所の介入の根拠とされていたのに対して、いまや親権行使の制約要因とされているのであり、親権の義務性は高まったと言わざるをえない」（大村 2015・248 頁）とされる。

身上の監護には、子について、主として肉体的な成育をはかる監護と、主として精神的な向上をはかる教育が含まれる。現行民法 820 条が「監護及び教育」と規定するのは、親権の身上監護の面を包括的に示したものである。

財産の管理については、「親権は、子どもの人格・人身の発達についてだけでなく、その財産の管理にも及ぶのである。財産管理に関しては、親権が権利であるか義務であるかの言及が欠けているが、これは、他人の財産を管理する者が一定の権利を有するとともに、義務を負うのは当然のことだと考えているからだろう。このことを前提に、民法典は義務の程度を定める規定のみを置いている（民法 827 条。一般の場合よりも義務を軽減している例外規定である）」（大村 2003・179 頁）と説明されている。また、「サービスの提供は、820 条の『監護』、752 条の『協力』に含まれている」（大村 2014b・21 頁）、「820 条は『監護』『教育』の費用（養育費）の負担をも定めていると読める」（大村 2014b・23 頁）という指摘もある。

6 令和 4 年の現行民法改正

令和 4 年改正の原則施行日は令和 6 年 4 月 1 日であるが、懲戒権に関する規定等は令和 4 年 12 月 16 日から施行されている。改正後の現行民法 821 条は、「親権を行う者は、前条の規定による監護及び教育をするに当たっては、子の人格を尊重するとともに、その年齢及び発達の程度に配慮しなければならず、かつ、体罰その他の子の心身の健全な発達に有害な影響を及ぼす言動をしてはならない」と規定している。

子の人格を尊重する義務並びに子の年齢および発達の程度に配慮する義務を規定したことは、虐待の要因について、親が自らの価値観を不当に子に押しつけることや、子の年齢や発達の程度に見合わない過剰な要求をすることがあるという指摘を踏まえて、「親子関係において、独立した人格として子の位置づ

110 第 4 編　家族の再構成

◆**Point 053**◆

けを明確にするとともに、子の特性に応じた親権者による監護及び教育の実現を図る観点」（葉梨康弘法務大臣：衆議院会議録6号8頁）によると説明された。

現行民法821条で禁止される、①体罰（子の問題行動に対する制裁として子に肉体的な苦痛を与えること）、②子の心身の健全な発達に有害な影響を及ぼす言動（子に不当に肉体的または精神的な苦痛を与え、その健やかな身体または精神の発達に悪影響を与え得る行為）は、「監護教育権の範囲外の行為と評価され、そのような行為があった場合には、親権喪失や親権停止の審判における要件判断の考慮要素となり得るほか、民法709条の要件を満たす場合には、子に対して不法行為による損害賠償責任を負うことがある」（金子修法務省民事局長：衆議院会議録6号2頁）とされる。

令和4年改正によって削除された現行民法822条は、「親権を行う者は、第820条の規定による監護及び教育に必要な範囲内でその子を懲戒することができる」と規定していた。その削除は、「児童虐待の防止に向けた明確なメッセージを国民に向けて発することにより児童虐待の防止を図るという趣旨による」（葉梨康弘法務大臣：衆議院本会議録5号10頁）と説明された。この趣旨からは、「822条の懲戒権を削除することによって『しつけ』に支障がでるという誤解を避ける必要」（大村2020a・85頁）もある。このことは、「懲戒権に関する規定を削除しても、親権者は、その大本の規定である第820条に定めのある子の利益のためにする監護及び教育として、同条に基づき、子に対して適切なしつけをすることができる」（佐藤131頁）と説明されている。

◆**Point 053**◆ 円満婚姻・法律離婚・外縁の比較④
1　円満婚姻における再構成

図18 ▶円満婚姻モデル④

外縁をめぐる三元論（→◆**Point 004**◆）によると、円満婚姻は、ナイQ型である（→図18）。AKとBKは、法律上の婚姻をしており（P：法律婚姻はアル）、その共同生活は破綻しておらず（Q：実質破綻はナイ）、形式と実体は一致している（R：形式一致はアル）。したがって、円満婚姻においては、法律上の婚姻としての効果を認めることが素直である。典型的な場面では、①再構成

第2章　再構成の比較　　*111*

◆Point 053◆

の禁止（→◆Point 057◆）、②共同親権（→◆Point 058◆）が任意に履行されている。

2　法律離婚における再構成

図19 ▶法律離婚モデル④

　外縁をめぐる三元論（→◆Point 004◆）によると、法律離婚は、ナイP型である（→図19）。ARとBRは元夫婦にすぎず（P：法律婚姻はナイ）、その共同生活は破綻しているから（Q：実質破綻はアル）、形式と実体は一致している（R：形式一致はアル）。したがって、法律離婚においては、法律上の婚姻としての効果を認めないことが素直である。典型的な場面では、①再構成の自由（→◆Point 059◆）が認められる。子がいるときは、②単独親権（→◆Point 060◆）となり、③面会交流（→◆Point 061◆）についても検討される。

3　外縁における再構成

図20 ▶外縁モデル④

　外縁をめぐる三元論（→◆Point 004◆）によると、外縁は、ナイR型である（→図20）。AGとBGは、法律上は婚姻をしているにもかかわらず（P：法律婚姻はアル）、その共同生活が実質的に破綻しており（Q：実質破綻はアル）、形式（婚姻）と実体（離婚）は一致していない（R：形式一致はナイ）。外縁においては、形式と実体が一致していないことを考慮することが必要であり、法律上の婚姻としての効果を認めるか否かは、場面によって異なる。本書では、①再構成の可能性（→◆Point 062◆）、②親権・監護権（→◆Point 063◆）、③面会交流（→◆Point 064◆）、④と夫婦関係調整調停・離婚訴訟（→◆Point 065◆）について検討している。

112　第4編　家族の再構成

◆Point 054◆

第3章：再構成としての「内縁」

◆Point 054◆ **内縁とは**
1 内縁の意義

　内縁とは、夫婦の共同生活が実質的にあるものの法律上の婚姻をしていないことである。このことは、「婚姻の要件……のうち届出を欠くが、婚姻と同様の実体を有するカップル」（大村2020b・109頁）、「事実上夫婦として生活しながら、所定の届出を欠くため、法律上の婚姻に至らない男女の関係」（広辞2146頁）と説明されている。内縁は、法律上の婚姻ではないが、事実上の夫婦として当事者が同居している場合である。

　内縁は当事者が婚姻届（現民739条）を提出しない場合である（→図21）が、法律上の婚姻との異同については、婚姻障害がないという要件との関係も問題になる。内縁については、「法律上の婚姻に近いような効果が多々認められている……。もちろん、法律上の婚姻でないことからくる限界はあり、子は嫡出子となることができず、相手を相続することも認められない」（星野1989・214頁）と説明されている。

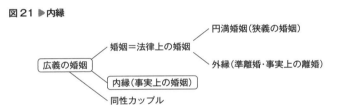

図21 ▶内縁

　内縁の理論は、「法律上の要件、特に手続的要件……を欠く場合にも社会的に見て婚姻の実体を備えているものに対して、できるだけ婚姻に近い法律効果を認めよう」とするものであり、「その理由は、初めは、わが民法の届出主義がわが国の社会一般の意識に合わないため、両当事者も社会も婚姻と考えているものが法律上婚姻とされないことによる不都合を救済しようということであった」（星野1989・213～214頁）とされる。しかし、届出主義は既に定着しており、上記の理由によって内縁保護を正当化することは難しい。

　現在では、氏を変えたくない等の理由によって婚姻届を提出しないことを選択する場合等について、どこまでの保護を与えるべきかが問われている。このことは、①「従来の婚姻に付着した性別役割分業を回避するための象徴的行為として婚姻届を出さないという例も少しずつ目立つようになっている。婚姻前の氏を保持することにより、個人を尊重した対等なカップルであること、とり

◆Point 054◆

わけ『○○家の嫁』ではないことを示そうというわけである。……届出をしなければ法的な婚姻として扱われないだけのことであり、届出が強制されているわけではない」（大村 2014b・52 頁）、②「婚姻であるとすれば、夫婦同氏の原則が働くことになるが、今日、夫婦別姓を主張する人々が望んでいるのは、自分たちの望む効果（それは法律の効果の一部にとどまる）を伴う婚姻である」（大村 2017b・120 頁）と指摘されている。

2　内縁の実質的要件：同居（共同生活の実体）

　内縁として保護されるためには、当事者間に社会観念上夫婦共同生活と認められるような共同生活の事実が存在することが必要である。その内容は、法律上の婚姻の場合と同じであることが想定されている。

　同居しているか否かは、住民票によって判断できることが多い。この点については、「『住民票』の編成の仕方および『世帯』の概念も、『戸籍』『氏』と同様に、家族の観念に大きな影響を与えうる。特徴的なのは、『住民票』において把握されているのが、主として居住、従として生計であるために、そこに現れる『家族』は、事実として共同生活を営むものと重なるということである。……あえて憶測を述べるならば、そこには、内縁を婚姻と同視するという『先進性』がみいだされるのではあるが、同時に、すべてを婚姻（しかも『世帯主』という家長がいる）と同視しなければ気がすまないという『頑迷さ』もうかがわれるのではないか」（大村 2010・320 頁）という指摘もある。

3　内縁の形式的要件：婚姻届の不提出

　内縁は、当事者が婚姻届を提出しない場合である。婚姻届を提出しないことの評価は、婚姻届の理解によって異なる。

　第 3 説（対抗要件説）によれば、対抗要件を備えないために婚姻を対抗できないのは「第三者」との関係であり、当事者間では婚姻は有効に成立していると考えられるから、内縁の効果については、当事者間のもの（対内的な効果）と第三者に影響するもの（対外的な効果）に区別することが合理的である。このことは、「内縁には婚姻の対内的な効果（婚姻費用分担や財産分与など）は認められるが、対外的な効果（相続権など）は認められないという扱いがされる理由も理解しやすい」（大村 2020b・110 頁）と説明されている。

4　内縁の消極的要件：婚姻障害

　内縁は婚姻届を提出しない場合であるが、法律上の婚姻との異同については、婚姻障害がないという要件との関係も問題になる。

　婚姻障害があるにもかかわらず内縁を保護した判例として、①婚姻適齢（大判大正 8・4・23 民録 25 輯 693 頁、大判昭和 6・2・20 新聞 3240 号 4 頁）、②待婚期間（大判昭和 6・11・27 新聞 3345 号 15 頁）、③明治民法（昭和 22 年法律 222 号による全

114　第 4 編　家族の再構成

◆Point 054◆

面改正前の民法）における父母の同意（大判大正8・6・11民録25輯1010頁、最判昭和28・6・26民集7巻6号766頁）、④明治民法における戸主であって他家に入り得ないこと（ただし、後に廃家して戸主でなくなった事例。大判昭和11・6・10新聞4009号17頁）等がある。

　ここでは、「家族法の立法あるいは解釈に際しては、現実社会に行われている事実を尊重しなければならないということが、1つの規範となります。……家族の問題に関しては、ある理念を立法者が強調しても、現実にはそれがうまく実現されず、法律と現実との乖離という現象が起こってきて、法律の権威を害することにもなりかねない点が強調されてきたのです。しかし、やはり、社会にあるからそれでいいというわけにはいかない、どうしても譲れない一線のあることも否定できません」（星野1996・351頁）、「事実の尊重と理念の尊重というかなりきつい緊張関係が生じてくる」（星野352頁）という指摘が重要である。

　最判平成19・3・8民集61巻2号518頁は、「近親者間における内縁関係は、一般的に反倫理性、反公益性の大きい関係というべきである。殊に、直系血族間、2親等の傍系血族間の内縁関係は、我が国の現在の婚姻法秩序又は社会通念を前提とする限り、反倫理性、反公益性が極めて大きいと考えられるのであって、いかにその当事者が社会通念上夫婦としての共同生活を営んでいたとしても、……保護される配偶者には当たらないものと解される。そして、3親等の傍系血族間の内縁関係も、このような反倫理性、反公益性という観点からみれば、基本的にはこれと変わりがないものというべきである」としつつ、当該事案では例外的に「婚姻の届出をしていないが、事実上婚姻関係と同様の事情にある者」（厚生年金保険法3条2項）に該当することを認めた。この判例については、「直系血族間、2親等の傍系血族間の内縁関係に配偶者性を認める余地を残しておらず、また本件事案からすると今日的には新たに同様の内縁関係が発生するとは考え難く、その射程は非常に狭いと解される」（菊池180頁）という指摘がある。

5　内縁の効果

　内縁については、「法律上の婚姻に近いような効果が多々認められている……。もちろん、法律上の婚姻でないことからくる限界はあり、子は嫡出子となることができず、相手を相続することも認められない。また、一律に『内縁』と言われるものの中にも、かなり広く婚姻の法律上の効果を認めるべきものから、僅かの効果しか認めるべきでないものものあると解される。これは各『内縁』の実体や、婚姻障害の有無など婚姻の他の要件の存否によって異なってくるものと解される」（星野1989・214頁）と説明された。

◆**Point 054**◆

　最判昭和33・4・11民集12巻5号789頁は、①「いわゆる内縁は、婚姻の届出を欠くがゆえに、法律上の婚姻ということはできないが、男女が相協力して夫婦としての生活を営む結合であるという点においては、婚姻関係と異るものではなく、これを婚姻に準ずる関係というを妨げない」、②「内縁を不当に破棄された者は、相手方に対し婚姻予約の不履行を理由として損害賠償を求めることができるとともに、不法行為を理由として損害賠償を求めることもできる」、③「民法760条の規定は、内縁に準用されるものと解すべきであり、……Xの支出した医療費は、別居中に生じたものであるけれども、なお、婚姻から生ずる費用に準じ、同条の趣旨に従い、Yにおいてこれを分担すべきもの」と判示した。

　内縁における財産分与規定（現民768条）類推適用について、最決平成12・3・10民集54巻3号1040頁は、「死亡により内縁関係が解消した場合に、法律上の夫婦の離婚に伴う財産分与に関する民法768条の規定を類推適用することはできない」と判示した際の傍論として、「離別による内縁解消の場合に民法の財産分与の規定を類推適用することは、準婚的法律関係の保護に適するものとしてその合理性を承認し得る」と判示した（→◆**Point 027**◆）。このことは、外縁における配偶者相続権の解釈の参考になる（→◆**Point 077**◆）。

6　内縁と過失相殺

　最判平成19・4・24判時1970号54頁は、「内縁の夫婦は、婚姻の届出はしていないが、男女が相協力して夫婦としての共同生活を営んでいるものであり、身分上、生活関係上一体を成す関係にあるとみることができる。そうすると、内縁の夫が内縁の妻を同乗させて運転する自動車と第三者が運転する自動車とが衝突し、それにより傷害を負った内縁の妻が第三者に対して損害賠償を請求する場合において、……内縁の夫の過失を被害者側の過失として考慮することができる」と判示した。この判例は、最判昭和51・3・25民集30巻2号160頁が夫の運転する車に妻が同乗していた事案において「夫婦の婚姻関係が既に破綻にひんしているなどの特段の事情のない限り」と判示したのと異なり、「特段の事情」に言及していない。その理由は、①「婚姻関係においては、破綻にひんし、単に戸籍上夫婦であるにすぎないという場合があり、その場合には、財布を共通にしたり、補てんし合ったりする関係にあるとは認められず、その一方の過失を被害者側の過失として考慮すべきではない」、②「内縁関係においては、破綻にひんしていれば、既にその関係が解消されていると認められるであろうから、……破綻にひんしていることを被害者側の過失として考慮すべきでない『特段の事情』と解する必要はない」（判タ1240号118頁）と説明されている。

116　第4編　家族の再構成

◆**Point 055**◆

7　内縁と自動車保険免責条項

　最判平成 7・11・10 民集 49 巻 9 号 2918 頁は、自家用自動車保険普通保険約款の免責条項にいう「配偶者」について、「法律上の配偶者のみならず、内縁の配偶者も含まれる」と判示した。その理由は、①夫婦間においては損害賠償請求権が行使されないのが通例であることなどに照らし保険会社が一律にその支払義務を免れるものとする趣旨は「法律上の配偶者のみならず、内縁の配偶者にも等しく妥当する」こと、②被保険者の範囲としての「配偶者」には内縁の配偶者を含むところ、「同一の約款の同一の章において使用される同一の文言は、特段の事情のない限り、……統一的に整合性をもって解釈するのが合理的」であり、免責条項の「配偶者」を異なる意義に解すべき特段の事情はないことによる。ここでは、「配偶者が被害者となった場合に保険会社が免責されないとすると、保険金獲得目的での詐欺的な夫婦間訴訟を誘発したりする不都合な事態の発生も予想されるため、……免責条項が設けられているのであり、この趣旨においては、法律上の配偶者と内縁の配偶者とを区別して取り扱う理由はない」（判タ 897 号 251 頁）という指摘もある。

◆Point 055◆ 重婚的内縁とは

1　重婚的内縁の意義

　重婚的内縁とは、外縁であるときに他の者と内縁になることである。このことは、「法律上の婚姻をしている者が配偶者と事実上別居して、他の者と事実上同棲している場合」（星野 1989・214 頁）、「別居関係が長期間続くなどの事由により事実上夫婦関係が破綻しているとする夫婦が離婚手続きを行わずに、新たなパートナーと内縁関係が発生する場合」（加藤 27 頁）と説明されている。

　重婚的内縁については、「一夫一妻制との関係では根本的に問題があるが、といって、この種の内縁の当事者間の関係について、婚姻と同じ効果を認めるほうが妥当なものもあり、また法律上の婚姻といっても事実上は協議離婚に近い場合であることもある」（星野 1989・214 頁）という指摘がある。

　名古屋地判平成 23・2・25 判時 2118 号 66 頁は、①「Y は、亡 A の内縁の妻として保護されるが、その関係が重婚的内縁関係にあることに鑑み、その権利の性質に応じ、競合する法律婚の配偶者の権利を不当に侵害し、一夫一婦制の趣旨が没却されることがない限度で保護されるにとどまる」、②「生活の本拠をおいてきた Y の同所での居住権を保護したとしても、法律婚の相手方である訴外 B の既存の権利が新たに侵害されるものとはいえず」、③「Y は、亡 A の本件建物の取得について共有持分取得に相応する程度の寄与をしている」、④「自分の死後は当然 Y が本件建物を単独で無償使用することを想定してい

第 3 章　再構成としての「内縁」　*117*

◆Point 055◆

たと考えるのが合理的であり、Ｙと亡Ａの間ではかかる合意が黙示に成立していたものと認めるのが相当である」、⑤「Ｘが、亡Ａが死亡した段階になって、突然、Ｙの権利をすべて否定し、本件建物の明渡し及び賃料相当損害金を要求することは、Ｙが訴外Ｂの法律上の妻としての権利を侵害している事実を考慮してもなお、権利の濫用として許されない」と判示した。

2　法的に保護されるべき関係の限定（各自1組）

　筆者は、重婚的内縁の保護については、共同生活の実体があるとして法的に保護されるべき関係は各自について1組に限るという基準（以下、各自1組ルールという）によることが適切であると考えている。これは、「夫婦の共同生活とは性生活のことにほかならない」（大村2017b・121頁）ことを前提とすれば、複数の共同生活に法的保護を与えることは不当だからである。

　重婚的内縁が保護されるのは、法律婚があるＡとＢの「関係が形骸化し、もはや婚姻が存在するとはいえない状況」であり、かつ、ＣとＢの間に「婚姻と同視しうる生活関係が存在する場合」に限られる（大村2010・280頁）。

　各自について1組の共同生活のみを保護する見地からは、ＡとＢの法律婚がある事案において、ＣとＢの共同生活を（重婚的内縁として）保護するか否かは、法律婚が「外縁」（事実上の離婚）の要件を満たすか否かによって異なることになる。

　具体的には、(1)法律婚が外縁の要件を満たさないときは、法律婚配偶者Ａの保護を優先するべきであるから、ＢとＣの関係は「内縁」として保護されない、(2)法律婚が外縁の要件を満たすときは、法律婚配偶者Ａの保護は劣後するべきであるから、ＢとＣの関係は「内縁」として保護される、という論理的な対応関係を認めることが適切である。

3　重婚的内縁としての保護

　東京地判昭和43・12・10判時544号3頁は、「第二の女性が、相手に法律上の配偶者あることを知らず、あるいは、これを知ってもそれとの離婚が近く実現し、自分の正式の配偶者になれるものと信じて内縁関係に入る合意をした場合であり、かつ、男と本来の配偶者との間で婚姻の実質関係すなわち性生活を伴う同居および生計の維持や子女の教育の上での相互協力扶助の関係が失われて事実上離婚同様の状態となり、かえって第二の女性との間にかかる実質関係が成立し、世間的にも夫婦とみなされて相当の年月を経た場合には、たとえ戸籍上の表示はもとのままで、本来の妻との間に法律上の婚姻状態が残存しているとしても、それはもはや形骸化したものであって、第二の女性との間に、単なる性交関係ないし妾関係とみなしえぬ内縁関係が社会的事実として成立していると認めることを妨げるに十分なものではないというべきである。もとよ

118　第4編　家族の再構成

◆**Point 055**◆

り、このような重婚的内縁関係は、現行法秩序の歓迎しないところであるから、これを通常の内縁と全く同様に遇することはできないけれども、反面これを公序良俗に反する絶対無効のものとして排斥し去ることは、かえって社会的妥当を欠く場合もあると考えられ、結局、重婚的形態に由来する瑕疵を含みつつ、準婚として保護せらるべき側面においては、なお、通常の内縁に準ずる保護が与えられるものと見るのが相当である」と判示した。

大阪地判平成9・3・25交民30巻2号470頁は、「同居当初、すでにAとBとの婚姻関係は実質上破綻していたことが窺われる上、離婚後においても、約8年間事実上夫婦として暮らしていた」として、法的保護に値しないというYの主張を否定した。東京地判平成27・5・19判時2273号94頁も、「遅くともXと亡Aが同居を始めた……頃には、亡AとBとの間に夫婦としての関係が継続していたことは窺われず、亡AとBとの婚姻関係は実質上破綻していた」として、法的保護に値しないというYの主張を否定した。

これらの裁判例は、法律婚が実質上破綻していたときには重婚的内縁として保護するという傾向を示しており、各自について1組の共同生活のみを保護する見地からは適切なものと評価できる。

4 重婚的内縁の妻の氏の変更

大阪家審昭和55・12・9家月33巻10号103頁は、「婚姻中の一方配偶者が、婚姻外の内縁関係を形成し、その内縁関係の相手方が通氏として一方配偶者の氏を使用継続したとしても、当該通氏を戸籍上の氏とするには、まずもって、婚姻中の一方配偶者が他方配偶者との離婚手続を踏み、然る後に、内縁関係の相手方と正規の婚姻をなすことによって同一の氏を称するのが法の予定する本筋というべきである。もし、かかる方法によらずして、単に、永年使用を理由に、内縁の相手方の氏を婚姻中の一方配偶者の氏に変更することを承認するとなれば、一夫一婦制度のもとで守られるべき他方配偶者の氏についての法的利益（すなわち、婚姻関係継続中は、婚姻外の第三者に、外形上婚姻を推定させる同一姓を名乗らせないとの法的利益）を侵害するばかりか、外形上、2個の婚姻関係を作出させることとなり、一夫一婦制の婚姻法秩序を崩壊させる危険なしとしない」と判示した。

横浜家審平成4・7・8家月45巻1号140頁は、「重婚的内縁関係にあったZが自己の氏を永年に亘り通称として使用してきた事実上の夫の姓に変更したいというものであるが、このような場合、考慮されなければならないことは、婚姻関係法規秩序の維持といわゆる本妻並びにその親族の感情と解される。……婚姻の当事者であるX及びYの死亡後10年以上も経過しており、……YとZ間の子らが……本件申立てをやむを得ないものと受け止めていることも

第3章　再構成としての「内縁」　*119*

◆Point 055◆

認められる……現時点では婚姻関係法規秩序の維持等を考慮する必要は認められず、一方、Ｚが日常使用している姓と戸籍上の氏とが異なることにより、社会生活上多大の不便を被っていることは明らかであるから、本件申立ては戸籍法107条１項にいう『やむを得ない事由』に該当する」と判示した。

　これらの裁判例は、重婚的内縁においては氏が異なるのが原則であり、それを同じにすることは難しいことを示している。

5　非嫡出子の氏の父の氏への変更

　大阪高決昭和43・3・12判タ234号246頁は、「改氏が認められるにおいては、Ｘは父の氏を称して父の戸籍に入籍し、妻Ａやその嫡出子と同籍となる結果を生ずるのである。……妻や嫡出子等の感情上ならびに社会生活上の利益に立脚した反対意思はこれを尊重すべきであり、かく解することが家庭の平和と健全な親族共同生活の維持を目的とする家事審判法の精神にそうもの」と判示した。

　福岡高決昭和43・12・2判タ240号313頁は、「婚姻外子の氏の父の氏への変更は、婚姻外子の福祉を重視して決定することが原則であり、父の妻の感情等は必ずしも顧慮する必要はないものと解するのが相当である」と判示した。

　宮崎家審昭和57・11・13家月36巻２号91頁は、「ＸとＺとの間の二児の福祉のためには父の氏〔筆者注：Ｙ〕に変更することが望ましいが、現在のところＺの妻がこれに強く反対している以上、その意向を無視することは相当でなく、むしろＸが本件において申し立てているごとく既にＸが今日まで14年以上の期間Ｚと事実上の夫婦として生活し、その間通称としてＹの氏を使用し氏を変更するやむを得ない事由があると認められる以上、Ｘの氏ＡをＹに変更することを認め、子1、子2にもこの変更後の母の氏Ｙを称させ母子同籍のままにしておくことが妥当である」と判示した。

　これらの裁判例は、重婚的内縁（→図22）の間に生まれた子については父と氏が異なるのが原則であり、それを同じにすることは難しいことを示していると評価できる。

図22 ▶重婚的内縁

○＝Ｂとの共同生活に実体（法的に保護されるべき関係）あり
×＝Ｂとの共同生活に実体（法的に保護されるべき関係）なし

	Ｂの関係		Ｂの関係	結論
法律婚配偶者Ａ	○	内縁の配偶者Ｃ	○	―（評価に矛盾あり）
法律婚配偶者Ａ	×	内縁の配偶者Ｃ	○	重婚的内縁Ｃを保護
法律婚配偶者Ａ	○	内縁の配偶者Ｃ	×	法律婚（円満）を保護
法律婚配偶者Ａ	×	内縁の配偶者Ｃ	×	法律婚（外縁）を保護

◆Point 056◆

◆Point 056◆ 外縁と内縁の比較

1 外縁と内縁の類似点

　夫婦関係について形式（戸籍法による届出）と事実（共同生活の実体）の不一致があるという点において、外縁は、内縁と類似している。このことは、婚姻届出は対抗要件であるとする対抗要件説からは「『内縁』という用語には『外部社会に対して公示されていない関係』という意味があると考えられる。……実質的には婚姻が破綻しているが戸籍上は離婚に至っていない状態を『外縁』と呼ぶこともあるが、これはいわば外観のみが残る登記に対比しうるだろう」（大村 2020b・110 頁）と説明される（→図23）。

図23 ▶内縁・外縁

	婚姻届なし	婚姻届あり離婚届なし	婚姻届・離婚届あり
共同生活実体 あり	内縁	（法律上の）婚姻	―
共同生活実体 なし	―	外縁	（法律上の）離婚

2 外縁と内縁の相違点

　内縁と外縁には、「一方で、法律上の方式を踏んでいない婚姻であっても社会的に婚姻と認められるもの〔筆者注：内縁〕に対しては、法律上の婚姻の効果が若干のものを除いて認められており、他方で、法律上の婚姻であっても事実上破綻していて結縁の実体を備えていないもの〔筆者注：外縁〕については、婚姻の法律上の効果の一部が認められていない」と対比し、「法律上の婚姻の要件を充たしているか否かにより法律上の効果が截然と区別されているわけではなく、両者は法律上も連続的に扱われている」（星野 1989・214 頁）という指摘もある。ここでは夫婦関係において形式（法律上の届出）と事実（共同生活の実体）のどちらをどの程度に重視するかという視点が示されている。

　内縁は婚姻届がなくても婚姻の効果を認めていこうとするものであり、外縁は離婚届がなくても婚姻の効果を否定していこうとするものであるから、事実を尊重するという点で共通している。

　ただし、内縁と外縁には異なる側面もある。内縁は、夫婦生活の実体があるという事実を優先して、法律上の婚姻要件の一部を欠いているとしても同居当事者を保護していくものであり、義務違反という側面がない。これに対して、外縁は、夫婦生活の実体がないという事実を優先して、法律上の離婚要件の一部を欠いているとしても別居当事者の義務を否定していくものであり、義務違反という側面がある。

第3章　再構成としての「内縁」　　*121*

◆Point 057・058◆

第4章：円満婚姻における再構成

◆Point 057◆ 円満婚姻における再構成の禁止

1 重婚の禁止

重婚とは、「配偶者のある者が重ねて婚姻すること」（広辞1376頁）である。現行民法732条は、「配偶者のある者は、重ねて婚姻をすることができない」と規定している。これは、Aと法律上の婚姻をしているBは、Cとは法律上の婚姻をすることができないことを意味し、一夫一妻制に基づいている（→◆Point 007◆）。重婚の禁止（現民732条）は婚姻障害であり、これに違反している婚姻届は受理されない（現民740条。→◆Point 008◆）。したがって、BがCと再婚するためには、BがAと法律離婚をする（離婚届を提出する）ことが必要であり、外縁になるだけでは足りない（→◆Point 062◆）。

重婚の禁止は、法律婚をしている夫婦と「内縁」との最大の違いでもある。このことは、①「意図的に婚姻によらなかったカップルでは……法的な婚姻が成立していない以上、当事者はいつでも（他の相手と）婚姻することができる。重婚禁止も再婚禁止期間も問題にならない……婚姻によらないカップルはいつでも解消可能である」（大村2014b・52頁）、②「結婚するのとしないとでは、何が違うのか。……最大の違いは、結婚しているカップルは離婚しない限り、別の人と結婚することができないことである」（大村2017b・121頁）と説明されている。ただし、他の相手と婚姻するために内縁関係を解消するときに、損害賠償責任を負う可能性はある（最判平成16・11・18判時1881号83頁）。

2 重婚的内縁の禁止

円満婚姻・外縁と法律離婚との違いは、別の異性と再構成できないことにある。

法律離婚をすれば、再構成は自由である（→◆Point 059◆）。外縁になれば、法律上の再婚はできないものの、事実上の再婚（重婚的内縁）は保護される（→◆Point 062◆）。これに対し、円満婚姻では、法律上も事実上も再構成は認められない。これは、共同生活の実体があるとして法的に保護されるべき関係は各自について1組に限るという基準（各自1組ルール）からの帰結である（→◆Point 055◆）。

◆Point 058◆ 円満婚姻における共同親権

1 共同親権とは

現行民法820条は、「親権を行う者は、子の利益のために子の監護及び教育をする権利を有し、義務を負う」と規定している。このように親権が義務でも

◆Point 058◆

あると規定されているのは、子の利益（子どもの権利）を守るために、親（大人たち）の判断が必要であることを示している。子どもの権利については、「文字通り、子どもが有する権利のことである。権利一般と何か違いがあるわけではない。しかし、『子ども』が権利を主張しにくい存在——enfant とは、口のきけない者、の意——であることに鑑み、その権利を社会が保障しなければならない。結果として、何が子どもにとって望ましいかが、大人たち（社会）によって論じられることになる」（大村 2020a・148 頁）と説明されている。

現行民法 818 条 3 項は、「親権は、父母の婚姻中は、父母が共同して行う。ただし、父母の一方が親権を行うことができないときは、他の一方が行う」と規定している。この制定過程について、「『氏ヲ同シクスル』という代わりに、養子に関する規定を設けるとともに、『父母の婚姻中は』という規定を置いた……。これによって表向きは、『家』や『氏』と『親権』とを連動させる考え方は排除されたが、考えてみると、同氏を媒介にして『家』を『夫婦』に置き換えることによって、家と親権の関係を保持したと見ることもできないわけではない。そうでないとしても、『婚姻』という関係にある父母に共同親権という特権的な地位を与えた、ということは確かであろう」（大村 2015・236 頁）という指摘がある。

共同決定方式については、「法律的には、決定が何時までもできなくて、特に子のためにならないことがある（高校に入ることもできなくなる）。実際は決めざるを得ないから、真の合意ができない限り、妥協か、強いほうの意見に従うことを認める結果となる。わが国において、この問題についての議論があまりなかったのは、不思議とも言えよう。『和』の精神により、スムーズに行くと考えられたのかもしれない。真に『和』の精神によるなら結構である。しかし、そうでないと、強い配偶者やその親戚等による、一方的決定のみが通用する結果となりかねない」（星野 2015・406 頁）という指摘がある。

2　両親の意見が一致しないときは

男女平等の原則を貫く限り、父母のいずれかを優先すると規定することはできない。そのため、「意見が一致しない場合の解決法としては、くじ引きにでもするか、第三者例えば裁判所の決定によるとするほかない。後者は、家庭の細かい問題に第三者が介入するという欠点がある」（星野 2015・406 頁）とされる。

3　令和 6 年の現行民法改正

親権の行使方法等について、令和 6 年改正後の現行民法 824 条の 2 第 1 項は、「親権は、父母が共同して行う。ただし、次に掲げるときは、その一方が行う」として、(1)「その一方のみが親権者であるとき」、(2)「他の一方が親権

第 4 章　円満婚姻における再構成　*123*

◆Point 059◆

を行うことができないとき」、(3)「子の利益のため急迫の事情があるとき」を列挙している。同条は、2項で「父母は、その双方が親権者であるときであっても、前項本文の規定にかかわらず、監護及び教育に関する日常の行為に係る親権の行使を単独ですることができる」、3項で「特定の事項に係る親権の行使（第1項ただし書又は前項の規定により父母の一方が単独で行うことができるものを除く。）について、父母間に協議が調わない場合であって、子の利益のため必要があると認めるときは、家庭裁判所は、父又は母の請求により、当該事項に係る親権の行使を父母の一方が単独ですることができる旨を定めることができる」と規定している。

第5章：法律離婚における再構成

◆Point 059◆ 法律離婚後の再構成の自由

1　再婚禁止期間に関する規定の削除

　法律離婚後の再構成として、内縁を選ぶときは制限がない。

　再婚を選ぶときの禁止期間について、令和4年改正によって削除された現行民法733条1項は、「女は、前婚の解消又は取消しの日から起算して100日を経過した後でなければ、再婚をすることができない」と規定していた。同条2項は、「前項の規定は、次に掲げる場合には、適用しない」として、(1)「女が前婚の解消又は取消しの時に懐胎していなかった場合」、(2)「女が前婚の解消又は取消しの後に出産した場合」を列挙していた。同条が削除される理由は父性推定が重複しなくなることなどにあるところ（→◆Point 044◆）、これによって、法律離婚後は、再婚も制限されないことになる。

2　再婚の実情

　再婚の実情について、「50歳時未婚率で男女に大きな差があるのは、男性のほうが再婚する人が多いため」（山口慎28頁）という指摘がある。

　男性の方が再婚する人が多い理由について、①「第1の仮説は、男性は家事・育児が不得意だし、勤労に時間を奪われるので、家事・育児をしてくれる妻を求める動機が強い。一方女性の場合には、家事・育児に疲れ果てて、再び夫の世話をもうしたくないという気持ちが強い、というもの」（橘木176頁）、②「もう1つの仮説は、子どものいう夫婦が離婚する場合、母親が子どもの親権を保持するのが80%、父親が20%なので、子連れ女性の再婚には困難が伴うが、一方子連れでない男性の再婚の障害は低い」（橘木177頁）と説明されている。

124　第4編　家族の再構成

◆Point 060◆

◆Point 060◆ 法律離婚後の単独親権・共同親権

1 単独親権とする理由

(1) 親権者を決める方法　現行民法819条は、1項で「父母が協議上の離婚をするときは、その協議で、その一方を親権者と定めなければならない」、2項で「裁判上の離婚の場合には、裁判所は、父母の一方を親権者と定める」と規定している。したがって、「親権者の指定を求める申立ては、附帯処分の申立てではなく、裁判所の職権発動を促す申立て」（秋武・岡45頁）である。これは昭和22年改正によって新設された規定であり、明治民法にはこれに対応する規定はなかった。このことは、「明治民法の下では、離婚や父の認知について、このような規定なしに親権者が定まる仕組みが用意されていたからである。明治民法の下では、『子ハ其家ニ在ル父ノ親権ニ服ス』（明民877条1項）のが原則であった。したがって、離婚の場合については、通常は父が親権者であることに変わりはなく、特段の規定は不要であった」（大村2015・238頁）ためである。

(2) 親権者を決める基準　親権者・監護者の決定は、子の利益（現民819条6項参照）を基準としてされなければならない。このことは、「問題は、父母のいずれを親権者・監護者とするかが子の利益に適うかである。一般的にいえば、諸事情を比較的考慮して、総合的に判断することになる」（秋武・岡137頁）と説明されている。

　かつては、「乳幼児期には……特段の事情がない限り母親の監護養育に委ねることが子の利益に合致すると考えられていた（母親優先の基準）。その後、生物学上の母親ではなく、子に対し母性的な役割をもつ監護者との関係を重視すべきであるといわれるようになり、それについては、母性優先の原則と表現されていた」（秋武・岡138頁）とされる。母性については、「カウンセラーには母性と父性の両方がないといけません。……女の人でもスパッと切るのが上手な人がいます。逆に、男の人でも受け入れるのが上手な人がいます。……私は男性ですが、はじめからカウンセリングをやろうとした人間ですから、母性的なものが強かった」（河合2013・36～37頁）という指摘もあった。

　しかし、親権者・監護者の判断基準は変わりつつある。このことは、①「近時の裁判例においては、母親優先・母性優先のいずれにも触れず、父母の監護についてフラットにいずれが子の利益にかなうかが検討されている」（秋武・岡138頁）、②「継続性の基準……親と子の不断の精神的結びつきが重要であって、養育監護者の変更は子の心理的不安定をもたらすことを理由に、現実に子を養育監護する者が優先されるというもの」（秋武・岡139頁）と説明されている。

　主たる養育者優先の推定則基準については、①「母親優先が否定されたアメ

リカでは 1980 年代に、性別によらない中立的な基準として、婚姻・同居中に主に子の養育を行ってきた者を、別居・離婚後も子の監護者とする、主たる養育者優先の推定則基準が現れた。これは、子と主たる養育者との精神的・時間的継続性を重視する考えである。わが国では……主たる養育者と主たる監護者の用語が混在しているが、双方とも同義である」（山口亮 244 頁）、②「主たる監護者を原則とすることは、一般に子育てが母に任せられているわが国では、監護者として母が指定される余地が大きくなる」（山口亮 246 頁）と説明されている。

(3) 単独親権の妥当性　　現行民法 819 条は、父母の「一方を親権者と定めなければならない」と規定しており、離婚後は単独親権となることが強制されている。

　単独親権の実情は、「『人口動態統計』によると、離婚後の単独親権者は 1960 年代前半までは父親が多かったが、その後、母親が親権者となって子どもを引き取る場合が多くなっている。2010 年には、母親が親権者のケースは 83.3%、父親が親権者のケースは 12.9%、子どもが複数人いて両親で親権を分け合うケース 3.7% で、現在では母親が親権者になるケースが圧倒的に多い」（善積 187 頁）とされる。

　単独親権の妥当性については、①「子どもにとって、両親はたとえ離婚したとしても 2 人とも自分の親であり、一方の親との交流が断ち切られるのは耐え難いことである」（善積 1 頁）、②「育児に関わってきた父親ほど、たとえパートナー関係が解消されても、子どもと関わり続けたい、子どもに会いたいという気持ちを強く持つようになる」（善積 189 頁）、③「離婚後も親としての役割を柔軟に分担し、協力関係を保ちながら子育てをしている父母も存在する。しかしそのような場合にも、親権者をどちらか一方に定めることを迫り、不要な争いを生じさせる」（善積 192 頁）という指摘がある。筆者は、この場面においても選択的夫婦別姓制度と同様に「寛容さ」という視点（→◆Point 043◆）から、離婚後についても共同親権という選択肢を認める方が良いと考えている。

　国際的には離婚後も共同親権を選択できるという国が多い。このことは、「諸外国では、離婚後共同親権が法制化済みといっても、離婚したら自動的に共同親権となっているわけではありません。裁判官が、『子どもの最善の利益』を考えた上で、誰が親権を持つべきか決定します。共同親権は、子どもが両方の親から、精神的にも経済的にもサポートを受けることができるようにする一方で、子どもが両親のいさかいに巻き込まれてしまう危険性もはらみます。これらの可能性を総合的に判断して、共同親権が子どもにとってベストであると裁判所が判断した場合に、共同親権が選ばれるのです。では、実際にはどのく

◆**Point 060**◆

らいのケースで共同親権が行われているのでしょうか。1994 年から 2010 年にかけてのアメリカの統計によると 25% ほどが共同親権で、大多数の 65% では母親による単独親権、そして残りの 10% が父親による単独親権となっている」（山口慎 246 頁）と説明されている。

離婚後に共同親権を導入することは、①「お父さんにとって有利な変更です。現在は、お母さんによる単独親権が圧倒的多数ですが、共同親権を導入するということは、親権の一部をお母さんからお父さんに移すことを意味します」（山口慎 246 頁）、②「離婚後の夫の立場が有利になるということは、結婚中の夫婦においても、夫の立場が有利になることを意味します。……父親の意見が強い家庭では、父親自身に対する支出が多く、子どもに対する支出が軽んじられる傾向が見られるため……子どもにとってプラスにならない可能性があります。一方で、離婚後もお父さんが子どもと一緒に過ごせるようになると、結婚中の家庭においても、お父さんは子どもの教育に前向きになると考えられます。……相反する 2 つのシナリオが成り立ちうるため、経済理論的にはっきり言い切ることはできません」（山口慎 247～248 頁）と説明されている。

2 令和 6 年の現行民法改正

(1) 離婚後の共同親権という選択肢　　離婚または認知の場合の親権者について、令和 6 年改正後の現行民法 819 条は、1 項で「父母が協議上の離婚をするときは、その協議で、その双方又は一方を親権者と定める」、2 項で「裁判上の離婚の場合には、裁判所は、父母の双方又は一方を親権者と定める」、3 項で「子の出生前に父母が離婚した場合には、親権は、母が行う。ただし、子の出生後に、父母の協議で、父母の双方又は父を親権者と定めることができる」、4 項で「父が認知した子に対する親権は、母が行う。ただし、父母の協議で、父母の双方又は父を親権者と定めることができる」、5 項で「第 1 項、第 3 項又は前項の協議が調わないとき、又は協議をすることができないときは、家庭裁判所は、父又は母の請求によって、協議に代わる審判をすることができる」、6 項で「子の利益のため必要があると認めるときは、家庭裁判所は、子又はその親族の請求によって、親権者を変更することができる」と規定している。同条 7 項は、「裁判所は、第 2 項又は前 2 項の裁判において、父母の双方を親権者と定めるかその一方を親権者と定めるかを判断するに当たっては、子の利益のため、父母と子との関係、父と母との関係その他一切の事情を考慮しなければならない。この場合において、次の各号のいずれかに該当するときその他の父母の双方を親権者と定めることにより子の利益を害すると認められるときは、父母の一方を親権者と定めなければならない」として、(1)「父又は母が子の心身に害悪を及ぼすおそれがあると認められるとき」、(2)「父母の一方が他の一

第 5 章　法律離婚における再構成　　*127*

◆Point 060◆

方から身体に対する暴力その他の心身に有害な影響を及ぼす言動（次項において『暴力等』という。）を受けるおそれの有無、第 1 項、第 3 項又は第 4 項の協議が調わない理由その他の事情を考慮して、父母が共同して親権を行うことが困難であると認められるとき」を列挙している。同条 8 項は、「第 6 項の場合において、家庭裁判所は、父母の協議により定められた親権者を変更することが子の利益のため必要であるか否かを判断するに当たっては、当該協議の経過、その後の事情の変更その他の事情を考慮するものとする。この場合において、当該協議の経過を考慮するに当たっては、父母の一方から他の一方への暴力等の有無、家事事件手続法による調停の有無又は裁判外紛争解決手続……の利用の有無、協議の結果についての公正証書の作成の有無その他の事情をも勘案するものとする」と規定している。

(2) 共同親権という選択肢　　上記(1)の令和 6 年改正は、離婚後の選択肢として、父母の協議によって共同親権とすることや、家庭裁判所の判断によって共同親権とすることを認めるものである。これは、選択肢を増やすものにすぎず、法改正をした後であっても、単独親権とすることは否定されない。

　共同親権を選択することが想定される典型的な場面は、離婚後も穏やかな関係性がある程度は維持され、親としての役割を柔軟に分担し、協力関係を保ちながら子育てをしていくことが期待できるときである。このような事案であれば、父母の協議が調う可能性も高く、その効力を認めることに合理性がある。

　これに対して、父母の協議が調わないとき、または協議することができないときに家庭裁判所が共同親権を選択することについては、慎重な判断が求められる。そのため、令和 6 年改正後の現行民法 819 条 7 項は、(1)「父又は母が子の心身に害悪を及ぼすおそれがあると認められるとき」、(2)「父母の一方が他の一方から身体に対する暴力その他の心身に有害な影響を及ぼす言動……を受けるおそれの有無、……協議が調わない理由その他の事情を考慮して、父母が共同して親権を行うことが困難であると認められるとき」に該当するときは、「父母の一方を親権者と定めなければならない」と規定している。これは、児童虐待や DV（ドメスティック・バイオレンス）等があるときは家庭裁判所は離婚後の共同親権を選択できないことを意味する。令和 6 年改正後の実務においては、上記(1)(2)の要件に該当するか否かが重要な争点になる可能性があり、さらなる検討が期待される。

(3) 離婚届を受理するタイミング　　現行民法 765 条 1 項によるときは、離婚することは合意していても、いずれを親権者にするかを合意できない限り協議離婚ができない。しかし、令和 6 年改正によって離婚後の選択肢として共同親権も認めることになると、婚姻中の状態を維持する（当面は共同親権のまま

128　第 4 編　家族の再構成

◆Point 061◆

にする）という方法によって、協議離婚を早めることが可能になる。

　離婚の届出の受理について、令和6年改正後の現行民法765条1項は、「離婚の届出は、その離婚が前条において準用する第739条第2項の規定その他の法令の規定に違反しないこと及び夫婦間に成年に達しない子がある場合には次の各号のいずれかに該当することを認めた後でなければ、受理することができない」として、(1)「親権者の定めがされていること」、(2)「親権者の指定を求める家事審判又は家事調停の申立てがされていること」を列挙している。これは、親権者を定めていないときであっても「親権者の指定を求める家事審判又は家事調停の申立てがされている」ときは離婚届の受理を認める改正である。このことは、協議離婚を早めることを認めつつ、その要件として裁判の申立てを求めることによって離婚後の親権を決める機会を確保しようとするものと説明できる。様々な利益をバランス良く調和させる工夫といえよう。

(4) 親権の行使方法等　　令和6年改正後の現行民法824条の2第1項は、「親権は父母が共同して行う。ただし、次に掲げるときは、その一方が行う」として、(1)「その一方のみが親権者であるとき」、(2)「他の一方が親権を行うことができないとき」、(3)「子の利益のため急迫の事情があるとき」を列挙している。同条は、2項で「父母は、その双方が親権者であるときであっても、前項本文の規定にかかわらず、監護及び教育に関する日常の行為に係る親権の行使を単独ですることができる」、3項で「特定の事項に係る親権の行使（第1項ただし書又は前項の規定により父母の一方が単独で行うことができるものを除く。）について、父母間に協議が調わない場合であって、子の利益のため必要があると認めるときは、家庭裁判所は、父又は母の請求により、当該事項に係る親権の行使を父母の一方が単独ですることができる旨を定めることができる」と規定している。

　「急迫の事情」（令和6年改正後現民824条の2第1項3号）については、「入学試験の結果発表後の入学手続のように一定の期限までに親権を行うことが必須であるような場合や、DVや虐待からの避難が必要である場合等が考えられるほか、……緊急に医療行為を受けるため医療機関との間で診療契約を締結する必要がある場合など様々な場合が考えられる」（家族部会資料・3頁）と説明されている。

◆Point 061◆ 法律離婚後の面会交流

1　面会交流の意義

　面会交流とは、「子を現実に監護しない親がその子と直接面会し、又は文通などにより、定期的に接触したり、交流を持ったりすること」（松本2022・3頁）

である。その意義は、①「子が非監護親の愛情の下にあることを実感させ、決して見捨てられたものではないことを自覚させ、非監護親との精神的な繋がりや信頼関係を継続させ、子に精神的なもたらす」(松本2022・3頁)、②「価値観の違う監護親と非監護親との交流を通して、監護親の意見や感情に巻き込まれず、両親から等距離を置くことで親離れも可能となる。……現代では、監護親の補助をする家族等が存在しない場合も多く、公的機関が、その代わりを務めることも困難であるから、非監護親が面会交流を通じて、その役割分担をする必要もある」(松本2022・4頁) と説明されている。

　もっとも、「かえって父母の間の関係を複雑にする、という危惧も強く、その権利性を認めるのに慎重な見解もある。2011〔平成23〕年改正により『父又は母と子との面会及びその他の交流』という文言が766条1項に加えられたが、これによって権利性は強まったものの、裁判所の裁量性が失われたわけではない」(大村2015・98頁) という指摘もある。

2 面会交流に必要な協力関係

　面会交流は、任意に行われることが必要である。このことは、①「面会交流は子の利益のために行われるものであるが、そのためには、子の側から考えることが必要である。子を客体と見てしまいがちであるが、子が主体であると考える必要がある」(松本2022・19頁)、②「父母が協力して行う必要がある。……この協力関係は、父母の関係を反映し、積極的な協力が可能な場合から、妨害をしないという消極的な協力関係まであり得るが、最低限、面会交流のルールを遵守して、子が面会交流を楽しむことができるようにするという協力関係が必要である」(松本2022・20頁) と説明されている。

　面会交流について、直接強制は認められず、間接強制が認められる場面も限定されている。最決平成25・3・28民集67巻3号864頁は、「非監護親と子との面会交流について定める場合、子の利益が最も優先して考慮されるべきであり (民法766条1項参照)、面会交流は、柔軟に対応することができる条項に基づき、監護親と非監護親の協力の下で実施されることが望ましい。一方、給付を命ずる審判は、執行力のある債務名義と同一の効力を有する (平成23年法律第53号による廃止前の家事審判法15条)。監護親に対し、非監護親が子と面会交流をすることを許さなければならないと命ずる審判は、少なくとも、監護親が、引渡場所において非監護親に対して子を引き渡し、非監護親と子との面会交流の間、これを妨害しないなどの給付を内容とするものが一般であり、そのような給付については、性質上、間接強制をすることができないものではない。したがって、監護親に対し非監護親が子と面会交流をすることを許さなければならないと命ずる審判において、面会交流の日時又は頻度、各回の面会交流時

◆Point 062・063◆

間の長さ、子の引渡しの方法等が具体的に定められているなど監護親がすべき給付の特定に欠けるところがないといえる場合は、上記審判に基づき監護親に対し間接強制決定をすることができると解するのが相当である。……本件要領は、面会交流の日時、各回の面会交流時間の長さ及び子の引渡しの方法の定めにより抗告人がすべき給付の特定に欠けるところはないといえるから、本件審判に基づき間接強制決定をすることができる」と判示した。また、最決平成25・3・28判時2191号48頁は、調停調書によるときについて同旨を判示した。

第6章：外縁における再構成

◆Point 062◆ 外縁における再構成の可能性

再構成においては、形式を重視すべきか、実体を重視すべきか。

外縁では、法律婚が未だ継続している。そのため、再構成として法律婚を希望しても、それは実現しない。別の人とあらためて法律婚をするためには、今の婚姻関係を解消する（離婚または他方配偶者の死亡）しかない。円満婚姻の実質的・消極的要件（婚姻障害）として重婚が禁止されているためである（→◆Point 007◆）。

外縁では、法律婚は形骸化しており、事実上は破綻している。そのため、再構成が事実上のことであれば問題はない。このような関係を、重婚的内縁という（→◆Point 055◆）。これが保護されるのは、外縁になっている以上、不貞行為とは評価されないためである（→◆Point 046◆）。

◆Point 063◆ 外縁における親権・監護権

1　実際の必要性

親権においては、形式を重視すべきか、実体を重視すべきか。

外縁では、未だ法律婚が継続しているから、父母の共同親権（現民818条3項）である（→◆Point 058◆）。法律離婚をしたときは単独親権となるが（→◆Point 060◆）、これは外縁には及ばない。

別居していても両親が共同で子育てをできるようにする必要がある。もっとも、外縁においては実質的に夫婦関係が破綻しているため、子の監護の分担について協議することが必要である。ここでは、①「別居が準離婚・前離婚であることを直視するならば、子どもに対する法律関係も離婚後と同視することが考えられてもよい。現行民法を前提にするならば（離婚後は単独親権となる）、別居中の子については親権者・監護権者を決定するということが考えられる」（大村2014b・101頁）、②「子の奪い合いの背後には、監護権者が子どもを抱え

第6章　外縁における再構成　*131*

込んでしまうという問題がある。この点を解消・緩和するためには、監護権者でない親（親権者であることもそうでないこともある）にも、子どもとの接触を認めることが必要になる」（大村 2015・97〜98 頁）という指摘が参考になる。

2　法制審議会における検討

　法制審議会では、「婚姻中の父母が別居し、その婚姻関係が破綻したことその他の事由により必要があると認められるときは、父母間の協議により、子の監護をすべき者、父又は母と子との面会その他の交流その他の子の監護について必要な事項は、その協議で定めることができる。この協議が調わないとき又は協議をすることができないときは、家庭裁判所は、父又は母の申立てにより、当該事項を定めることができる」という規律を設けることも検討された（家族部会資料 18-1・8 頁）。このうち、面会交流については令和 6 年改正の対象とされたのに対し（→◆Point 064◆）、外縁における親権・監護権の明文化は見送られた。その理由は、別居等の要件とか効果をどのように定めるかといった議論が十分に成熟していないという点にあった（→◆Point 031◆）。筆者は、ここでもさらなる改正に向けた検討が続けられることを期待している。

◆Point 064◆ 外縁における面会交流

1　子に対する親の権利義務

　面会交流においては、形式を重視すべきか、実体を重視すべきか。不貞行為をされたからといって、面会交流を拒否して良いわけではない。子のために何が最善かという視点で考えることが必要である。

　最決平成 12・5・1 民集 54 巻 5 号 1607 頁は、「子と同居していない親が子と面接交渉することは、子の監護の一内容であるということができる。そして、別居状態にある父母の間で……面接交渉につき協議が調わないとき、又は協議をすることができないときは、家庭裁判所は、民法 766 条〔筆者注：平成 23 年法律 61 号による改正前のもの〕を類推適用し、家事審判法 9 条 1 項乙類 4 号により、……面接交渉について相当な処分を命ずることができると解するのが相当である」と判示した。

2　令和 6 年の現行民法改正

　親子等の面会交流について、令和 6 年改正後の現行民法 817 条の 13 は、1 項で「第 766 条（第 749 条、第 771 条及び第 788 条において準用する場合を含む。）の場合のほか、子と別居する父又は母その他の親族と当該子との交流について必要な事項は、父母の協議で定める。この場合においては、子の利益を最も優先して考慮しなければならない」、2 項で「前項の協議が調わないとき、又は協議をすることができないときは、家庭裁判所が、父又は母の請求により、

132　第 4 編　家族の再構成

◆**Point 065**◆

同項の事項を定める」、3項で「家庭裁判所は、必要があると認めるときは、父又は母の請求により、前2項の規定による定めを変更することができる」、4項で「前2項の請求を受けた家庭裁判所は、子の利益のため特に必要があると認めるときに限り、父母以外の親族と子との交流を実施する旨を定めることができる」、5項で「前項の定めについての第2項又は第3項の規定による審判の請求は、父母以外の子の親族（子の直系尊属及び兄弟姉妹以外の者にあっては、過去に当該子を監護していた者に限る。）もすることができる。ただし、当該親族と子との交流についての定めをするため他に適当な方法があるときは、この限りでない」と規定している。令和6年改正後現行民法817条の13第1項が面会交流の主体として「子と別居する父又は母」を明示することは、法律上は離婚していないが夫婦の共同生活は実質的に破綻している場面（外縁）を想定しているものと評価できる。ここでは、「子と別居する父又は母と当該子との交流」に加えて「父母以外の親族と子との交流」も認められており、「子の利益」を図るために面会交流を適切に実現していくことが期待されている。

◆Point 065◆ 外縁と夫婦関係調整調停・離婚訴訟

1 夫婦関係調整調停

　離婚を求める事案では、まず、夫婦関係調整調停を申し立てることが多い。これは、家事事件手続法244条が「家庭裁判所は、人事に関する訴訟事件その他家庭に関する事件……について調停を行うほか、この編の定めるところにより審判をする」、同法257条1項が「第244条の規定により調停を行うことができる事件について訴えを提起しようとする者は、まず家庭裁判所に家事調停の申立てをしなければならない」と規定し、調停前置を定めているためである。

　家族に関する紛争の解決については、「それが紛争である以上、その権利義務関係を適正に判断されることが必要であるものの、紛争当事者が夫婦親子等の家族であるということから、その解決は、相互に調和し、精神的にも経済的にも安定した家庭を営むことができるようなものであることが要請される」（秋武・岡4頁）という指摘がある。そのため、当事者間の合意によることが望ましく、仮にそれが難しい場合であっても、訴訟ではなく、調停による解決の方が望ましいとされる。

　家事調停は、「家庭裁判所が関与する、訴訟手続きによらない、当事者の自主的紛争解決方法」（秋武・岡3頁）である。家事調停は「紛争が判決や審判のように公権的かつ強制的に解決されるというわけではないから、……ADR（裁判外紛争解決）の一種である。家族に関する紛争は、その性質上、権利義務の

◆Point 065◆

面からその正否を決めれば、それによりすべてが解決できるというわけにはいかない。……家族に関する紛争については、それが紛争である以上、その権利義務関係を適正に判断されることが必要であるものの、紛争当事者が夫婦親子等の家族であるということから、その解決は、相互に調和し、精神的にも経済的にも安定した家庭を営むことができるようなものであることが要請される。これに合致するものとして、家事調停制度が設けられた」（秋武・岡4頁）という指摘もある。

2　離婚訴訟

　離婚の訴えは、人事訴訟法（施行：平成16年4月1日）2条1号において「人事訴訟」とされており、離婚訴訟は家庭裁判所において審理されている。ただし、「裁判による離婚は全離婚の1%ほどにすぎない」（大村2014b・83頁）とされる。

　離婚訴訟の訴状では、離婚原因の記載が重要である。ここでは、「重要なポイントを整理し簡潔に記載すべきである。そのためには、事前に十分な事情の把握や法的検討が必要であり、離婚原因となる具体的事実をそれを端的に示すエピソードを交えて記載するとわかりやすいものになる。しかし、実務においては、こうした検討をして吟味した具体的事実を記載せずに、離婚に関する主観的な評価や価値的判断のみを記載したり、あるいは、法律の要件を念頭に置かないまま、長年にわたる婚姻生活史の詳細や婚姻前の交際状況等を延々と記載したものなどが少なくない」（秋武・岡44頁）という指摘がある。

3　婚姻を継続し難い重大な事由（婚姻破綻）

　婚姻破綻については、「『婚姻を継続し難い重大な事由がある』というのは、婚姻共同生活が破綻し、その修復が著しく困難な状態にあることである。これには、主観的な要素と客観的な要素とがある。主観的な要素というのは、婚姻当事者の双方が婚姻を継続する意思がないということ（破綻の主観的要素）である。このような状況になれば、婚姻共同生活を継続することができないことは明らかであるといえる。これに対し、客観的な要素というのは、別居が長期化するなどして婚姻共同生活そのものが破綻し、これを修復して婚姻生活を継続することが著しく困難な状況にあるということである」（秋武・岡110頁）と説明されている。実務的には、「性格の不一致が主張される場合には、さしたる離婚原因がなかったり、真の原因があるが、これを主張したくないというような事情があることがあるので、注意すべきである」（秋武・岡113頁）という指摘も重要である。

　離婚原因の有無について争いがある場合には、「破綻の客観的側面の攻防が重要になってくる。破綻の客観的側面において、実務上、最も重要な意味を持

134　第4編　家族の再構成

◆Point **065**◆

っているのは別居である。確かに、現行の民法では、別居そのものが離婚原因とされているわけではない。しかし、婚姻している夫婦が別居しているのであれば、婚姻共同生活が行われていないのであるから、その別居が単身赴任等の双方の合意に基づく理由のあるものでなければ、『婚姻を継続し難い重大な事由』があるということになる」（秋武・岡117頁）、②「別居の期間が相当期間に及ぶ場合には、そのこと自体で婚姻破綻が事実上推定されることになる。したがって、特に、他方の配偶者の有責行為の立証をしなくても、離婚請求は認容される」（秋武・岡117～118頁）、③「このような場合に、相手方の抗弁となり得るのは、離婚を請求している配偶者がいわゆる有責配偶者であるという主張しかない」（秋武・岡118頁）と説明されている。

4　平成8年要綱における離婚原因

　平成8年要綱には、以下の内容が含まれていた。これは、現行法の離婚原因から「強度の精神病」（4号）の事由を削除したうえで、新たに「5年以上継続した別居」を離婚原因として明示したものである。また、いわゆる過酷条項を設けて、離婚原因がある場合にも、一定の事由があるときには離婚請求を棄却できるものとしている。この改正要綱については、①「一定期間の別居という比較的立証しやすい客観的な事項を離婚原因とすることが求められるといえる。この立法化はいまだ実現されていないが、一定期間の別居という客観的な事実をもって離婚原因とするという考え方は、……実務上においては、既に取り入れられているものと思われる」（秋武・岡119～120頁）、②「離婚原因に関しては、基本的には改正要綱を踏襲するのが適当だと考える。ただ、別居期間を短縮するとともに、調整は信義則条項のみによればよいだろう。これは、その後の判例や世界的な立法を勘案した結果である」（大村2020a・110頁）という指摘がある。

　　一　夫婦の一方は、次の掲げる場合に限り、離婚の訴えを提起することができるものとする。ただし、（ア）及び（イ）に掲げる場合については、婚姻関係が回復の見込みのない破綻に至っていないときは、この限りではないものとする。
　　（ア）配偶者に不貞な行為があったとき。
　　（イ）配偶者から悪意で遺棄されたとき。
　　（ウ）配偶者の生死不明が3年以上明らかでないとき。
　　（エ）夫婦が5年以上継続して婚姻の本旨に反する別居をしているとき。
　　（オ）（ウ）、（エ）のほか、婚姻関係が破綻して回復の見込みがないとき。
　　二　裁判所は、一の場合であっても、離婚が配偶者又は子に著しい生活の困窮又は耐え難い苦痛をもたらすときは、離婚の請求を棄却する

第6章　外縁における再構成　　**135**

◆Point 065◆

ことができるものとする。（エ）又は（オ）の場合において、離婚の請求をしている者は配偶者に対する協力及び扶助を著しく怠っていることによりその請求が信義に反すると認められるときも同様とするものとする。

5　令和6年の現行民法改正

　裁判上の離婚について、令和6年改正後の現行民法770条は、1項で「夫婦の一方は、次に掲げる場合に限り、離婚の訴えを提起することができる」として、(1)「配偶者に不貞な行為があったとき」、(2)「配偶者から悪意で遺棄されたとき」、(3)「配偶者の生死が3年以上明らかでないとき」、(4)「その他婚姻を継続し難い重大な事由があるとき」を列挙している。同条2項は、「裁判所は、前項第1号から第3号までに掲げる事由がある場合であっても、一切の事情を考慮して婚姻の継続を相当と認めるときは、離婚の請求を棄却することができる」と規定している。これは、「配偶者が強度の精神病にかかり、回復の見込みがないとき」（上記改正前の現民770条1項4号）を削る改正である。

　上記改正の理由として、①精神的な障害を有する者に対する差別的な規定であるとの指摘があり、平成8年要綱においても現行民法770条1項4号の削除が提案されたこと、②最判昭和33・7・25民集12巻12号1823頁は「病者の今後の療養、生活等についてできるかぎりの具体的方途を講じ、ある程度において、前途に、その方途の見込のついた上でなければ、ただちに婚姻関係を廃絶することは不相当」と判示した一方で、現行民法770条1項4号による離婚請求が認められない場合であっても配偶者の精神病の状況のほか諸般の事情を考慮して婚姻を継続し難い重大な事由があると認められれば同項5号による離婚請求が認められる余地があることなどが指摘されている（家族部会資料23・1〜2頁）。

136　第4編　家族の再構成

◆Point 066・067◆

第5編 夫（元夫）の死亡

第1章：外縁をめぐる物語⑤：令和5（2023）年12月

◆Point 066◆ 同居していなかった夫が、死亡しました〔メール相談⑤〕

From：長田さつき

Sent：2023年12月6日10：06

To ：弁護士一中和洋先生

Subject：ご相談いたします

一中先生　　こんにちは、長田さつきです。

　夫婦関係調整調停事件の第1回期日は、仕事の都合で一緒に行くことができず、失礼しました。期日報告書（→◆Point 097◆）、ありがとうございます。拝読しました。

　ところで、先日、桂太さんのスマホから電話がありました。そしたら女性の声がして「はじめまして、師走紗香と申します。いきなり電話してしまい、すみません。急なことなのですが、長田桂太さんが亡くなりました。11月30日、通勤途中に交通事故にあい、その日のうちに。葬儀のこと、後日あらためて連絡します」と言われました。

　その後、また、師走紗香さんから電話があって、少しお話したのですが、桂太さんとしては私と離婚できたらすぐに師走さんと再婚するつもりでいたようです。紗香さんと桂太さんの間には子どもはなく、桂太さんの遺言書も作っていなかったと言っていました。私は、桂太さんの関係については、別居から6年間、学歩が面会交流するときしか会っていなかったことを説明しました。

　これから、何をどのようにしたら良いでしょうか。桂太さんの交通事故の損害賠償請求について、一中先生にお任せすることができると嬉しいです。

◆Point 067◆ 通勤途中の交通事故死では、何が問題になるの？
〔リアル相談⑤〕

一中　　こんにちは、桂太さんが亡くなられたのですね、驚きました。

さつき　　ええ、ほんと何が起きるか、人生って分からないですね。先日、葬儀があって、私と学歩も参加しましたけど、まだ実感はありません。残念なような不思議な気持ちです。もう離婚で争うこともないし、学歩の親権者は、私1人に決まりですね。交通事故のことでは、加害者側の保険会社の人とか、桂

第1章　外縁をめぐる物語⑤　　137

◆Point 067◆

太さんの勤務先から、いろいろ連絡があるのですけれど、よく分からなくて。なんだか、とっても疲れます。

一中　そうですよね、いろいろ大変だと思います。少し時間をかける方が良いかも、ですね。ところで、今日は、葉月さんは来所されないのかな？

弥生　はい、葉月ちゃんは、いま妊娠していて、病院の診察日と重なってしまったの。葉月ちゃんは、お付き合いしている男性との関係は、普通の結婚ではなくて、オープンマリッジとか言っていて、ちょっと心配です。それで、葉月ちゃんの代わりに、夫が参加しています。

希林　こんにちは、かずくん。元気そうだね！

一中　やあ、久しぶりだね、その呼び方、懐かしいなぁ。希林くんも元気そうで良かった。会えて嬉しいよ。まあ、座って。今日は、仕事は休めたのかな？

希林　うん、今日は休み。打合せ終わったら、4人で食事に行こうよ。葉月ちゃんのことも驚きだよね、オープンマリッジなんだって。夫婦なのに、浮気するのが自由なんて、大丈夫なのかな。

さつき　えーと、でも葉月ちゃんもいないし、今日は、私のことを相談していいですか。桂太さんが亡くなってしまい、これから何を考える必要があるのか、教えてもらっても宜しいですか。まだ何がどうなるのか、全く分からないので。

一中　そうですよね。詳しいことは必要に応じて説明することにして、まず、法定相続のことと、労災保険について説明しましょうか。法定相続は、ある人が死亡したときに、その家族が残された財産、これを遺産といいますが、遺産を包括的に承継することです。労災保険は、労働者災害補償保険法という法律に基づいて加入が強制されており、勤務中や通勤途中の災害が発生したときに、労働者やその遺族に対して必要な給付をします。これは社会保険と呼ばれるもので、民間の生命保険や損害保険とは違います。さつきさんと桂太さんは婚姻から8年、別居してから6年ということになりますから、外縁、つまり事実上の離婚状態ということになりそうです。夫婦関係調整調停をしている途中でしたから、法律上は未だ離婚はしていないけど、実体はもう存在しない、婚姻は形骸化しているということですね。円満婚姻・法律離婚と比較しながら説明しましょう。円満婚姻では、配偶者と子が法定相続人となり、労災保険の遺族年金も受給します。法律離婚した後は、配偶者ではないので、子の権利だけが問題になりますね。ところが、外縁では、一般的には、法定相続と社会保険では異なる解決になることが多いようです。法定相続では、戸籍に記載されているという形式を重視し、法律上の配偶者が保護され、内縁は保護されません。

138　第5編　夫（元夫）の死亡

◆**Point 068**◆

これに対して、社会保険では共同生活の実体に応じて遺族を認定するため、外縁の事案では、法律上の配偶者ではなく、内縁の方が保護される傾向があります。場面によって形式が重視されたり、実質が重視されたりするのですね。

希林　ちょっと、待って。えーと、そんな難しいこと、口で言われても、分からなくないのかな。僕もいちおう法学部出身だけど、ほぼ分からないよ。（さつきの方を向いて）今の説明、分かったの？

さつき　ありがとうございます。細かいことはともかく、私と桂太さんの関係は、外縁という状態になっていたから、私は、法定相続人にはなるけど、労災保険を受給することはできないということかな、と。

一中　そのとおりです、よく理解できていますね。もう少し難しいことを言うと、交通事故の損害賠償請求権については、死亡した桂太さんが損害賠償請求権を取得して、それが法定相続人に包括承継されるというのが、一般的な実務です。ところが、内縁の配偶者がいるときは、法定相続人にはならないものの、亡くなった人から受けていた扶養を失うという問題があります。そこで、内縁の妻による損害賠償請求を扶養構成で認めた判例があって、相続構成との調整が問題になります。あと、住宅ローンとの関係では団体信用生命保険があったかを調べておきたいですね。

さつき　えーと、ちょっと分からないです、すみません。

希林　あのさ、詳しいことは難しいから、交通事故のことは、加害者との交渉だけではなくて、師走さんとの交渉も代理してもらえるかな？

弥生　私からもお願いします。

一中　そうですね、分かりました。さつきさん、それで宜しいですか？

さつき　はい、ご依頼します。よろしくお願いいたします。

一中　交通事故のことは、当職が代理人として交渉して、それで合意できなかったときは、公益財団法人交通事故紛争処理センターに斡旋申立書を提出することにしましょう。交通事故の損害賠償請求については裁判例の傾向等に基づいて対応するのが良いと思います。

希林　やった、決まり！　弁護士費用、安くしてあげてね。じゃあ、今日は、難しい話はここまでとしてさ、みんなで食事に行こう。ご馳走しちゃう。美味しいものを食べて、元気を回復することも大切だよ。

◆Point 068◆ 死亡の説明まとめ〈メール回答⑤〉

From：弁護士一中（いちなか）

Sent：2023 年 12 月 26 日 14：16

To　：長田さつき様

第 1 章　外縁をめぐる物語⑤　　**139**

◆Point 069◆

Subject：今後のことなど
長田さつき様　　こんにちは、一中です。
　先日はご来所いただき、ありがとうございました。あの時、ご説明したことの骨子は、打合せメモ２にまとめました。
　桂太さんが交通事故で亡くなられたことについて、自動車を運転していた加害者である歌賀石矢さんが任意保険契約をしていたアスリート損害保険会社の担当者と交渉しました。実務でひろく使用されている「赤い本」を参考にして死亡による逸失利益と慰謝料を計算したところ、その金額について保険会社の方は前向きに検討してくれています。ところが、その取得割合について、師走さんと合意できません。師走さんは、婚姻届は提出していないとはいえ現実には夫婦と同じだったことを理由として損害賠償金の総額の２分の１を請求しており、保険会社としては師走さんとの紛争になる可能性がある限りは合意できないと説明しています。そこで、中立公正な第三者の判断を求めることが良いと判断して、公益財団法人交通事故紛争処理センターに提出する斡旋申立書（→◆Point 099◆）を起案しました。ご検討いただきますよう。
　引き続き、よろしくお願いいたします～。

第2章：夫（元夫）の死亡の比較

◆Point 069◆ 円満婚姻・法律離婚・外縁の比較⑤
1　円満婚姻における夫の死亡

図24 ▶円満婚姻モデル⑤

　外縁をめぐる三元論（→◆Point 004◆）によると、円満婚姻は、ナイＱ型である（→図24）。AKとBKは、法律上の婚姻をしており（P：法律婚姻はアル）、その共同生活は破綻しておらず（Q：実質破綻はナイ）、形式と実質は一致している（R：形式一致はアル）。したがって、円満婚姻においては、法律上の婚姻としての効果を認めることが素直である。典型的な場面では、①婚姻の死亡による終了（→◆Point 070◆）、②法定相続（→◆Point 071◆）があり、事案によって③交通事故死と相続構成（→◆Point 072◆）、④遺族厚生年金（→

◆**Point 073**◆)、⑤相続放棄と死亡保険金（→◆**Point 074**◆）も問題になる。

2　法律離婚における元夫の死亡

図25 ▶法律離婚モデル⑤

　外縁をめぐる三元論（→◆**Point 004**◆）によると、法律離婚は、ナイP型である（→図25）。ARとBRは元夫婦にすぎず（P：法律婚姻はナイ）、その共同生活は破綻しているから（Q：実質破綻はアル）、形式と実質は一致している（R：形式一致はアル）。したがって、法律離婚においては、法律上の婚姻としての効果を認めないことが素直である。典型的な場面では、①配偶者相続権の消滅（→◆**Point 075**◆）があり、必要に応じて、②死亡保険金受取人の変更（→◆**Point 076**◆）も検討される。

3　外縁における夫の死亡

図26 ▶外縁モデル⑤

　外縁をめぐる三元論（→◆**Point 004**◆）によると、外縁は、ナイR型である（→図26）。AGとBGは、法律上は婚姻をしているにもかかわらず（P：法律婚姻はアル）、その共同生活が実質的に破綻しており（Q：実質破綻はアル）、形式（婚姻）と実質（離婚）は一致していない（R：形式一致はナイ）。外縁においては、形式と実質が一致していないことを考慮することが必要であり、法律上の婚姻としての効果を認めるか否かは、場面によって異なる。本書では、①配偶者相続権の存続（→◆**Point 077**◆）、②交通事故死と扶養構成（→◆**Point 078**◆）、③交通事故の損害賠償請求とADR（→◆**Point 079**◆）、④遺言相続（→◆**Point 080**◆）、⑤遺族厚生年金（→◆**Point 081**◆）について検討している。

◆Point 070・071◆

第3章：円満婚姻における夫の死亡

◆Point 070◆ 円満婚姻の死亡による終了

　婚姻は、死亡によって終了する。このことは、「婚姻によって形成されるカップルは……『死が2人を分かつまで』存在し続けることが予定されている」（大村 2010・140 頁）と説明されている。死亡による終了は、法律上の婚姻が「終生の共同生活を目的とする一男一女の法律的結合関係」（木村・神崎 357 頁）であることから（→◆Point 005◆）、論理的に導かれる。

　法律離婚については様々な規律があることと異なり（→◆Point 010◆）、死亡したときは、当然に婚姻が終了する。このことは、民法が規律するのは「夫婦・親子の……関係が死亡などによって破綻・終了するときの問題……主として両者の財産のやりとりに関するものだ、ということになる。……民法は、これらの関係の破綻・終了を防ぐためになにをしているか。死亡はどうにもならない。残るのは、生存者間における破綻だ」（星野 1972・473 頁）と説明されている。ここで「死亡はどうにもならない」というのは、人が死亡することは仕方がないし、死亡してしまった人との間には法律関係は成立しないということを意味するものと思われる。

◆Point 071◆ 円満婚姻における法定相続

1　法定相続とは

(1) 法定相続とは　　明治民法における法定相続とは、ある人が死亡または戸主権を喪失した場合に、一定の親族的身分関係にある者が法律上の地位を承継することであった。これは、①戸主（「家」の中心人物）の死亡・隠居等による相続（家督相続）と、②家族（「戸主ノ親族ニシテ其家ニ在ル者及ヒ其配偶者」明民 732 条）の死亡による相続（遺産相続）の2つに分かれていた。

　昭和 22 年法律 74 号（日本国憲法の制定に伴う民法の応急的措置に関する法律）により、家督相続は廃止されて（7条1項）、すべての相続に従来の遺産相続に関する規律が適用されることになり（7条2項）、相続人・相続分に関する規律が変更された（8条）。その後、昭和 22 年法律 222 号によって明治民法は全面改正され、現行民法が 1948（昭和 23）年1月1日に施行された。現行民法第4編第2章（婚姻）・第3章（親子）は、婚姻によって新しい家族が構成されることを含意している。

　現行民法における法定相続は、「個人に帰属していた財産が、その死亡を原因として、配偶者・子・親など死者と一定の家族的な関係にあった個人に対して、法律の規定に従って包括的に承継されること」（中込外3頁〔中込一洋〕）と

142　第5編　夫（元夫）の死亡

◆Point 071◆

定義することができる。これは明治民法の遺産相続を基礎としている。このことは、「家督相続が廃止されたので、残る遺産相続のルールがすべての相続をカバーすることとなった。……マイナーモードの相続が原則とされることになったわけである。……このルールに3つの修正を加える、すなわち、配偶者は必ず相続人となることとし、兄弟姉妹を相続人に加え、戸主の相続権を否定すれば、現行法のルールが現れることになる」（大村2017a・22頁）と説明されている。

(2) 死亡による開始　現行民法882条は、「相続は、死亡によって開始する」と規定している。その理由は、人が権利義務の主体となる資格を権利能力というところ、権利能力が認められるのは、生きている間だけであるという原則に基づいて、死亡した人（被相続人）は権利能力を失うため、別の人に、その財産上の地位の承継させる必要があるという点にある。開始原因が「死亡」のみであることは「当然のことのように思われるが、家督相続に関して認められていた生前相続が、否定されたことを意味する」（大村2017a・23頁）と指摘されている。家督相続は、戸主が生存していても隠居等により開始することがあった。これと異なり、現行民法において死亡のみが開始原因であることは、明治民法の遺産相続と同じである。

(3) 一定の家族的関係　法定相続人となり得るのは、①配偶者と、②一定の範囲内の血族である。血族の中では、子（直系卑属）が優先される。このことは「被相続人の意思に合致したものだといえる。遺産は妻（夫）と子どもに残したい。そもそも婚姻というのは、定型的に、そうした意思を含む」（大村2003・220頁）と説明されている。

　筆者は、死者（被相続人）と法定相続人の間にある一定の家族的関係（配偶者・子・親など）の種類によって「被相続人の意思」が異なるのが一般的であることが、法定相続の内容が異なる理由であると考えている。その具体的内容としては、法定相続が認められる3つの考え方（①生活保障的相続観、②清算的相続観、③家産的相続観）と家族的関係との結びつきを意識することが重要である。

(4) 生活保障的相続観　生活保障的相続観とは、①「相続は、夫の死亡によって後に残される無収入の妻と子の生活を保障するためのものであるという考え方」（大村2014b・160頁）、②「人がみずからの属する家族共同体に依存して生活を営んでいる点に着目し、被相続人の財産に依拠して生活をしてきた者の将来の生活を保障するために、財産を分配し、承継させるものとして相続制度を捉える考え方（遺族の生活保障）……生存配偶者に遺産を承継させることによって、（未成熟子をも含む）生存配偶者の生活を保障するとの考え方（生存配

偶者〔および未成熟子〕の生活保障)」(潮見 5 頁)である。

(5) 清算的相続観　清算的相続観とは、①「離婚に際しては財産分与を通じて行われる清算が、死別の場合には配偶者相続分によって行われる」(大村2003・222 頁) という考え方、②「被相続人の財産形成は家族の協力なしには成しえなかったであろうから、相続財産の中には家族の持分が潜在的に含まれているのであり、これが被相続人の死亡により顕在化するものとみる考え方(家族構成員の潜在的持分の清算)……夫婦が協力して築き上げてきた財産について、これを夫婦間で清算・分配するために、死亡配偶者の遺産を生存配偶者に承継させるとの考え方(実質的夫婦共同財産の清算。さらに、夫婦の法定財産制度を扱う規律の中に配偶者の一方が死亡した際の夫婦財産の分配についての規律が用意されていない点を補うという意味もある)」(潮見 5 頁)である。

(6) 家産的相続観　家産とは「家」の財産であり、家産的相続観とは、①「家産は家の承継者に承継されるべきであるという考え方」(大村 2003・221 頁)、②「被相続人の財産はこの者の属する家族共同体に由来するものであり(『家産』という視点)、家族共同体の中で蓄積され、承継されるべきであるとの考え方」(潮見 5 頁)である。

　先祖から承継した家産は先祖→祖父→父→長男→孫→子孫というように世代から世代へと承継されていくことが期待されてきた経緯がある。このことは、「家族 A の財産(家産)は世代から世代へと承継されていく。『先祖伝来の田畑』がその典型例である。家族 A の男子と家族 B の女子が結婚して子が生まれた場合、この子は A、B 双方の家族の財産を引き継ぎ、さらに自分の子孫に伝えていく」(大村 2017b・123 頁)と説明されている。子を含む直系卑属を優先することは、明治民法から一貫して認められてきた。

(7) 法定相続分　法定相続分とは、「相続人が複数存在する場合、すなわち共同相続の場合に、相続財産全体に対して各共同相続人が有する権利・義務の分数的割合」(潮見 2019・226 頁〔本山敦〕)である。そのため、法定相続分を検討する必要があるのは、共同相続のときに限られる。

　明治民法の家督相続は必ず 1 人が相続するもの(単独相続)であったから、法定相続分は家督相続では問題にならなかった。これと異なり、現行民法の法定相続では、明治民法の遺産相続と同様に、生存していた親族の状況によって法定相続人が 1 人のときもあり、共同相続となることもある。

　共同相続したとき、相続財産は共有とされ(現民 898 条)、遺産分割に関する特別の規定がある(現民 906 条)。これに対しても一般法としての物権法上の共有に関する規定の適用があるとされているところ(最判昭和 30・5・31 民集 9 巻 6 号 793 頁)、「相続財産は、共同相続人間で公平な分割を行うべき対象である。

◆**Point 071**◆

そこで、その帰属関係を表現する共同所有のあり方も……特質にふさわしい内容を与えられる」（吉田414頁）と説明されている。

2 配偶者相続権

(1) 配偶者別格の原則　現行民法890条は、「被相続人の配偶者は、常に相続人となる。この場合において、第887条又は前条の規定により相続人となるべき者があるときは、その者と同順位とする」と規定している。ここで「常に」と規定されていることを、配偶者別格の原則という。配偶者が常に相続人となることは、明治民法の遺産相続とは異なる。遺産相続では、配偶者は直系卑属に劣後していた。

(2) 配偶者が法定相続人となる理由　配偶者が常に法定相続人とされる（配偶者別格の原則が採用されている）理由としては、①生活保障的相続観に加えて、②清算的相続観があるものと考えられる。

　生活保障的相続観が配偶者の法定相続の理由となることは、①「家督相続以外の相続（かつての遺産相続）は、相続人の生活保障を目的とするとされていたので……経緯からすると、配偶者相続権も生活保障の観点から基礎づけうる」（大村2014a・52頁）、②「平均寿命が短く、かつ、働く妻が少ない時代には、多くの人々の納得が得られる考え方であった」（大村2014b・160頁）、③「生活保障的相続観はとりわけ高齢の配偶者によくあてはまる」（大村2003・221頁）と説明されている。

　清算的相続観が配偶者の法定相続の理由となることは、①「配偶者相続権には夫婦の財産関係を清算する機能があることを指摘しておく必要がある。……たとえば夫が死亡した場合、夫名義の財産の中には妻の貢献によって形成されたものもあるだろう。相続によって、妻はこれを取り戻すわけである」（大村2017b・124頁）、②「日本法に関する限り、配偶者相続分にはこの清算的相続観が比較的よくあてはまる。相続によるほか清算の方法がないからである」（大村2003・221〜222頁）と説明されている。

　家産的相続観は、配偶者については理由とならない。このことは、①「家族Aの男子と家族Bの女子が結婚して子が生まれた場合、この子はA、B双方の家族の財産を引き継ぎ、さらに自分の子孫に伝えていく。配偶者相続権は突き詰めて考えると、このような相続秩序と両立しない（少なくとも、両立しにくい）」（大村2017b・123頁）、②「社会的には、相続財産のうち先祖伝来の財産が占める割合が減ったことが重要である。個人が一代で形成した財産であれば、それをどう処分するにせよ、それは本人の自由であろう。その場合、配偶者に財産を残したいと考える人が多いとすれば、配偶者相続権はデフォルト・ルールとしての意味を持つ」（大村2017b・124頁）と説明されている。

第3章　円満婚姻における夫の死亡　**145**

◆Point 071◆

(3) 配偶者の法定相続分　　同順位の相続人があるときの配偶者の法定相続分について、現行民法 900 条は、(1)子が相続人であるときは 2 分の 1、(2)直系尊属が相続人であるときは 3 分の 2、(3)兄弟姉妹が相続人であるときは 4 分の 3 と規定している。そのため、配偶者は、遺産の 2 分の 1 以上を相続することができる。このように「配偶者の相続分が大きいのはなぜか、と言えば、相続以前に財産関係を清算せずに、相続で一括して処理してしまおうという考え方がとられているから」(大村 2017a・66 頁)と説明されている。

　配偶者の法定相続分は婚姻期間の長短等の具体的事情と無関係に規定されているため、財産関係の清算という評価の妥当性は事案によって異なる。その理由は、法定相続分は第三者にも影響するため明確かつ画一的な判断が優先されていることにある。

　平成 30 年改正 b の検討過程では、「配偶者の相続分を引き上げることも検討されたが、中間試案におけるパブリックコメントでは否定的な意見が多数を占めた」(中込 2019・30 頁)。その理由は、「高齢者同士の再婚が増えていること等に照らすと、仮に配偶者の相続分を引き上げるとしても、これを一律に引き上げるのは相当でなく、被相続人の財産の維持又は増加に対する貢献が大きい場合に限定する必要があるのではないか、しかしながら、そういった配偶者の貢献の程度を実質的に考慮しようとすると相続をめぐる紛争が過度に複雑化、長期化するとの強い懸念が示されました。他方で、配偶者の貢献の程度をある程度形式的に判断するために婚姻期間などによって相続分を変えるという考え方に対しましては、婚姻関係が実質的に破綻している場合にも、長期間これが継続しているときには配偶者の相続分が引き上げられることになって相当でないという指摘等もされた」(小野瀬厚法務省民事局長：衆議院相続会議録 19 号 4 頁)ことにある。

3　子・孫等の直系卑属（第 1 順位の血族相続人）

(1) 直系卑属　　現行民法 887 条 1 項は、「被相続人の子は、相続人となる」と規定している。子が被相続人より先に死亡していたとき等には、代襲相続が認められる（現民 887 条 2 項）。代襲相続とは、「相続人となるべき者が相続開始以前に死亡したり、一定の事由（相続欠格・廃除）により相続権を失ったりした場合に、被相続人について相続が開始した……とき、相続権を失った者の子が生存していて、しかも、この者が被相続人の直系卑属にあたる場合には、この者が相続権を失った者（被代襲者）に代わって、同一順位で相続人となり、相続権を失った者の相続分を承継する」(潮見 21 頁)ことである。例えば、祖父（被相続人）の相続開始前に、その相続人となるべき者（被相続人の子）が死亡していたとき、その子（被相続人の孫）が子に代わって被相続人の法定相

146　第 5 編　夫（元夫）の死亡

◆Point 072◆

続人となる。

(2) 直系卑属が法定相続人となる理由　　子を血族相続人のうちで最も優先する理由としては、「①家産は家の承継者に承継されるべきであるという考え方（家産的相続観）に加えて、②相続は、夫の死亡によって後に残される無収入の妻と子の生活を保障するためのものであるという考え方（生活保障的相続観）がある」（中込 2022・24 頁）と考えられる。

　　家産的相続観が子（直系卑属）の法定相続の理由となることは、①「かつての家督相続（長子単独相続）はこの考え方によって説明できるが、日本法に関する限り、今日では妥当性が乏しくなっているものの、この要素が完全に払拭されたわけではない」（大村 2003・221 頁）、②「代襲相続は家系に基づくものであるが、しかし、それだからといってただちにそれが封建的ないしは家制度的なものということはできず、財産承継の秩序としての合理性があれば、近代的な相続関係にそれを適用して少しもさしつかえがない」（加藤 1962a・31 頁）と説明されている。

(3) 直系卑属の法定相続分　　現行民法 900 条は、「同順位の相続人が数人あるときは、その相続分は、次の各号の定めるところによる」として、1 号で「子及び配偶者が相続人であるときは、子の相続分及び配偶者の相続分は、各 2 分の 1 とする」、4 号本文で「子、直系尊属又は兄弟姉妹が数人あるときは、各自の相続分は、相等しいものとする」と規定しています。平成 25 年改正前の現行民法 900 条 4 号ただし書は、非嫡出子の法定相続分を、嫡出子の相続分の 2 分の 1 としていた。

　　現行民法 901 条 1 項は、「第 887 条第 2 項又は第 3 項〔被相続人の子の代襲相続および再代襲相続〕の規定により相続人となる直系卑属の相続分は、その直系尊属が受けるべきであったものと同じとする。ただし、直系卑属が数人あるときは、その各自の直系尊属が受けるべきであった部分について、前条の規定に従ってその相続分を定める」と規定している。これは、被相続人の子の代襲相続および再代襲相続における相続分を「その直系尊属が受けるべきであったものと同じ」とするものであり、①「このような分け方を『株分け』と呼ぶ」（潮見 2019・242 頁〔本山敦〕）、②「株分け説の方が、最後の 1 人の子の生死という偶然によって左右されず、合理的であり、常識的でもある」（加藤 1962a・31 頁）と説明されている。

◆Point 072◆ 円満婚姻中の交通事故死と相続構成

1　相続構成の意義

(1) 実務における相続構成の原則　　被害者が交通事故等で死亡した場合の損

第 3 章　円満婚姻における夫の死亡　*147*

◆Point 072◆

害賠償請求の法的構成については、①死亡した被害者が、自分が生存していれば得られた収入等相当額の損害を被ったことにより損害賠償請求権を取得し、これを遺族が相続するという考え方（相続構成）と、②被害者から扶養される利益を被扶養者が喪失したという考え方（扶養構成）（→◆Point 079◆）がある。

　交通事故等により被害者が死亡した事案における損害賠償請求について、現在の実務では、相続構成によることが原則とされている。相続構成は、「被害者の全財産は近親者の扶養に用いられているわけではないので、扶養構成よりも相続構成の方が財産的損害に関する限りでは高額の賠償が期待される。それに相続構成の方が計算が簡明であるというメリットもある」（大村 2020b・178頁）と評価されている。

(2) 学説からの批判とその評価　　相続構成を原則とする実務に対しては、学説からの批判が強い。例えば「賠償させるべきものを、残された者の扶養の期待利益ということに限定して考えるか、それともそれ以上に、被害者が天寿を全うしたならば彼らが相続したかもしれない額をも与えるべきか、という選択」として「扶養程度に止めていいのではないか」（星野 1972・445頁）とする見解がある。その理由は、①「逸失利益の賠償請求権とその相続を認めるという考え方は、結局、人間をいわば収益を営む機械と見るということに帰着してしまう」、②「判例のような考え方……は、人間機械論からしかジャスチファイできない、理論的には結局そこに帰する、したがって、それはあまりけっこうな考え方とはいえない」（星野 1972・444頁）ことにある。この見解は、相続構成について「権利者の範囲を明らかにでき、額もわりあいにはっきり、かつ事件ごとにそう違いなく算定できるという……限りでは、この方式の裁判所において持っている意味を否定しようとは思いません。ただ、学者としては、全く別の見地から考えていく必要がある」（星野 1972・443〜444頁）とも指摘している。しかし、相続構成を認めることを理論的に突き詰めると人間機械論になるという評価には、疑問がある。「いわば収益を営む機械と見る」側面が相続構成にあるとしても、それは稼働力を考慮要素とするという意味にすぎず、人間を機械と同視するものではない。収益を営むことも人生の一部であり、それを含めて評価することの方が適切である。

　より根本的な問題提起として、「死亡したことによる損害賠償請求権をいったんは死亡者が取得するというのも妙な話である。死亡したときにはもはや権利主体ではないはずなのである」（道垣内 576頁）という指摘がある。しかし、死亡による権利承継について死亡の瞬間だけを強調することは妥当でなく、事故によって負傷したことによって死亡した人を「被害者」と認めることが素直である。筆者は、大判大正 15・2・16 民集 5 巻 150 頁を参考として、被害者

148　第5編　夫（元夫）の死亡

◆**Point 072**◆

が即死した場合でも、傷害と死亡との間に観念上時間の間隔があるから、被害者は受傷の瞬間に（実質的に死亡と同視できる内容の）賠償請求権が発生し、これが被害者の死亡によって相続人に承継されると説明することが適切であると考えている。

2　相続構成と扶養構成の対比

(1) 相続構成における財産的損害　相続構成における財産的損害は、被害者本人の死亡による逸失利益を算定し、それを相続したものとして請求する。

死亡による逸失利益は、交通事故等における損害賠償実務では、①基礎収入額×②（1－生活費控除率）×労働能力喪失期間に対応するライプニッツ係数（下記⑤）として計算されている。このうち、①と②は、扶養構成の場合と同じである。扶養構成と異なるのは、以下の2点である。まず、③扶養利益相当割合を考慮しないこと。相続構成による場合、被害者本人が生存していれば得られた収入等相当額を損害とするから、扶養している者の有無や多少を考慮すること必要はない。次に、④扶養関係存続期間に対応するライプニッツ係数ではなく、⑤労働能力喪失期間に対応するライプニッツ係数を乗じることである。中間利息を控除することは共通しているが、その対象となる期間が異なる。相続構成による場合、被害者本人が生存していれば得られた収入等相当額を損害とするから、扶養関係存続の有無や期間を考慮することは必要ない。

(2) 扶養構成における財産的損害　扶養構成における財産的損害は、扶養利益の喪失として算定し、これを喪失した人が請求する。

扶養構成による損害賠償額は、相続構成による金額よりも低くなる（→◆**Point 078**◆）。

扶養構成に一本化するときは、収益を営むことのうち扶養に用いられる部分のみを保護する（被扶養者がいないときは請求できない）ことになり、被扶養者の存在とその必要性の程度が重視される。しかし、誰かを扶養しているか否かも人生の一部にすぎないから、扶養のみに保護を限定する（被害者の稼働力を損害賠償額算定の考慮要素としない）ことには疑問がある。ここでは、①「稼働力の違いを無視することが、本当に正義にかなったことであるのだろうか。『等しいものは等しく』は正義の原則とされるが、等しくないものを等しく扱うことは、かえって正義に反するとも言える」（大村 2020b・185 頁）、②扶養構成によるときは「子の死亡のときには、親に扶養請求権侵害が生じないので、せいぜい慰謝料請求しか認められないことになる。ところが、そうなると、幼児を死亡させたときと、大きな怪我をさせたときとでは、後者のほうが支払うべき額が大きくなるという不均衡も生じる」（道垣内 576 頁）という指摘の方が合理的である。

第 3 章　円満婚姻における夫の死亡　　149

3 相続構成と現行民法711条との関係

相続構成に対する疑問として、現行民法711条については「生命侵害の場合には、被害者である死者自身に損害賠償請求権が帰属することはないことを前提とした規定である（それゆえ710条には『生命』が入っていない）」（大村2020b・175～176頁）という指摘がある。しかし、現行民法711条の主体は「被害者の父母、配偶者及び子」であるから、法定相続人と一致するとは限らない。例えば、被害者に子がいるときの父母は法定相続人ではないが（現民887条・889条1項）、固有慰謝料（現民711条）の請求権者である。

最大判昭和42・11・1民集21巻9号2249頁は、「ある者が他人の故意過失によって財産以外の損害を被った場合には、その者は、財産上の損害を被った場合と同様、損害の発生と同時にその賠償を請求する権利すなわち慰謝料請求権を取得し……当該被害者が死亡したときは、その相続人は当然に慰謝料請求権を相続するものと解するのが相当である」と判示した。これは、相続構成を認めたものである。その理由は、①「損害賠償請求権発生の時点について、民法は、その損害が財産上のものであるか、財産以外のものであるかによって、別異の取扱いをしていない」こと、②「慰謝料請求権が発生する場合における被害法益は当該被害者の一身に専属するものであるけれども、これを侵害したことによって生ずる慰謝料請求権そのものは、財産上の損害賠償請求権と同様、単純な金銭債権であり、相続の対象となりえないものと解すべき法的根拠はなく、民法711条によれば、生命を害された被害者と一定の身分関係にある者は、被害者の取得する慰謝料請求権とは別に、固有の慰謝料請求権を取得しうるが、この両者の請求権は被害法益を異にし、併存しうるものであり、かつ、被害者の相続人は、必ずしも、同条の規定により慰謝料請求権を取得しうるものとは限らないのであるから、同条があるからといって、慰謝料請求権が相続の対象となりえないものと解すべきではない」ことにある。

◆Point 073◆ 円満婚姻と遺族厚生年金

1 遺族年金における配偶者

厚生年金保険法58条1項本文は、「遺族厚生年金は、被保険者又は被保険者であった者が次の各号のいずれかに該当する場合に、その者の遺族に支給する」として、「被保険者……が、死亡したとき」等を列挙している。したがって、被保険者が死亡したときは、その者の遺族に遺族厚生年金が支給される。

遺族厚生年金を受けることができる「遺族」について、厚生年金保険法59条1項は、「被保険者又は被保険者であった者の配偶者、子、父母、孫又は祖父母……であって、被保険者又は被保険者であった者の死亡の当時……その者

によって生計を維持したものとする。ただし、妻以外の者にあっては、次に掲げる要件に該当した場合に限るものとする」として、(1)「夫、父母又は祖父母については、55歳以上であること」、(2)「子又は孫については、18歳に達する日以後の最初の3月31日までの間にあるか、又は20歳未満で障害等級の1級若しくは2級に該当する障害の状態にあり、かつ、現に婚姻をしていないこと」を列挙している。ここで「妻以外の者」について要件を限定していることは、「妻」が遺族の典型であることを含意している。

2　民法と社会保険法の相違

社会保険とは、「国等の社会保障政策の手段として行われる保険」（山下2018・4頁）であり、公保険の1つである。社会保険は、国等の社会保障政策の手段として行われる。憲法25条は、1項で「すべて国民は、健康で文化的な最低限度の生活を営む権利を有する」、2項で「国は、すべての生活部面について、社会福祉、社会保障及び公衆衛生の向上及び増進に努めなければならない」と規定している。社会保障とは、生活上の様々な困難に直面した国民に対し、その生活を健やかで安心できるものとするため、国等が憲法に由来する公的責任として、生活保障の給付等を行うことである。社会保険は、保険給付の種類によって、①医療保険（健康保険・国民健康保険・後期高齢者医療保険）、②介護保険、③年金保険（厚生年金保険・国民年金）、④労災保険、⑤雇用保険の5つに大きく分類することができる。

社会保険等の公保険は国等の政策目的達成の手段として運営される保険であり、私保険（生命保険・損害保険等）とは異質なものである。そのため、私的自治の原則に基づく民法とは異なる判断がされることがある。例えば、健康保険法3条7項本文は、被扶養者としての「配偶者」に「届出をしていないが、事実上婚姻関係と同様の事情にある者を含む」ことを明記している。遺族厚生年金の受領権者についても、戸籍（形式）ではなく、夫婦としての共同生活を現実に営んでいたことを重視する判例がある（→◆Point 081◆）。

◆Point 074◆ 円満婚姻中の生命保険

1　保険契約とは

保険契約は、「保険契約、共済契約その他いかなる名称であるかを問わず、当事者の一方が一定の事由が生じたことを条件として財産上の給付（生命保険契約及び傷害疾病定額保険契約にあっては、金銭の支払に限る……）を行うことを約し、相手方がこれに対して当該一定の事由の発生の可能性に応じたものとして保険料（共済掛金を含む……）を支払うことを約する契約」（保険法2条1号）と定義されている。

◆Point 074◆

保険では偶然性が重要なポイントになるため、その成立には保険事故の発生確率を事前予測できることが必要であり、その発生確率の事前予測には、統計学における大数の法則（law of large numbers）が用いられている。大数の法則とは、「一見すると偶然に思える出来事も、その出来事を大量に観察して集めていくと、その発生率は一定の数値に収束していくという法則」（中村 11 頁）である。これは、「個々人のリスクの発生確率を予測することはできないが、母集団が十分に大きくなれば、統計データに基づいて母集団内での保険事故の発生確率を予測することはできる」（中込 2020・23 頁）ことを意味する。

保険者とは、「保険契約の当事者のうち、保険給付を行う義務を負う者」（保険法 2 条 2 号）であり、「保険会社等がこれに該当する」（中込 2020・28 頁）。そして、保険契約者とは、「保険契約の当事者のうち、保険料を支払う義務を負う者」（保険法 2 条 3 号）であり、「保険に加入した人……がこれに該当する」（中込 2020・28 頁）。

2　生命保険とは

生命保険契約は「人の生存又は死亡に関し一定の保険給付を行うことを約するもの」（保険法 2 条 8 号）であり、その被保険者とは、「その者の生存又は死亡に関し保険者が保険給付を行うこととなる者」（保険法 2 条 4 号ロ）である。生命保険の保険事故は「被保険者の生死であり、それだけをとれば単純な事実」（山下 2022・183 頁）であるところ、これは生存保険と死亡保険に分けられる。

生存保険とは、人の生存に関し一定の保険給付を行うことを約するものであり、「被保険者が保険期間満了に生存していた場合、満期保険金をあらかじめ定められた保険金受取人（通常は本人）に支払うもので、被保険者の生存リスク（生存による支出増のリスク）を担保するもの」（出口 2009・50 頁）である。生存保険では、一定期間の満了時に被保険者が生存しているときに満期保険金が支払われる。「養老保険の満期保険金、年金保険の年金、学資保険の学資年金・祝金などは被保険者が一定の日において生存していることを保険事故とする生存保険給付」（山下 2022・193 頁）とされる。

死亡保険とは、人の死亡に関し一定の保険給付を行うことを約するものであり、「被保険者の死亡リスク（死亡による収入の喪失リスク。余命が一定期間以内であると医師に診断された場合を含む）を保障するもの」（出口 2009・48 頁）である。

3　保険金の支払義務

保険法 2 条 1 号は、保険給付について「一定の事由が生じたことを条件として財産上の給付」「生命保険契約及び傷害疾病定額保険契約にあっては、金銭の支払に限る」と規定している。保険金等は、約款に定める支払事由に該当

◆Point 074◆

した場合にのみ支払われるものであり、また「『免責事由』として、保険金等が支払われない事由が規定されており、これに該当する場合、保険金等は支払われない」（中村114頁）ことになる。保険金等の支払請求については、「請求権の発生要件や請求権限を保険者が確認するために、保険者所定の書類を提出すべき旨の約定がされているのが通例」（山下2022・371頁）である。

4　死亡保険金受取人とは

保険金受取人とは、「保険給付を受け取る者として生命保険契約又は傷害疾病定額保険契約で定めるもの」（保険法2条5号）である。「保険金受取人は、生命保険契約の受益者であり、その意味では関係者であるが、生命保険契約の当事者ではない」（山下・永沢3頁〔金岡京子〕）とされる。「保険契約者は、保険事故が発生するまでは、保険金受取人の変更をすることができる」（保険法43条1項）ため、保険金受取人の変更については、保険者の承諾は必要ない。

保険契約者と保険金受取人が同一であるものを「自己のためにする生命保険契約」、異なるものを「他人のためにする生命保険契約」という（山下2018・92頁）。他人のためにする生命保険契約は、第三者のためにする契約である。一般的には「第三者の権利は、その第三者が……契約の利益を享受する意思を表示した時に発生する」（現民537条3項）のと異なり、「保険金受取人が生命保険契約の当事者以外の者であるときは、当該保険金受取人は、当然に当該生命保険契約の利益を享受する」（保険法42条）。

5　相続放棄と死亡保険金

相続の放棄（現民939条参照）をすると、相続人は積極財産も一切取得することができなくなる。しかし、ここにいう「積極財産」に、保険金受取人（保険法2条5号。保険給付を受け取る者として生命保険契約または傷害疾病定額保険契約で定めるもの）として指定された相続人が取得する死亡保険金請求権は含まれないから、相続の放棄をしたことによって死亡保険金請求権を失うことはない。

最判昭和40・2・2民集19巻1号1頁は、「保険金受取人としてその請求権発生当時の相続人たるべき個人を特に指定した場合には、右請求権は、保険契約の効力発生と同時に右相続人の固有財産となり、被保険者（兼保険契約者）の遺産より離脱しているものといわねばならない」と判示した。このことは、「被相続人の締結した契約に基づき、かつ被相続人の死亡により相続人が保険金請求権を取得するにもかかわらず同請求権は相続財産に属さないということをさして、保険金請求権の固有権性とよぶ。相続人でもある保険金受取人は、自己固有の権利として保険者に対する権利を原始取得するとされるのである」（山下2018・339頁）と説明されている。

6 団体信用生命保険

団体信用生命保険とは、「住宅ローンの貸し手である金融機関（または保証会社）を保険契約者兼保険金受取人、借主を被保険者とする団体保険」（山下2018・65頁）である。これは、「ローン債務者の死亡もしくは高度障害……を保険事故として保険金を支払い、未償還元本と債務の相殺を行うもの」（出口2009・68頁）であり、「保険金額がローンの逐次の返済に連動し自動的に残債務額となるように保険契約上の約定がされており、また、貸付契約においては債務者が死亡した場合には金融機関が保険金を受領の上残債務額の一括弁済に充当することが約定されている」（山下2022・488頁）ものである。

第4章：法律離婚における元夫の死亡

◆Point 075◆ 法律離婚による配偶者相続権の消滅

法律離婚をすることによって「配偶者」（現民890条）ではなくなるから、法律離婚後に元配偶者が死亡したとしても、他方の元配偶者が法定相続人となることない。その実質的な理由は、法律離婚に伴う財産分与（現民768条）によって（潜在的）共有は清算することができるうえ、法律離婚によって扶養義務も消滅するため、法定相続を認める必要がないことにある。

元夫婦の間に子があるときは「子」（現民887条1項）は法定相続人となるため、その親権者として元配偶者が関与することは否定されない。

◆Point 076◆ 法律離婚と死亡保険金受取人の変更

1 死亡保険金受取人の指定

受取人の指定とは、保険金受取人を定める行為である。保険金受取人とは「保険給付を受ける者として生命保険契約又は傷害疾病定額保険契約で定めるもの」（保険法2条5号）であり（→◆Point 074◆）、保険契約者により指定された受取人が誰であるかが明らかでない場合には、指定行為の解釈により、保険金受取人が誰であるかを確定することになる。これは、生命保険契約の内容に関することであり、誰が保険金受取人として指定されているかは、保険会社にとって重大な利害のある事柄であるから、その解釈は、客観的な方法によることが必要である。

2 受取人指定における続柄の意義

(1) 妻を指定したままで離婚したとき 受取人を指定する場合、氏名だけではなく、続柄を記載するのが一般的である。妻や子等という続柄の記載があれば、氏名と合わせて確実に個人を特定できるためである。例えば、保険契約者

154 第5編 夫（元夫）の死亡

◆**Point 076**◆

Aが受取人を「妻・B」と指定していた場合、その当時は法律上の夫婦だったことから、これがBを意味していた。問題は、法律離婚して妻でなくなったことによって、その意味が変更されるか否かである。妻の不貞行為が原因となって法律離婚をした事案において、この点が争われたことがある。

最判昭和58・9・8民集37巻7号918頁は、「保険金受取人の指定につき単に被保険者の『妻何某』と表示されているにとどまる場合には……氏名をもって特定された者を保険金受取人として指定した趣旨であり、それに付加されている『妻』という表示は、それだけでは……特段の趣旨を有するものではない」と判示した。その理由は、①「何びとを保険金受取人として指定したかは、保険契約者の保険者に対する表示を合理的かつ客観的に解釈して定めるべき」、②「『妻』という表示は……氏名による保険金受取人の指定におけるその受取人の特定を補助する意味を有するにすぎないと理解するのが合理的であり」、③「離婚の可能性に備えて、あらかじめ妻の身分を有する限りにおいてその者を保険金受取人として指定する趣旨を表示したものと解しうるためには……特段の表示がされなければならないと考えるのが相当」ということにある。ここでは「特段の表示」があるときには、例外を認めることが示唆されている。そして、「たんに『妻』というような抽象的な指定がなされた場合には、離婚の成立により指定は失効するものと考えられるが、そうであっても事実上破綻状態に陥ったような場合にまで指定が失効すると解するのは困難」（山下2022・299頁）という指摘もある。

(2) 婚約中の女性を指定したが婚姻しなかったとき　東京高判昭和62・4・27金判775号35頁（当事者の仮名は、本書の物語と同じものを用いる）は、①「指定受取人『神在さつき』は……〔神在〕新太と婚約中であった実在の長田さつき……を指す」、②「婚姻し『神在』の姓を称する限りにおいて保険金受取人とする旨の指定をしたものと解し得る特段の表示がされたことは証拠上認められないから、たとえ長田が保険事故発生時に新太と婚姻し『神在さつき』という氏名になっていなくても、長田が保険金受取人であることには変りはない」と判示した。ここでは、実在の人物と姓が異なっていたものの婚約をしていた（婚姻する予定であった）ことから婚姻届を提出した後の姓としたことに合理性があることが考慮されている。一律に断定せず、「特段の事情」があるときは別としていることは、上記(1)の最判と同じである。

3　死亡保険金受取人の変更

生命保険契約は、長期間に及ぶことが多く、その間に、死亡保険金受取人として指定した者と保険契約者との関係が変わってしまうことが少なくない。例えば、保険契約者Aが受取人を「妻・B」と指定していたところ、妻Bの不

◆Point 077◆

貞行為が原因となって法律離婚をした場合を想定すると、Aとしては、自分が死亡した場合の保険金を元妻Bが受け取ることは希望しないであろう。このような人間関係の変化があったときは、それを生命保険契約に反映するために、保険金受取人の変更手続をすることが合理的である。

保険金受取人の変更手続をするのは、保険契約者であり、「保険金受取人ではない」（中込2024b・207頁）。保険法43条は、1項で「保険契約者は、保険事故が発生するまでは、保険金受取人の変更をすることができる」、2項で「保険金受取人の変更は、保険者に対する意思表示によってする」、3項で「前項の意思表示は、その通知が保険者に到達したときは、当該通知を発した時にさかのぼってその効力を生ずる。ただし、その到達前に行われた保険給付の効力を妨げない」と規定している。トラブルを回避するためには、保険会社に連絡し、所定の手続に応じて保険金受取人を変更することが適切である。

ただし、死亡保険金受取人の権利が具体的なものとなるのは被保険者が死亡した時であるから、遺言によることとしても問題はない。保険法44条は、1項で「保険金受取人の変更は、遺言によっても、することができる」、2項で「遺言による保険金受取人の変更は、その遺言が効力を生じた後、保険契約者の相続人がその旨を保険者に通知しなければ、これをもって保険者に対抗することができない」と規定している。

第5章：外縁における夫の死亡

◆Point 077◆ 外縁における配偶者相続権の存続

1　法律上の配偶者の相続権

法律離婚をしていない以上、「配偶者」（現民890条）であることは否定されないから、外縁において法律上の配偶者が死亡したときは、他方の配偶者が法定相続人となる。

外縁における実質は、法律離婚と同様ではあるものの、法律離婚をしていないため財産分与（現民768条）によって（潜在的）共有を清算することはできないうえ、法律離婚をしていない以上は扶養義務も消滅していないため、法定相続を認めることには一応の合理性がある。

ただし、事案によっては、推定相続人の廃除をすることがあり得る。現行民法892条は、「遺留分を有する推定相続人（相続が開始した場合に相続人となるべき者をいう。以下同じ。）が、被相続人に対して虐待をし、若しくはこれに重大な侮辱を加えたとき、又は推定相続人にその他の著しい非行があったときは、被相続人は、その推定相続人の廃除を家庭裁判所に請求することができる」と

◆**Point 077**◆

規定している。

2 死亡による内縁解消に関する最高裁判例

最決平成 12・3・10 民集 54 巻 3 号 1040 頁（以下、平成 12 年判例という）は、内縁の夫婦の一方の死亡により内縁関係が解消した場合について法律上の夫婦の離婚に伴う財産分与規定（現民 768 条）の類推適用を否定した（→◆Point 027◆）。その理由は、①「法律上の夫婦の婚姻解消時における財産関係の清算及び婚姻解消後の扶養については、離婚による解消と当事者の一方の死亡による解消とを区別し、前者の場合には財産分与の方法を用意し、後者の場合には相続により財産を承継させることでこれを処理する」、②「内縁の夫婦について、離別による内縁解消の場合に民法の財産分与の規定を類推適用することは、準婚的法律関係の保護に適するものとしてその合理性を承認し得るとしても、死亡による内縁解消のときに、相続の開始した遺産につき財産分与の法理による遺産清算の道を開くことは、相続による財産承継の構造の中に異質の契機を持ち込むもので、法の予定しないところである」、③「死亡した内縁配偶者の扶養義務が遺産の負担となってその相続人に承継されると解する余地もない」と説明された。これは「離別による内縁解消の場合」には当事者間の問題として容認する可能性を残しつつ、「死亡により内縁関係が解消した場合」には第三者にも影響するため否定したものと理解することができ、外縁の理解にも参考となるものを含んでいる（→◆Point 054◆）。

平成 12 年判例を支持する見解は、「法定相続において相続人を血族と法律婚配偶者に限定して法定し、当事者の意思による相続人の創造を否定したことの意味として、死亡（権利主体の消滅）による財貨帰属秩序の明確性・安定性の確保があること、そのために、権利主体消滅後の財産の帰属承継に関してあるべきと考える秩序を国家の法政策として採用し、法定相続制度として構築していることに鑑みれば、立法論としては格別、現行法の解釈という意味では、判例の考え方には一理がある」（潮見 2018・39〜40 頁）と指摘する。ここでは「立法論としては格別」とも指摘されており、内縁を保護する法改正の余地は否定されていない。

平成 12 年判例を支持しない見解は、「内縁の死亡解消によって、死亡内縁配偶者には死亡と同時に抽象的財産分与義務が発生し、その義務が相続人に相続されると解することができる。……実質論から見ても、内縁の生前解消であれば、財産分与の類推適用で一定の財産が保障されるのに、終生協力関係にあった死亡解消の場合には、適用が否定され保護がないということに不公平観が伴う」（二宮 98 頁〔二宮周平〕）と指摘する。これは、内縁保護の必要性を重視するものである。

また、「内縁配偶者に相続権を認めることができれば、財産分与規定の類推を認める必要はない」（松本 2024・59 頁）という指摘もある。これは、死亡した事案である以上、相続権を認めるか否かが先決であることを含意している。

3 配偶者相続権の制限の可能性

(1) 法律婚尊重説・共同生活尊重説　潮見佳男先生追悼論文集（令和 6 年 9 月刊行予定）のために執筆した「法定相続における『配偶者』の解釈」において、筆者は、法定相続における「配偶者」の解釈をあらためて検討し、これまでの自らの見解を問い直すことになった。そこでは、試行錯誤の後に、法定相続人となる「配偶者」は法律婚によるものに限るという解釈（法律婚尊重説）を批判し、社会保険等と同様に法律婚があっても事実上の離婚（外縁）にあるときは法定相続人としての「配偶者」と評価しないという解釈（共同生活尊重説）を支持している。

上記論文執筆前に、筆者は、配偶者居住権（現民 1028 条）の「配偶者」に関する法律婚尊重説についても、「法定相続は、被相続人の権利義務を相続人が包括的に承継することを内容とするものであり、被相続人の債権者や債務者等に対する関係でも権利義務の承継を明確にする必要があるため、その対象は画一的に判断することができる必要があるからである。法律上の婚姻は届出によって効力が生じるから（民法 739 条 1 項）、その関係は戸籍等によって確認できるのに対して、内縁配偶者や同姓パートナーに該当するか否かは諸要素を総合的に考慮して判断するほかない」（中込 2019・62 頁）と指摘していた。また、特別の寄与（現民 1050 条）をめぐる検討では、「内縁関係を準婚関係と把握し、これにできるかぎり法律上の婚姻に準ずる法的効果を与えようする近時の判例・学説の傾向からいえば、内縁寡婦にも、事情によっては、内縁の夫の遺産について相続権を認めてよさそうにみえる」（中川・泉 277 頁〔中川善延〕）とする指摘や、立法論として内縁配偶者に相続権を認める可能性を示唆する見解（鈴木 7 頁）を参考にしつつ、「今後の議論によっては解釈が変わる可能性もあると思われる」（東弁 332 頁〔中込一洋〕）と指摘したこともあった。

(2) 法律婚尊重説に対する疑問　筆者は、個人の自律と、家族としての一体感は、いずれも貴重なものであり、それぞれの当事者が調和を求めて工夫していくことが大切であると考えている。現在では、婚姻をしない（家族をつくらない）人も増えている。その背景には、「重要な他者として家族を選ぶかどうかは、個人の事情や希望にまかせていい」（高橋 60 頁）という思想があり、これは「個人の自由と人格的尊厳を立脚点とし、社会や集団も個人の集合と考え、それらの利益に優先させて個人の意義を認める態度」（広辞 1061 頁）としての個人主義が社会にひろく浸透したことによるものと思われる。このような傾向

からすれば、法定相続における「配偶者」について婚姻届の有無によって形式的・画一的に判断することは疑問である。

法律婚は安定的に継続することを想定した法制度であるから、子を産み育てようとする人にとっては大きな実益がある。しかし、国家による強制を及ぼすことが適切でない心理的側面においては、法律婚の実益は感じられにくい。憩いの場であること、ケアの授受や温かい人間関係等は、現実の生活状況によって左右されるほかなく、法的に家族であるか否かによっては決まらない。そうだとすると、法律婚尊重説の妥当する範囲について再検討する余地はあろう。

筆者は、研究者として共同生活尊重説を支持する。これは、夫婦の共同生活の実体に応じて具体的妥当性を求めることを重視するためである。

配偶者が常に法定相続人とされる理由としては生活保障的相続観と清算的相続観があるところ（→◆Point 071◆）、これらの具体的妥当性は、生活実体によって左右される。例えば、ＰとＱは法律婚があっても共同生活期間は数か月にすぎず協力し合って形成した財産もないまま別居して事実上の離婚（外縁）になった後に、ＰとＲが20年以上にわたり互いに協力して社会通念上夫婦としての共同生活を現実に営んで多額の財産をＰ名義で形成していた事案を想定しよう。Ｐに血族相続人がない場合、法律婚尊重説によるときは、Ｐ名義の財産すべてをＱが法定相続人として承継することが原則となるが、このような結論が妥当であろうか。生活保障的相続観であっても清算的相続観であっても、実体に即して素直に考えるときは、破綻した法律婚配偶者Ｒではなく、扶養があり実質的共同財産の清算を要する内縁配偶者Ｒを保護する方が自然であろう。これは、共同生活尊重説の妥当性を示している。もちろん、現実には様々な場合があり、上記のような事案だけを念頭に置くことは妥当でないものの、法律婚尊重説によると不適切な結果となる事案があることは指摘できよう。

Ｐが全財産をＲに遺贈していれば（上記事案であれば公序良俗違反ではないとされ遺言は有効となる可能性が高いため）Ｒは全財産を取得できるのが原則である。仮にＱが遺留分侵害額請求権を行使したとしても、遺留分の割合は全財産の2分の1（現民1042条1項2号）であるから、Ｒは全財産の2分の1を取得できることになる。しかし、すべての人が適切に遺言書を作成しているわけではない。遺贈をしないままＰが死亡する事案も少なくないことを想定し、デフォルト・ルールとしての法定相続の「配偶者」の解釈においても工夫することが必要であると考える。

(3) 共同生活尊重説の妥当性　　共同生活尊重説によると、法定相続人としての「配偶者」の認定をめぐって紛争が生じる。しかし、その不都合は程度問題

にすぎない。社会保険や交通死亡事故等において同様の問題について一定の対応がされている以上、法定相続の場面であっても、内縁・外縁の認定基準等を明確化することによって克服することは可能であろう。

　もっとも、現時点においては、実務上も学説上も、法律婚尊重説が広く支持されており、定説ともいえる状態にある。そのため、筆者も、弁護士として実務を行う際には　法律婚尊重説に従い、外縁になったとしても法律離婚をしていないため「配偶者」であるから法定相続人になると説明していくことを予定している。

◆Point 078◆ 外縁における交通事故死と扶養構成
1　内縁配偶者における「扶養構成」
(1) 法律上の妻による請求（相続構成）との調整　　交通事故で夫が死亡したとき、法律上の妻は、法定相続人として損害賠償を請求できる（→◆**Point 072◆**）。このことは、夫婦仲が良かったか否か、離婚寸前で会ったか否かによって左右されない。京都地判昭和 45・3・3 判タ 248 号 178 頁は、「本件事故当時 X と Z とは離婚寸前にあったものということはできるが、X は未だ Z の妻であったもので、Z の死亡によって精神的損害を蒙らなかったものということはできず、X が Z の葬儀やその後の法事に参列しなかったとしても……結論を左右するものではない」と判示した。

　そのため、外縁（事実上の離婚）状態にあった法律上の妻からの相続構成による請求権と、重婚的内縁との妻からの扶養構成による請求権がいずれも発生するため、その調整が必要となる。

(2) 重婚的内縁の妻による請求（扶養構成）　　最判平成 5・4・6 民集 47 巻 6 号 4505 頁は、「内縁の配偶者が他方の配偶者の扶養を受けている場合において、その他方の配偶者が保有者の自動車の運行によって死亡したときは、内縁の配偶者は、自己が他方の配偶者から受けることができた将来の扶養利益の喪失を損害として、保有者に対してその損害賠償を請求することができるものというべきであるから、内縁の配偶者は、同項〔筆者注：自動車損害賠償保障法 72 条 1 項〕にいう『被害者』に当たると解するのが相当である」と判示した。これは、内縁の配偶者から加害者への損害賠償請求を認めている。しかし、重婚禁止（現民 732 条）からは、重婚的内縁の場合には異なる判断をすることもあり得る。

　東京地判昭和 43・12・10 判時 544 号 3 頁は、「一般に、内縁の夫が不法行為により死亡した場合、内縁の妻には加害者に対して扶養請求権侵害による損害賠償請求権が発生する。けだし、民法 752 条や同法 760 条は、準婚として

◆**Point 078**◆

の内縁の夫婦間にも準用せられるべきであり、内縁の配偶者は、法律上婚姻関係にある場合と同様に、相手方に対し、同居および協力扶助ならびにいわゆる婚姻費用（内縁の生活から生ずる費用）の分担を期待し、要求しうるのであるから、かかる意味における扶養請求権が第三者の不法行為により侵害された場合には、その故意による行為たると過失による行為たるとを問わず、よって、喪失した扶養に相当する額を損害として加害者に対し賠償を請求しうること、法律上の配偶者の場合と異ならない筈であるからである。（法律上の配偶者が、普通このような扶養喪失による損害を主張しないのは、死亡配偶者のいわゆる逸失利益による損害賠償請求権を相続するとの理論構成により主張するところが事実上右の扶養喪失による損害主張を覆い、その必要なからしめているからに過ぎない。）」と判示した。

　実務では、相続構成を原則としつつ、①内縁の配偶者、②血族相続人の順位が劣後する者、③相続を放棄した者については、例外的に「扶養構成」を認めている。これは、「扶養利益喪失を理由とする損害賠償請求が認められるという立場に立った上で、あくまでも相続的構成を基本的に維持し、相続的構成によって作り上げられた損害賠償の内容、端的にいえば『死亡被害者の逸失利益』という枠組みの中で……利害調整を図ろうとするもの」（丸山 214 頁）と説明されている。

(3) 扶養利益の喪失による損害賠償額　　内縁の配偶者について「扶養構成」によることを肯定した裁判例のうち、比較的新しく、相続人取得分の金額も明示されたものとして、①大阪地判平成 27・10・14 交民 48 巻 5 号 1273 頁、②名古屋地判平成 21・7・29 交民 42 巻 4 号 945 頁、③神戸地判平成 14・8・29 交民 35 巻 4 号 1189 頁、④東京地判平成 12・9・13 交民 33 巻 5 号 1488 頁、⑤大阪地判平成 9・3・25 交民 30 巻 2 号 470 頁、⑥大阪地判平成 9・3・10 交民 30 巻 2 号 403 頁がある。上記 6 つの裁判例における扶養利益の喪失額は、計算式については若干の相違があるものの、基本的には、基礎収入額×（1 －生活費控除率）×扶養利益相当割合×扶養関係存続期間に対応するライプニッツ係数として理解できる（中込 2023・236 頁）。

　逸失利益の計算においては、被害者の現実収入によることが原則である。ただし、平均賃金を得られる蓋然性があるときなどは例外が認められる。これは、相続構成と同じである。死亡事案では、生活費を控除して逸失利益を算定している。これは、死亡により損害が発生する一方で、生活費は不要になることなどから、収入全額を基礎として損害額を計算すると、被害者側が得をしてしまうので、調整しないと不公平という考え方に基づく。

　扶養利益相当割合は、相続構成とは異なる考慮要素である。これは、最判平

第 5 章　外縁における夫の死亡　　*161*

◆Point 078◆

成 12・9・7 判時 1728 号 29 頁が相続放棄者の事案において「扶養利益喪失による損害額は、相続により取得すべき死亡者の逸失利益の額と当然に同じ額となるものではなく、個々の事案において、扶養者の生前の収入、そのうち被扶養者の生計の維持に充てるべき部分、被扶養者各人につき扶養利益として認められるべき比率割合、扶養を要する状態が存続する期間などの具体的事情に応じて適正に算定すべきものである」と判示したことのうち、「扶養者の生前の収入、そのうち被扶養者の生計の維持に充てるべき部分」、「被扶養者各人につき扶養利益として認められるべき比率割合」に対応する。

　扶養関係存続期間も、相続構成とは異なる考慮要素である。これは、平成12 年判例の指摘する考慮要素のうち、「扶養を要する状態が存続する期間」に対応する。

2　扶養構成における慰謝料

　死亡事案における慰謝料については、「一応の目安」として、一家の支柱2800 万円、母親、配偶者 2500 万円、その他（独身の男女、子ども、幼児等）2000〜2500 万円という金額が示され、具体的な斟酌事由により増減されるべきとされている（赤い本 203 頁）。これは死亡慰謝料の総額であるため、民法711 条所定の者とそれに準ずる者の分（固有の慰謝料）も含まれている。

3　扶養構成に関する最高裁判例

　最判平成 5・4・6 民集 47 巻 6 号 4505 頁は、「死亡被害者の逸失利益は同人が死亡しなかったとすれば得べかりし利益であるところ、死亡被害者の内縁の配偶者の扶養に要する費用は右利益から支出されるものであるから、死亡被害者の内縁の配偶者の将来の扶養利益の喪失に相当する額として既に支払われた前記てん補額は、死亡被害者の逸失利益からこれを控除するのが相当である」と判示した。これは、扶養構成によって認められる「扶養利益の喪失に相当する額」は逸失利益総額（被害者本人を基準とした計算額を相続するもの）の一部であることを意味している。

4　内縁配偶者に関する裁判例のまとめ

　扶養構成を肯定した上記 1 の 6 つの裁判例は、内縁の配偶者からの請求事例である。扶養利益の喪失に基づく損害賠償金額は 655 万 0533 円〜1537 万2400 円であり、逸失利益総額に占める比率は 3 分の 1（約 33%）〜3 分の 2（約67%）である。また、固有慰謝料は 500〜1000 万円であり、慰謝料総額に占める比率は約 21〜40% である（中込 2023・236 頁）。

　扶養構成による損害賠償請求額は、相続構成よりも低くなる。その理由について、筆者は、法定相続には扶養以外のものが含まれるためと説明できると考えている。

◆Point 078◆

配偶者が法定相続人となる理由は①生活保障的相続観・②清算的相続観であり、子等の血族相続人が法定相続人となる理由は上記①②に加えて③家産的相続観である。

扶養構成による請求額は、相続のうち①生活保障的相続観によって正当化される限度において重複するのであり、②清算的相続観および③家産的相続観によって相続が正当化される場面が含まれない。

扶養構成による損害賠償請求額が相続構成よりも低くなる割合（逸失利益総額に占める比率）は、①内縁の配偶者からの請求事例（上記 **1** の裁判例①〜⑥）は 3 分の 1（約 33％）〜 3 分の 2（約 67％）、②血族相続人の順位が劣後する者からの請求事例（大阪地判平成 19・1・30 交民 40 巻 1 号 116 頁）は約 25％、③相続を放棄した者からの請求事例（横浜地判平成 25・5・27 交民 46 巻 3 号 667 頁）は妻 40％・母 15％（合計 55％）である。傾向分析するのに十分な件数がなく、固有の慰謝料との対応も明確ではないが、これらは今後の検討課題である。

5　重婚的内縁に関する裁判例

東京地判昭和 43・12・10 判時 544 号 3 頁は、「重婚的内縁関係にある妻についても……扶養請求権はこれを認めるべきであり、従って、その侵害により損害を生じたとして加害者に対し賠償を請求することもこれを肯定するべきである。ただ、扶養喪失の額を算定するに際し、戸籍上の妻子が存在することを斟酌して相当の減額をなすべき」と判示した。その理由は、①「相続人の範囲と故人の収入により現実に扶養されていた者の……範囲が相覆わぬ場合、相続による請求の外、更に扶養請求侵害による損害賠償の請求を認めるのは、右両者がいずれも故人の生存を仮定し将来収入を得つづけたものとして、それを損害額算出の前提としているため、1 つの損害を二重に評価するとの不合理を免れず、それだけ加害者に酷であり、公正を欠く」、②「相続人の範囲に属せぬ被扶養者が存在する場合には、初めから相続による理論構成をあきらめ、全部を扶養請求権の侵害として構成し、それぞれの賠償額を算出するか、あるいは、まず被扶養者からの請求を見てその賠償額を確定して後、これを控除した残額について相続人への帰属を論ずべき」、③「重婚的内縁の場合には、戸籍上の妻につき、現実には夫に遺棄されて何ら生計上の協力扶助を受けていないとしても、その故に夫に対する扶養請求権を否定し去ることはできない（別居が続き離婚同様の状態であるといっても、離婚に伴うべき財産分与はなされていないのであり、ましてこのような場合、婚姻の破綻については専ら夫に原因があり、妻には責任がないのが普通なのであるから、離婚を云々するとすれば、慰謝料も考えられる。……戸籍上の妻に認められる扶養請求権は、実質上は、かかる潜在

的な財産分与や慰謝料の請求権によって支えられているものとも言いうるであろう）」という点にある。

大阪高判昭和 49・6・17 判タ 311 号 159 頁は、「Y は亡 Z と夫婦同様の生活を継続してきたものとはいいながら、一方法律上の妻 X との婚姻共同体としての協力関係も全く絶たれたものといえず、Y と亡 Z との関係がいわゆる重婚的内縁関係にあたり、……専ら Y の不倫な行為にもとづくものであるから、このような場合においては、Y は民法 711 条の準用による内縁配偶者としての慰藉料請求権を有しない」と判示した。これは重婚的内縁関係であるとしつつ慰謝料請求を否定したものであるが、法的に保護される関係の限定（各自 1 組）する筆者の見解（→◆**Point 058**◆）からは、慰謝料請求を認めない理由は、重婚的内縁として保護される場面ではないと説明することになる。

◆Point 079◆ 交通事故の損害賠償請求と ADR

1 ADR とは

ADR とは、英語の Alternative Dispute Resolution（代替的な紛争解決手続）を略したものであり、「裁判所の訴訟手続に代替するもの」（山本 2018b・2 頁）を意味する。

裁判外紛争解決手続の利用の促進に関する法律（以下、ADR 法という）1 条は、裁判外紛争解決手続を「訴訟手続によらずに民事上の紛争の解決をしようとする紛争の当事者のため、公正な第三者が関与して、その解決を図る手続」と定義する。ADR 法は「民事司法制度の枠内に ADR を位置付け、それを裁判と『並ぶ』ものと評価すること自体、当時としては画期的なもの」（山本 2019a・11 頁）と評価されている。

ADR 法 3 条は、「裁判外紛争解決手続は、法による紛争の解決のための手段として、紛争の当事者の自主的な紛争解決の努力を尊重しつつ、公正かつ適正に実施され、かつ、専門的な知見を反映して紛争の実情に即した迅速な解決を図るものでなければならない」と規定している。同条は、訴訟と対比したところの ADR の特性として、①紛争解決の自主性、②公正性・適正性、③専門性、④柔軟性、⑤迅速性を示したものと理解できる。

(1) 紛争解決の自主性　　裁判外紛争解決手続は、「法による紛争の解決のための手段として、紛争の当事者の自主的な紛争解決の努力を尊重しつつ、……解決を図るものでなければならない」（ADR 法 3 条）。これは、紛争解決の自主性を規定したものであり、国家権力に基づいて強制的に紛争を解決する訴訟手続との重要な相違点である。ADR は、紛争処理に「公正な第三者が関与」（ADR 法 1 条）するものの、最終の判断権は当事者に留保される（解決を強制さ

164　第 5 編　夫（元夫）の死亡

◆**Point 079**◆

れない）ことを特性としている。

裁判手続であっても「民事・家事調停のような手続はADRの中に含めて考えるのが、現在の一般的な考え方」（山本2018b・2頁）であるところ、調停のモデルとして、①評価・教化型調停、②交渉促進型調停、③認識変容型調停が区別されている。上記①（評価・教化型調停）は、「調停人は、当事者からみれば外在的な基準・規範に基づいて紛争ないし両当事者の主張を評価し、調停人が当該基準・規範に基づく調停案を各当事者に提示する。さらに調停人は、各当事者の主張の弱い部分を指摘しながら説得を行い、必要があれば当事者の意見にしたがって調停案に修正を加えながら、最終的な調停合意（和解契約）に到達できるよう努力する」（山本・山田163頁）モデルである。上記②（交渉促進型調停）は、「調停人は黒子に徹し、まずは両当事者が相互に言い分を聞いたり建設的な交渉をしたりできるよう、対話の過程をコントロールすることに専念する」（山本・山田165頁）モデルである。上記③（認識変容型調停）は、「調停合意が成立しなかったとしても、調停手続を経て両当事者が紛争および相手方当事者について異なる視点で理解してきたことを認識し、自らの紛争認識も変容するならば、それが調停の離縁に合致する成果であるとしてこれを重視する」（山本・山田169頁）モデルである。これらは排斥的なものではなく、「各モデルの混合型とでもいうべき調停スタイルもあり、実務的には混合型が有用であろう」（山本・山田169頁）と説明されている。筆者は、上記①（評価・教化型調停）のモデルを基本としつつ、それ以外のモデルも必要に応じて考慮することが良いと考えている。

(2) 別席調停・同席調停　　調停の方式としては、別席調停と同席調停がある。そして、上記(1)①（評価・教化型調停）のモデルについては、「別席調停（コーカスないし個別面接方式）を用いても、このモデルの目的は達成できよう」（山本・山田163頁）と指摘されている。別席の方式は、「調停人が一方当事者のみと話をして、その内容を、相手方当事者は少なくとも直接知ることはできない、という調停の技法」であり、「日本では、民事・家事調停や訴訟上の和解で一般的にこの方法が採られており、その事実上の影響により、民間型調停においてもコーカスを原則とする機関は少なくない」（山本・山田169頁）とされる。別席とすることは、「一方当事者が秘密事項を有する場合、相手方当事者の前では本音が話せない場合、当事者間の感情的な対立が非常に激しい場合、細かな金額調整を要する場合などにおいて、手続が暗礁に乗り上げることを回避するために有益」（山本・山田169〜170頁）である。しかし、別席の方式に対しては、「両当事者は互いの表情や言葉のニュアンスなどを知ることができないままに、したがって、不完全な情報のもとで和解をするか否かを決めなけれ

第5章　外縁における夫の死亡　　**165**

◆Point 079◆

ばならない」、「調停人のもとに両当事者からの情報が集中し、当事者が調停人に依存する体制が強化されてしまう」という批判がある（山本・山田 170 頁）。筆者は、同席とする場面を増やしていくことを検討している。これは、①「同席調停の考え方は、日本調停協会連合会編『調停読本』〔1954 年〕でも、原則的な調停の手続として記されていた」（川嶋 2022・209 頁）、②「同席調停は、一部の民間型 ADR において実現されているほか、とくに家事調停における同席調停の試みが広く知られたこともあり、少なくとも当事者の共同の希望があれば、裁判所においても同席調停が実施されるようである」（山本・山田 171 頁）という指摘を参考としている。もっとも、同席にすると「両当事者が激高したり悪感情が増長するおそれ」（山本・山田 171 頁）が高まるため、その適否は、慎重に判断する必要がある。

(3) 公正性・適正性　　裁判外紛争処理手続は、「公正かつ適正に実施され……なければならない」（ADR 法 3 条）。筆者は、斡旋手続の過程においては、重要な事項を書面に記載して、双方当事者に交付することを原則とすることが良いと考えている。これは、面談や電話では個別対応をしつつ、同じ書面を双方に交付することによって手続の透明性を高める（適切に情報提供する）ためである。また、筆者は、斡旋案等を提示する際には、書面を作成し、双方当事者に交付することを基本としている。「難しい事案では、まず、試案を示すことによって暫定的心証を示し、試案を拒否された場合に再検討のうえ『斡旋案』を交付する方法によることもある」（中込 2024a・55 頁）。これらは、「書面にすることにより和解案の内容が明確になりますので、当事者が裁判所の真意を誤解することもないし、和解案の具体的イメージがはっきり浮かびます……。また、両当事者は同一の書面を受け取るのですから、不公正な駆け引きという危険がないことがよく分かりますので、やり方として公平であるともいえます」（草野 93～94 頁）という指摘を参考にしつつ工夫を重ねているものである。

(4) 斡旋案（ADR における和解案）の内容　　斡旋案の内容としては、裁判例の傾向を参考とすることが基本である。交通事故事案については裁判例が集積されているため、判決を予想しながら和解案を論理的に説明できることが多い。センターの和解斡旋において解決できるときは、判決や訴訟上の和解よりも早期解決になるため、予想される判決の認容額より、ある程度は低くすることが合理的である。そのため、斡旋案では、弁護士費用や遅延損害金等を認めることはしていない。そして「費用と時間をかけて厳密に調べないと判決できない事案については、将来予測として合理的であれば、リスクを割合的に分担させることも検討に値する」（中込 2024a・56 頁）。斡旋案の提示には、結論と、その理由についての説明を伴う。筆者は、斡旋案提示書において「申立人と相

166　第 5 編　夫（元夫）の死亡

◆Point 079◆

手方間の令和○年○月○日交通事故による人身被害の損害賠償請求をめぐる紛争について、当職は、相手方が申立人に対し、○万円を支払うことを内容とする斡旋試案を提示します」という形式で結論を示したうえで、「判断（理由）の骨子」として争点における判断要素や参考裁判例等を説明して、各損害項目の金額等の算定過程（内訳）は別紙「算定原票」斡旋案欄に記載することを基本としている（→◆Point 100◆）。

和解の位置づけについては、以下の3つの考え方がある（草野12～13頁）。第1の考え方（判決先取り型）は、「判決の結論が正義に適っているならば判決と同じか、それに準ずる内容の和解をすればよいではないか、そのほうが早く権利の実現が図れるし、正義に適うのではないか」というものである。第2の考え方（オール・オア・ナッシング回避型）は、「判決の結論は原告か被告の一方が全面的に勝訴し、他方が全面的に敗訴するというオール・オア・ナッシングなものが原則ですが、そのオール・オア・ナッシングな結論に違和感を感じるようになり、それを回避するため和解により勝訴の可能性に応じた割合的に妥当な結論を合意する方がかえって正義に適うのではないか」というものである。第3の考え方（判決落ちこぼれ救済型・判決乗越え型）は、「判決の結論ということに必ずしもとらわれず、当事者間の紛争の実体に着目し、実情に即した妥当な解決をするために判決ではできない解決をする手段として和解が存在していることを正面に据え、和解によって判決の限界を乗り越えようとする」ものである。

筆者は、交通事故の損害賠償請求については第1の考え方（判決先取り型）によることが適切であると考えている。ここでは相当因果関係や過失相殺率等に応じて損害額を算定するため、判決と同じか、それに準ずる内容の和解案を提示することが可能であり、実務上は損害保険会社等が対応することが多いため支払能力等を考慮する必要性が乏しいことによる。

(5) 専門性　裁判外紛争処理手続は、「専門的な知見を反映して……解決を図るものでなければならない」（ADR法3条）。このことは、「訴訟は汎用的な紛争解決システムであるが、社会における様々な面での専門化が進み、紛争も専門化するなかで、訴訟による対応は（様々な努力がされているものの）限界が否定できない。そこで、当該専門分野に特化した紛争解決システムとして、ADRが重要な役割を果たしうる」（山本2018b・16頁）と説明されている。自動車事故に伴う損害賠償に関する紛争については裁判例が多く、その傾向をしっかりと理解しておくことによって、典型的事案であれば判決の予想に応じた斡旋案を提示することが可能になる。そして、「特殊事情のある事案であっても、典型的な事案との異同等について丁寧に検討することにより、合理的な斡旋

案を提示できることが多い」（中込 2024a・56〜57 頁）。このような斡旋案を提示することは、「確定した法規範が存在する場合に、その適用のみが問題となるときは、わざわざ裁判所に提訴せず ADR による解決を図ることが当事者にとっても社会資源の観点からも相当」（山本 2018b・231 頁）という指摘に応えるものである。

(6) 柔軟性　裁判外紛争処理手続は、「紛争の実情に即した……解決を図るものでなければならない」（ADR 法 3 条）。ここでは、①「紛争当事者にとっても、インフォーマルなかたちでじっくりと話ができ、しかも柔軟な事件処理が可能になるという利点がある」（川嶋 2020・73 頁）、②「利用者に身近な紛争解決機関として、利用者の話を傾聴し、その真のニーズを探り出し、抜本的な紛争解決を図っていくという ADR の機能も期待される」（山本 2018b・18 頁）、③「裁判とは異なり実定法規範に拘束されない ADR では、必ずしも社会に実在する規範に適合していない法規範を乗り越え、より紛争実態に合った解決を図ることが可能になる」（山本 2018b・231 頁）という指摘が参考になる。自動車事故訴訟における和解について、「判決であるならば採用することが困難な心証割合による金額の算定等も行われ、これらの手法も用いて、事案に即しての柔軟な解決が図られている」（佐久間外 27 頁）という指摘もある。

(7) 迅速性　裁判外紛争処理手続は、「迅速な解決を図るものでなければならない」（ADR 法 3 条）。ここでは、①「ADR の場合には、……簡易な手続で迅速に結論が得られる」（川嶋 2020・72 頁）、②「ADR の簡易・廉価・迅速性はその大きなメリットであり、訴訟と差別化し、機能分担を図っていく可能性がある」（山本 2018b・17 頁）という指摘が参考になる。

2　訴訟手続との比較

　訴訟手続は、判決を意識しながら進められる。そこでは、「相手方が話し合いに応じない場合でも、訴えの提起により応訴が強制され、救済のあり方を論じるために整序された議論のフォーラムが形成できる。訴訟は、最も公正かつ可視的で慎重な強制手続であり、当事者の手続保障が最も充実している」（川嶋 2020・73 頁）。その一方で、「訴訟は、法的三段論法を基礎とする争点中心審理主義を採用し、要件効果論から外れる争点以外のものを切り捨てる傾向にあり、判決では一刀両断的に黒白が付けられる」（川嶋 2020・73 頁）という側面もある。訴訟手続において和解することもあるが、「判決が目指すものは、法の実現、すなわち正義であり、当事者の同意や出席がなくてもその手続を強制的に完結できるところに特色」（草野 8 頁）がある。

　ADR と裁判所との役割分担という視点については、「当事者間の話合いで解決できる通常の紛争については、可及的に ADR による解決を図る方向で制

168　第 5 編　夫（元夫）の死亡

度を整備し、当事者を誘導すべきであり、訴訟（司法）の役割としては、①紛争解決のルールの補充的形成、② ADR 等で解決できない困難事案の解決に限定していくことが望ましい」（山本 2019a・12 頁）という指摘が重要である。この見地からは、通常の事案については ADR において紛争を解決していくことが期待される。

◆Point 080◆ 外縁における遺言相続

1　遺言相続とは

　遺言は、「遺言者の最終意思を尊重し、これを実現するもの」（中込 2019・61 頁）である。現行民法 968 条は、平成 30 年改正ｂにおいて方式を緩和され、相続財産の目録については自書を要しないとされた。「法務局における遺言書の保管等に関する法律」も制定された。これらの改正は、配偶者居住権（現民 1028 条）と配偶者短期居住権（現民 1037 条）の主体である「配偶者」に相続権を有する配偶者（法律婚の配偶者）に限られることは画一性の見地からやむを得ない（法律上の婚姻は戸籍等によって確認できるのに対して、内縁配偶者等に該当するか否かは諸要素を総合的に考慮して判断するほかない）ことを前提としつつ、内縁配偶者等の保護についても配慮したものと評価できる。筆者は、「遺言を活用することによって、被相続人の財産の全部または一部を与えることが可能である。……改正によって自筆証書遺言が活用しやすくなることには、内縁配偶者や同性パートナーの保護という側面もある」（中込 2019・63 頁）と考えている。

2　内縁配偶者に対する遺贈等

（1）遺贈と公序良俗違反　　内縁配偶者に対する遺贈については、公序良俗違反（現民 90 条）と主張されることがある。公序良俗の位置づけは、①「契約自由の原則を出発点とするならば、公序良俗違反を理由とする内容規制は、その例外として位置づけられる。……団体主義的な法思想が強まるのに応じて、公序良俗こそが原則であり、契約自由がむしろ例外であるとの考え方が徐々に力を増してきた。……戦後になると揺り戻しが生じ、公序良俗違反は再び例外の地位に退く」（大村 2019・84〜85 頁）、②「公序良俗違反の領域が経済問題にシフトしていることに着目して、一方で、『契約自由』に対抗する『契約正義』の原理が、他方で、消費者保護とか競争維持といった市場環境の整備のための『経済的公序』が、それぞれ生成しつつあるという見解が説かれている。現行民法 90 条は、これらを確保・維持するために積極的に利用されるべきである」（大村 2019・90 頁）と説明されている。

　不貞行為に関する評価は、変遷している（→◆Point 039◆）。このことは、不

◆Point 080◆

貞行為の相手方（重婚的内縁の配偶者）に対する遺贈の有効性にも影響する。

　最判昭和 61・11・20 民集 40 巻 7 号 1167 頁（以下、昭和 61 年判例という）は、「本件遺言の内容は、妻である X₁、子である X₂ 及び Y に全財産の 3 分の 1 ずつを遺贈するものであり、当時の民法上の妻の法定相続分は 3 分の 1 であり、X₂ がすでに嫁いで高校の講師等をしているなどの事実関係のもとにおいては、本件遺言は、不倫な関係の維持継続を目的とするものではなく、もっぱら生計を亡 A に頼っていた Y の生活を保全するためにされたものというべきであり、また、……遺言の内容が相続人らの生活の基盤を脅かすものとはいえないとして、本件遺言は、民法 90 条に違反し無効であると解すべきではない」と判示した。昭和 61 年判例の事案は、① A は妻 X₁ と婚姻しており、ふたりの間に生まれた長女 X₂ がいる、② A は昭和 50 年に死亡し、X₁ と X₂ が法定相続人である（現民 887 条 1 項・890 条）ところ、この当時、子とともに相続する配偶者の法定相続分は 3 分の 1 であった（昭和 55 年法律 51 号による改正前現民 900 条 1 号）、③ A は遺言書を作成しており、それは全財産の 3 分の 1 を Y に遺贈するという内容であったところ、Y は、昭和 42 年 2 月頃から A と不倫な関係にあり、昭和 44 年頃から A の所有するマンションに寝泊まりしていた女性である、というものであった。

　上記②の点は、昭和 55 年法律 51 号による現行民法 900 条 1 号による事案では、子とともに相続する配偶者の法定相続分は 2 分の 1 となる。この法改正が昭和 61 年判例の射程距離にどのように影響するのかは、難しい問題である。筆者は、外縁の状態にあるときは不貞行為が違法とされないのであるから、不貞行為の相手方に対する遺贈は原則として有効であると考えている。これは、被相続人の意思を尊重することは妥当であり、法律上の配偶者の保護は、遺留分侵害額請求権（現民 1046 条）の行使によれば足りることが多いという理由による。

(2) 受取人変更と公序良俗違反　　　　内縁の妻への死亡保険金受取人変更の有効性について、広島高岡山支判平成 17・5・24 生判 17 巻 414 頁は、「Z と B とは、既に昭和 57、8 年ころには書信不通の状態となっていて、両者間の夫婦関係は、平成 7 年 5 月当時は、既にその実態を失っていたものと認められる。そうすると、亡 A と Z が平成元年 8 月ころから同居生活を送り始めたことを、直ちには違法な不倫関係であるということはできず、したがって、亡 A が Z を生命保険金受取人とした本件保険金受取人変更の手続も、不法な動機によるものということはできないから、公序良俗に反した違法無効なものとはいえない」と判示した。このことは、「遺贈の場合でも、不倫関係の態様、被相続人の家族状態や財産状態などの諸事情を総合的に判断していると思われるので、

170　第 5 編　夫（元夫）の死亡

◆**Point 081**◆

保険金受取人指定についても幅広い事情を総合的に判断すべきであろう」(事例研レポ 206 号 12 頁〔山下友信〕)と説明されている。

3 法律婚配偶者からの遺留分侵害額請求

遺留分制度は、平成 30 年改正 b において、全面的に見直された。その最大の変更点は、物権的効力が否定され、金銭債権に一本化されたことである(現民 1046 条 1 項)。これは、「家督相続制度の下においては、遺留分制度は『家』の財産(家産)(→◆**Point 074**◆)の維持を目的とする制度であったため、その目的を達成するためには物権的効力を認める必要性が高かった」(中込 2019・172 頁)のに対して、現行民法における目的は、遺留分権利者の生活保障や、遺産の形成に貢献した遺留分権利者の潜在的持分の清算等にあるため、物権的効力を認めることまでは必要ない(遺留分侵害額に相当する価値を返還させることで十分である)ことによる。筆者は、「遺留分制度は、遺言の内容を一部無効にする効力を有するものであるから、遺言をしようとする人のためにも、遺留分制度は、分かりやすい制度である必要がある。この見地からしても、金銭債権に一本化されたことは意義がある」(中込 2019・173 頁)と考えている。

◆**Point 081**◆ 外縁と遺族厚生年金

(1) リーディングケースとなる最高裁判例　遺族年金においては、形式を重視すべきか、実質を重視すべきか。法律婚は形骸化して重婚的内縁が保護される状態において夫が死亡したときは、法律上の妻ではなく、内縁の妻が遺族年金を受領するというのが、社会保険における実質の尊重からは素直な結論である。

最判昭和 58・4・14 民集 37 巻 3 号 270 頁は、「農林漁業団体職員共済組合法……の定める配偶者の概念は、必ずしも民法上の配偶者の概念と同一のものとみなければならないものではなく、……遺族の生活の安定と福祉の向上を図り、ひいて業務の能率的運営に資することを目的とする社会保障的性格を有する公的給付であることなどを勘案すると、……配偶者についても、組合員等との関係において、互いに協力して社会通念上夫婦としての共同生活を現実に営んでいた者をいうものと解するのが相当であり、戸籍上届出のある配偶者であっても、その婚姻関係が実体を失って形骸化し、かつ、その状態が固定化して近い将来解消される見込のないとき、すなわち、事実上の離婚状態にある場合には……配偶者に該当しない」と判示した。これは、「法律上の婚姻関係が解消されていない状態で事実上の婚姻関係が存在する、いわゆる重婚的内縁関係の事案について……戸籍上の妻との関係に着目した判断枠組みを示した」(菊池 180 頁)ものである。

第 5 章　外縁における夫の死亡　　171

◆Point 081◆

(2) 最高裁判例の傾向　　最高裁は、上記(1)判例の「判断枠組みを前提として、事実上の婚姻関係にあった者からの請求を認容している」（菊池180頁）とされる。

最判平成17・4・21判時1895号50頁は、「AとZの婚姻関係は実体を失って修復の余地がないまでに形がい化していたものというべきであり、他方、Xは、Aとの間で婚姻の届出をしていないが事実上婚姻関係と同様の事情にある者というべきであるから、Zは私立学校教職員共済法……の遺族として遺族共済年金の支給を受けるべき『配偶者』に当たらず、Xがこれに当たる」と判示した。

最判令和3・3・25民集75巻3号913頁は、「民法上の配偶者は、その婚姻関係が実体を失って形骸化し、かつ、その状態が固定化して近い将来解消される見込みのない場合、すなわち、事実上の離婚状態にある場合には、中小企業退職金共済法……にいう配偶者に当たらないものというべきである。なお、このことは、民法上の配偶者のほかに事実上婚姻関係と同様の事情にあった者が存するか否かによって左右されるものではない」と判示した。この事案では、法律上の配偶者は、家庭裁判所の審判によって推定相続人の廃除（現民892条）をされていた（→◆Point 077◆）。

これらの判例は、社会保険において「戸籍上届出のある配偶者であっても、その婚姻関係が実体を失って形骸化し、かつ、その状態が固定化して近い将来解消される見込のないとき、すなわち、事実上の離婚状態」にあるときは、これを「配偶者」と評価しないことにより、互いに協力して社会通念上夫婦としての共同生活を現実に営んでいた者（重婚的内縁の配偶者）を保護している。事実上の離婚は、「外縁と同じものとも思われる」（→◆Point 015◆）ところであり、「配偶者」を狭く定義することで重複を避けようとする判例の傾向は、「重婚的内縁の保護については、共同生活の実体があるとして法的に保護されるべき関係は各自について1組に限るという基準（以下、各自1組ルールという）によることが適切である」という筆者の見解（→◆Point 055◆）と整合的である。

◆**Point 082・083**◆

第6編 生まれくる子

第1章：**外縁をめぐる物語⑥**：令和6（2024）年2月

◆**Point 082**◆ もし妊娠していたら……〔メール相談⑥〕

From：長田さつき

Sent：2024年2月6日10：06

To　：弁護士一中和洋先生

Subject：ご相談です

一中先生　　こんにちは、さつきです。

　ちょっと言いにくいのですけど、実は、離婚調停が始まった頃から私、神在新太さんと交際をしていました。まだはっきり分からないのですが、私、妊娠しているかも、です。もし妊娠していたらどのようなことが問題になるのか、心配しています。

　お伺いしたいのは以下の3つのことです。

1　交通事故の損害賠償請求は、どのようになりますか。

2　神在さんとの再婚には、何か制限されることがありますか。

3　もし妊娠していたとき、父親は神在さんと認められますか。

　以上、アドバイスをいただきますよう。

◆**Point 083**◆ 夫の死亡後に出産すると、父親はどう決まるの？
〔リアル相談⑥〕

一中　　こんにちは、メール読みました。いろいろ大変ですね。体調いかがですか。

葉月　　ありがとうございます。元気です。妊娠するのも2回目だし、もう安定期になりましたから。あれ、もしかして、私への質問じゃなかったかな。

さつき　　私も大丈夫です。ちょっと疲れてはいるけど。

一中　　えーと。はい。それでは、せっかくの機会ですから、外縁であることを前提として、質問に回答します。再婚と嫡出推定のことですね。円満婚姻・法律離婚と比較する方が分かりやすいので、まず弥生さんのように円満な婚姻をしている人のこと、次に葉月さんのように法律的に離婚した人のことを説明しますね。円満婚姻であれば、重婚禁止があるため法律上は再婚できないし、別の人と交際したときも内縁として保護されないのが原則になります。そして、

第1章　外縁をめぐる物語⑥　　**173**

妻が妊娠すると、その夫が父親であると推定されます。これを専門的には嫡出推定といいます。これに対して、法律離婚後では、再婚できるのが原則であり、再婚しない状態で妊娠したときは、嫡出推定されないため、誰が父親なのかは認知によって決めることになります。

葉月　そうすると、いま私が出産すると、認知をしてもらう必要があるのね。オープンマリッジとか言っていたけど、結局、まだ婚姻届はしていないから。

一中　はい、葉月さんの場合、このまま法律上の婚姻をしないのであれば、父親を決めるために認知が必要になりますね。それで、さつきさんの場合ですが、婚姻していることから素直に考えると、嫡出推定され、桂太さんが父親として戸籍に記載されることになります。しかし、裁判をすることでもよければ、婚姻の趣旨に反する別居が６年に及んでおり、外縁、事実上の離婚と評価できることを主張・立証することによって、嫡出推定されない可能性が高いと思います。これは、外観説といわれる判例の傾向に基づくものです。令和４年の民法改正の原則施行日が令和６年４月１日なので、その後に生まれるようなら改正法によることもできるようになるのですが、えーと、さつきさんは、神在さんと再婚するつもりはあるのかな。

さつき　はい、そのつもりです。新太さんは学歩とも仲良くしてくれているし、今度こそ円満な婚姻ができるのではないかと思って。

◆Point 084◆ 嫡出推定の説明まとめ〔メール回答⑥〕

From：弁護士一中（いちなか）

Sent：2024年2月26日14：16

To　：長田さつき様

Subject：今後のことなど

長田さつき様　　こんにちは、一中です。

　先日はご来所いただき、ありがとうございました。

　メールご質問について、回答を、まとめてみました。ご参考として。引き続き、よろしくお願いいたします～。

１　交通事故の損害賠償請求は、どのようになりますか。

（回答）

　斡旋申立書（→◆Point 099◆）を起案しましたので、ご検討いただきますよう。

２　神在さんとの再婚には、何か制限されることがありますか。

（回答）

　桂太さんの死亡によって婚姻は終了しました。令和４年改正によって削除された現行民法733条１項は、「女は、前婚の解消又は取消しの日から起算して

◆Point 085◆

100日を経過した後でなければ、再婚をすることができない」と規定していました。桂太さんの死亡によって前婚が解消されたので、その日から100日を経過すれば、再婚は制限されません。

3　もし妊娠していたとき、父親は神在さんと認められますか。
(回答)
　桂太さんが死亡した日から300日以内に生まれたときは、嫡出推定により桂太さんの子であると推定される可能性があります。ただ、長年にわたり別居しており、死亡した時点では外縁になっていましたから、推定の対象外となる可能性が高いでしょう。これにより嫡出推定が及ばないときは、神在さんが認知することができます。令和4年改正後の民法は、令和6年4月1日から施行されています。

第2章：生まれくる子の比較

◆Point 085◆ 円満婚姻・法律離婚・外縁の比較⑥
1　円満婚姻中に生まれくる子

図27 ▶円満婚姻モデル⑥

　外縁をめぐる三元論（→◆Point 004◆）によると、円満婚姻は、ナイQ型である（→図27）。AKとBKは、法律上の婚姻をしており（P：法律婚姻はアル）、その共同生活は破綻しておらず（Q：実質破綻はナイ）、形式と実質は一致している（R：形式一致はアル）。したがって、円満婚姻においては、法律上の婚姻としての効果を認めることが素直である。典型的な場面では、①人類学的にみた親子の意義（→◆Point 086◆）もあり、②嫡出推定（→◆Point 087◆）が認められることになる。

2　法律離婚後に生まれくる子
　外縁をめぐる三元論（→◆Point 004◆）によると、法律離婚は、ナイP型である（→図28）。ARとBRは元夫婦にすぎず（P：法律婚姻はナイ）、その共同生活は破綻しているから（Q：実質破綻はアル）、形式と実質は一致している（R：形式一致はアル）。したがって、法律離婚においては、法律上の婚姻とし

◆Point 086◆

ての効果を認めないことが素直である。典型的な場面では、①嫡出推定の制限（→◆Point 088◆）があるため、②認知（→◆Point 089◆）によって父子関係を定めることになる。

3　外縁中に生まれくる子

　外縁をめぐる三元論（→◆Point 004◆）によると、外縁は、ナイR型である（→図29）。AGとBGは、法律上は婚姻をしているにもかかわらず（P：法律婚姻はアル）、その共同生活が実質的に破綻しており（Q：実質破綻はアル）、形式（婚姻）と実質（離婚）は一致していない（R：形式一致はナイ）。外縁においては、形式と実質が一致していないことを考慮することが必要であり、法律上の婚姻としての効果を認めるか否かは、場面によって異なる。本書では、嫡出推定と認知（→◆Point 090◆）について検討している。

第3章：円満婚姻中に生まれくる子

◆Point 086◆ 人類学的にみた親子の意義

1　家族の起源

　民法学と人類学との関係について、「婚姻と親子とを分断して考えることができるのか。この問題を考えるにあたって大きな示唆を与えてくれるのは、次のテクスト（……山際寿一『家族の起源——父性の登場』〔東京大学出版会、1994〕）であろう」（大村 2017b・132 頁）という指摘がある。そこでは、「結論として、父性という社会的な関係が、契約・掟・慣習によって承認されることによって、人類の親族構造は支えられているとする。ここには、近親婚の禁止、貞操義務、

とりわけ父子関係の契約性・社会性という家族法の主要要素が登場する。また、兄弟姉妹の協力関係、同居の観念性といった現代的な問題に示唆を与える記述も見られる」（大村 2017b・137 頁）とされる。また、「山際の考察……は興味深い。彼によれば、人類の歴史の中で、女たちは男たちを父にする約束を交わしてきた、それを承認してきたというのである。もちろん、現代日本において、これと違う結婚観に立脚することは不可能ではない。しかし、そのためには、人類史的な文脈からの離脱が今日なぜ可能なのか、その基礎づけがなされなければならない」（大村 2017b・141 頁）という指摘もある。

　筆者は、これらの指摘を受けて、人類学のテクストを読み、ゴリラに関する知見について依頼者に説明する経験も重ねながら、婚姻とは何か、家族とは何か、父親とは何か、という問題を考え続けている。

2　ゴリラとの比較

(1) 子の成長　　人類学において、「ゴリラの子どもの成長ぶりを見ていると、人間の子どもの不思議な特徴に気づかされる」（山極 2020・192 頁）という指摘がある。

　子が生まれた時について、①「ゴリラは小さく生まれて、早く大きく育つ。人間は大きく生まれて、ゆっくり小さく育つ。なぜ、こんなちがいがあるんだろう。このちがいは脳の大きさと成長にある」（山極 2020・193 頁）、②「人間に年の近い兄弟や姉妹がいるのは、お母さんが短い間にたくさん子どもを産めるせいである。そのちがいは、おそらくゴリラと人間のすんでいる環境にある。……サバンナには木がまばらなので、逃げ込む安全な場所が不足している。おとなばかりでなく、きっと赤ちゃんや子どもがおそわれて死亡率が急上昇しただろう。そこで、たくさんの子どもを産んで人口を維持しなければならなくなった。そのために、授乳する期間を縮めて、次の子どもを産めるようにしたのではないか、というわけだ。その結果、人間の子どもは離乳が早められ、永久歯が生えるまで乳歯で過ごす長い離乳期ができた。……この時期は人間の子どもにとってとても危険で、周囲が力を合わせて育てなければならない重要な時期なのだ」（山極 2020・194～195 頁）と説明されている。

　子の思春期については、「脳の成長は、人間の子どもにとってもう１つの不安定で危険な時期をもたらす。12～16 歳に脳の成長が止まると、エネルギーを体の成長に回すことができるようになって、急に体が変わり始める。……体とちがって心はそう急速には変われない。人間の社会はとても複雑で、いろんな知識や体験を積む必要があるからだ。……めまぐるしい変化のなかで自分をつくっていくのは、人間だけに課せられた難しい目標であるし、周囲の温かい支援がなければ乗りきれないことなのだ。それをわたしはゴリラの子どもの成

◆Point 087◆

長を見て学んだ。人間の子どもにとって、家族とそれを囲む共同体がとても大切であることに改めて気づかされた」（山極2020・195〜196頁）と説明されている。

(2) 父親という存在　人類学において、「動物のオスは子孫に遺伝子を提供することはあっても、常時子どもの世話をする父親になることはまれだ。……なぜ、人間の社会は父親をつくったのか？　それは人間が頭でっかちで成長の遅い子どもをたくさんもつようになったからだ。豊かで安全な熱帯雨林を出て、危険で食物の少ない環境に適応するため多産になり、脳を大きくする必要に迫られて身体の成長を遅らせた結果である。母親ひとりでは育児ができなくなり、男が育児に参入するようになったのだ。しかし、育児をするだけでは父親にはなれない。父親とは、ともに生きる仲間の合意によって形成される文化的な装置だからである」（山極2018・35〜36頁）、「人間の父親は、母親と子どもだけに認められた存在ではなく、共同体のなかでその社会的役割が認められていなければならない。だから、その男が単なる男ではなく、父親としてふるまうことが許容されるのだ。父親としての役割を自認することによって、その男には特権や義務があたえられる。そして、周囲の人たちがあの子の父親はだれそれだと常に口にすることによって、男たちは不在のときを挟んでも父親としての地位を失うことがない。社会的父親とは人間が最初につくった文化だと私は思う」（山極2018・38頁）と説明されている。

これらの指摘は、男女共同参画が重視され、女性が（男性と同じように）労働対価としての給与所得を得ることが当たり前になりつつある現代の日本において、男性が（女性と同じように）子育てに関わることの重要性を示唆している。

◆Point 087◆ 円満婚姻中の嫡出推定

1　嫡出とは

嫡出という言葉は、「『嫡出である』とは、『夫の子であること』、すなわち『婚姻中の男女の間にできた（懐胎された）子』を意味する。『嫡』は『正妻』を意味し……その産んだ子をも意味する」（大村2015・125〜126頁）と説明されている。

戸籍法49条2項1号にいう「嫡出でない子」という用語が差別的であると主張された事件において、最判平成25・9・26民集67巻6号1384頁は、「民法及び戸籍法において『嫡出でない子』という用語は法律上の婚姻関係にない男女の間に出生した子を意味するものとして用いられているものであり、所論は法令上のかかる用語についてその表現の当否を論ずるに帰するものであって、

178　第6編　生まれくる子

◆Point 087◆

採用することができない。本件規定は、嫡出でない子について嫡出子との関係で不合理な差別的取扱いを定めたものとはいえず、憲法14条1項に違反するものではない」と判示した。

立法論としては、「嫡出でない子」という用語が用いられてきた社会的、歴史的な背景を踏まえると、嫡出の用語を見直すべきという指摘がある。これに対しては、「嫡出である子と嫡出でない子とでは、法律上の父子関係の成立のみならず、親権者、氏、入籍すべき戸籍の決まり方においても区別がなされているところであり、これらの規律を見直す際には、各制度について、具体的な立法事実や国民の意識等を踏まえた検討が必要」（葉梨康弘法務大臣：衆議院本会議録5号11〜12頁）と説明された。

2　婚姻制度との関係

嫡出という言葉は、父と子の関係については、生物学的な関係を直接には問題とせず、母の婚姻という法的な関係によることを意味する。これは、「父を直接に定めることは困難である（少なくとも困難であった）という事情がある。比喩的に言えば、懐胎＝出産によって結ばれた母子の絆に比べ、父子の絆は脆弱なのである。そこで、婚姻という制度を媒介として父は定められている」（大村2003・194頁）と説明されている。

現在ではDNA鑑定によって血縁を確定できる可能性が高いため、父を直接に定めるという制度とすることも検討に値する。このことは、「『婚姻による親子関係』は、実は、その中に、血縁と擬制（意思・生活事実）の双方が組み込まれた制度なのである。仮に、DNA鑑定によって血縁の確定が可能になったとしても、それによって親子関係を決するのではなく、婚姻を媒介として親子関係を決するという考え方は維持することができる。問題は、カップルが安定した関係の中で子をもうけ育てるための法的制度として、婚姻を維持していくべきだと考えるか否かという選択にかかっている」（大村2003・195頁）と説明されている。筆者は、婚姻という制度を維持する方が、子育てをしようとする男女カップル保護という見地からは妥当であると考えている。ここでは、「DNA鑑定のような個別の、いわば家庭のプライバシーの塊のようなものを扱うということについては相当やはり慎重でないといけなくて、……余り一般的に、それを活用するということについては相当慎重論もあり、これは法制審の部会でも慎重論が述べられている」（金子修法務省民事局長：衆議院会議録6号24頁）という指摘が参考になる。

それでは、子育てをしようとする男女カップルであれば、婚姻届の有無を区別することは不要なのか。このことは、「ドイツや日本で説かれているように、そこから妻の貞操義務と性関係の継続性という『事実』のみを導くのであれば、

第3章　円満婚姻中に生まれくる子　179

◆**Point 087**◆

継続的な同居関係にある非婚カップルについても程度の差はあれ、同様の『事実』を見出すことができるだろう。……しかしながら、フランスでは（そして日本の一部の学説においても暗黙裡に）婚姻にはそれ以上の意味があると考えられてきた。すなわち、婚姻は、妻がこれから産む子を自己の子として引き受けるという合意（包括的な事前の認知）を含むというのである。……そうだとすると、同居もまた事実上の推定をもたらすことはあるとしても、法律上の推定をもたらすのは婚姻のみであると考えるべきことになろう」（大村 2015・138頁）と説明されている。筆者は、婚姻という法律制度を維持するのであれば、嫡出推定については法律婚と内縁とは異なるものとする方が良いと考えている。法律上の婚姻は「男女のカップルのうち一定の要件を満たすものに対して特別の保護を与える制度」（→◆**Point 005**◆）であり、ある程度の違いを認める方が適切だからである。

3　嫡出推定の理由

　現行民法 772 条は、1 項で「妻が婚姻中に懐胎した子は、夫の子と推定する」、2 項で「婚姻の成立の日から 200 日を経過した後又は婚姻の解消若しくは取消しの日から 300 日以内に生まれた子は、婚姻中に懐胎したものと推定する」と規定している。推定規定が置かれることには、①「それが覆されるまではその推定どおりに父親になるという……ルールがあることによって、子供が生まれたときに誰が父親か、つまり、子の養育義務を負う父親が誰かということが決まるという……子供にとってのメリットがある」（金子修法務省民事局長：衆議院会議録 6 号 11 頁）、②「婚姻中は不貞行為は駄目よという規律がもう 1 つ民法の中にあるものですから、婚姻後 300 日で再婚をしていないという方については、嫡出推定を前夫の子とするというのには一定の合理性がある」（葉梨康弘法務大臣：衆議院会議録 6 号 25 頁）と説明されている。

　そして、嫡出推定を覆すことの制限については、①「嫡出（父性）推定の基礎は、貞操義務の存在、子に嫡出子（子）としての身分を与える（個別の、または定型的な）意思によって支えられてきた。そして、外部からこれを覆すのに慎重な態度は、カップルの秘密を暴くことに対する自制から導かれてきた。そこにあるのはカップル間の信頼と秘密保持の重要性である。ここで『秘密保持』は、『家庭の平和維持』というよりも『私生活の尊重』を意味すると考えるべきだろう。事を荒立てるのを避けるのではなく、外から『見られない・知られない……』こと自体に、親密圏としての家族の 1 つの意味がある」（大村 2020b・106 頁）、②「嫡出否認は、婚姻法と親子法の要（連結点）となる重要な制度である」（大村 2020b・93 頁）と説明されている。

　このような見地からは、妻との性的関係によって子をもうけることはおよそ

180　第 6 編　生まれくる子

想定できない場合であるとしても、それだけで嫡出推定を覆すことはできない。性同一性障害があって性同一性障害者の性別の取扱いの特例に関する法律3条1項の規定に基づき男性への性別の取扱いの変更の審判を受けた者について、最決平成25・12・10民集67巻9号1847頁は、「妻との性的関係によって子をもうけることはおよそ想定できないものの、一方でそのような者に婚姻することを認めながら、他方で、その主要な効果である……嫡出の推定についての規定の適用を、妻との性的関係の結果もうけた子であり得ないことを理由に認めないとすることは相当でない」と判示した。この判例と外観説（→◆Point 090◆）の関係については、「外観説によってこれを説明することができるかどうかは必ずしも明らかではなく、別途対応が必要か否かを検討する必要がある」（親子部会資料5・8頁）と指摘されたことがある。

第4章：法律離婚後に生まれくる子

◆Point 088◆ 法律離婚後の嫡出推定の制限

1 法律離婚後も続く父性推定

　令和4年改正前の現行民法772条は、1項で「妻が婚姻中に懐胎した子は、夫の子と推定する」、2項で「婚姻の成立の日から200日を経過した後又は婚姻の解消若しくは取消しの日から300日以内に生まれた子は、婚姻中に懐胎したものと推定する」と規定していた。これは、法律離婚をした日から300日以内に生まれた子は、婚姻中に懐胎したものとして、元夫の子と推定することを意味する。

　この例外を認める解釈として、いわゆる外観説（→◆Point 090◆）がある。

2 令和4年の現行民法改正

　令和4年改正後の現行民法772条は、1項で「妻が婚姻中に懐胎した子は、当該婚姻における夫の子と推定する。女が婚姻前に懐胎した子であって、婚姻が成立した後に生まれたものも、同様とする」、2項で「前項の場合において、婚姻の成立の日から200日以内に生まれた子は、婚姻前に懐胎したものと推定し、離婚の成立の日から200日を経過した後又は婚姻の解消若しくは取消しの日から300日以内に生まれた子は、婚姻中に懐胎したものと推定する」、3項で「第1項の場合において、女が子を懐胎した時から子の出生の時までの間に2以上の婚姻をしていたときは、その子は、その出生の直近の婚姻における夫の子と推定する」、4項で「前3項の規定により父が定められた子について、第774条の規定によりその父の嫡出であることが否認された場合における前項の規定の適用については、同項中『直近の婚姻』とあるのは、『直近

◆Point 089◆

の婚姻（第774条の規定により子がその嫡出であることが否認された夫との間の婚姻を除く。）』とする」と規定している。

　ここで300日推定規定を維持する理由は、①「離婚に先立って一定期間別居するということが離婚の要件とはされていないために、婚姻中に夫の子を懐胎し、子の出生前に協議離婚に至り、しかる後に子を出生するといった事案が一定数存在する」、②「婚姻の解消又は取消しの日以降に生まれた子について、例えば、一律に前婚の夫の子と推定しないものとすると……真実は前夫の子である場合であっても、前夫の認知によらなければ直ちに子の法律上の父が確保されないということになって、子に父が与えられない結果、子の利益を害するおそれがある」という点にある（金子修法務省民事局長：衆議院会議録6号4頁）。これは令和2年の人口動態統計によると「令和2年中に離婚した夫婦のうち、離婚前1か月以内に同居をやめた夫婦が約52.8％、それから、離婚前5か月以内まで遡りますと、この期間に同居をやめた夫婦は80.5％」（金子修法務省民事局長：衆議院会議録6号14頁）という事実も参考として、離婚前の比較的近いところまでは同居している夫婦も結構おり、推定の基盤がないとはいえないことに基づいている。

　令和4年改正後の現行民法772条3項は「女が子を懐胎した時から子の出生の時までの間に2以上の婚姻をしていたときは、その子は、その出生の直近の婚姻における夫の子と推定する」と規定しているため、離婚等により婚姻を解消した日から300日以内に生まれた子であっても、母が子の出生の時までに再婚している場合は、再婚後の夫の子と推定することになる。その理由は、①「再婚までされた方については、再婚後の夫の子と推定するのが、その蓋然性からいってもいいだろうという趣旨で、今回は、再婚後の場合に再婚後の夫の子との推定を優先させる」（金子修法務省民事局長：衆議院会議録6号19頁）、②「法務省が令和2年に実施した調査の結果によりますと、離婚後300日以内に出生した無戸籍の方のうち、母の再婚後に出生した方が約35％……。これらの方は……再婚後の夫の子と推定されることになりますので、これらの方が前夫の嫡出推定を避けるために無戸籍となっていたとすると、その解消が見込まれる」（金子修法務省民事局長：衆議院会議録6号15頁）と説明された。ここでは、現行民法733条1項の削除によって再婚禁止期間が廃止されること（→◆Point 047◆）によって、再婚しやすくなることも意識されている。

◆Point 089◆ 認知

1　婚姻関係にない父親の決定方法

　現行民法779条は、「嫡出でない子は、その父又は母がこれを認知すること

◆Point 089◆

ができる」と規定している。このことは、「生物学上の父母が婚姻関係にない場合には、法的な親子関係の成立について適用されるルールは、全く異なる。民法は別の制度を用意している。『認知』と呼ばれる制度である」（大村 2003・196 頁）と説明されている。

　条文上は、「母」が認知することも想定されている。しかし、最判昭和 37・4・27 民集 16 巻 7 号 1247 頁は、「母とその非嫡出子との間の親子関係は、原則として、母の認知を俟たず、分娩の事実により当然発生すると解するのが相当である」と判示した。そのため、実務において問題となるのは、「父」の認知である。

　現行民法 779 条が認知の客体を「嫡出でない子」と規定していることは、「嫡出である子は認知の対象とならないことを示している。これには 2 つの意味がある。第 1 に、嫡出推定が及んでいる者は、認知をするまでもなく否認の訴えを提起しない限り、父として扱われる。第 2 に、嫡出推定が及んでいない者は、嫡出否認がなされない限り、子を認知することができない。逆に言えば、嫡出推定が外れれば、認知は可能である。……日本法においては、（不貞によって生まれた）姦生子・（近親間に生まれた）乱倫子であっても認知を妨げない」（大村 2015・156 頁）と説明されている。

2　認知の無効

　令和 4 年改正前の現行民法 786 条は、「子その他の利害関係人は、認知に対して反対の事実を主張することができる」と規定していた。

　最判平成 26・1・14 民集 68 巻 1 号 1 頁は、「血縁上の父子関係がないにもかかわらずされた認知は無効というべきであるところ、認知者が認知をするに至る事情は様々であり、自らの意思で認知したことを重視して認知者自身による無効の主張を一切許さないと解することは相当でない」と判示した。その理由は、①「血縁上の父子関係がないにもかかわらずされた認知については、利害関係人による無効の主張が認められる以上（民法 786 条）、認知を受けた子の保護の観点からみても、あえて認知者自身による無効の主張を一律に制限すべき理由に乏しく、具体的な事案に応じてその必要がある場合には、権利濫用の法理などによりこの主張を制限することも可能である」、②「認知者が、当該認知の効力について強い利害関係を有することは明らかであるし、認知者による血縁上の父子関係がないことを理由とする認知の無効の主張が民法 785 条によって制限されると解することもできない」、③「認知者は、民法 786 条に規定する利害関係人に当たり、自らした認知の無効を主張することができるというべきである。この理は、認知者が血縁上の父子関係がないことを知りながら認知をした場合においても異なるところはない」という点にある。

◆Point 089◆

3 令和4年の現行民法改正

令和4年改正後の現行民法786条1項は、「次の各号に掲げる者は、それぞれ当該各号に定める時（第783条第1項の規定による認知がされた場合にあっては、子の出生の時）から7年以内に限り、認知について反対の事実があることを理由として、認知の無効の訴えを提起することができる。ただし、第3号に掲げる者について、その認知の無効の主張が子の利益を害することが明らかなときは、この限りではない」として、(1)「子又はその法定代理人　子又はその法定代理人が認知を知った時」、(2)「認知をした者　認知の時」、(3)「子の母　子の母が認知を知った時」を列挙している。

ここで認知無効を制限する理由は、①「血縁関係がない者による認知は無効とされ、子その他の利害関係人が無効を主張することができることとされており……主張権者が広範で無効主張の期間制限もないことから、子の身分関係がいつまでも安定せず、嫡出否認の訴えについて厳格な制限が設けられていることとの均衡を欠くとの問題がかねてから指摘されており」、②「嫡出子の親子関係の規律を見直すことに伴いまして、嫡出でない子の親子関係の規律も見直す」、③「認知された子の身分関係の安定を図るため、無効を主張することのできる主張権者の範囲を、子、子の法定代理人、認知をした者、子の母に限定するとともに、これらの主張権者は認知等のときから7年間が経過した後は認知の効力を争うことができないこととする」（金子修法務省民事局長：参議院会議録9号2頁）と説明された。

認知の無効の性質については、「①認知無効を宣言する判決が確定してはじめて認知が無効となるとする形成無効説、②認知無効の判決の確定を待つことなく他の訴訟等において先決問題として認知の無効を主張できるとする当然無効説があるところ、……事実に反する認知の主張は訴えによるべきこととして、形成無効説の立場を採ることを明らかにしている。その上で、認知の無効の訴えの出訴期間については、嫡出否認の訴えの出訴期間との均衡のほか、民法上の各種制度における期間制限の規定の在り方等をも参照して、7年間としている」（親子部会資料25-2・24頁）とされる。この提訴期間については、「嫡出否認の訴えの出訴期間とのバランスのほか、民法上の各種制度における期間制限の規定の在り方などを参照するなどしまして、認知がされたことを前提にした身分関係の状態が継続した場合には、もはや覆すことは社会的に相当でないと考えられる時間の経過として合理的と認められる期間を定めた」（金子修法務省民事局長：参議院会議録9号2頁）と説明された。ここで参照された「民法上の各種制度における期間制限」（佐藤103頁）は、①5年（現民126条前段・166条1項1号・832条1項等）、②7年（現民30条1項・816条2項等）、③10年（現民162条

◆Point 090◆

2項・166条1項2号・919条3項後段等）である。

第5章：外縁中に生まれくる子

◆Point 090◆ 外縁における嫡出推定と認知

1 法務省の通達

法務省は、「婚姻の解消又は取消し後300日以内に生まれた子の出生の届出の取扱いについて」と題する平成19年5月7日付民事局長通達により、婚姻の解消または取消し後300日以内に生まれた子について、医師が作成した「懐胎時期に関する証明書」が添付され、当該証明書の記載から、推定される懐胎の時期の最も早い日が婚姻の解消または取消しの日よりも後である場合に限り、母の嫡出でない子または後婚の夫を父とする嫡出子出生届出ができるとした。これは、「血縁を重視するように見える。しかしながら、最も問題の多い事例（離婚後に懐胎したことが確かなのに前夫の嫡出子と推定されてしまうという事例）に対応することによって、その他の場合については血縁だけを根拠に嫡出推定を外すことを認めなかったと理解することもできる」（大村2020b・96〜97頁）と説明されている。

2 嫡出推定を制限する判例（外観説）

(1) リーディングケースとなる最高裁判例 父性推定においては、形式ではなく、実質が重視されている。別居しているだけでは嫡出は推定されているが、外縁（事実上の離婚）の段階になれば、嫡出推定を制限する判例（外観説）によって推定されなくなる（→◆Point 015◆）。したがって、外縁のときは、嫡出否認はなく、認知（現民779条）によることになる。

最判昭和44・5・29民集23巻6号1064頁は、「Xは母AとZとの婚姻解消の日から300日以内に出生した子であるけれども、AとZ間の夫婦関係は……離婚の届出に先だち約2年半以前から事実上の離婚をして爾来夫婦の実態は失われ、たんに離婚の届出が遅れていたにとどまるというのであるから……Xは実質的には民法772条の推定を受けない嫡出子というべく、……XはZからの嫡出否認を待つまでもなく、Yに対して認知の請求ができる」と判示した。これは、外観説を採用したものであり、「離婚後300日以内に生まれた子につき、夫婦が『事実上の離婚』をして『夫婦の実体』が失われている場合には、もはや嫡出推定が及ばないことがある、したがって、嫡出否認の訴えによらず親子関係を否定することができる、とした。……民法の規定を形式的にあてはめれば嫡出推定が及ぶ場合であっても、事実上の離婚状態が生じてから300日を超えて生まれた子はもはや嫡出推定を受けないとしたわけであ

第5章 外縁中に生まれくる子　*185*

◆Point 090◆

る。これを『推定の及ばない子』と呼んでいる」（大村 2020b・95 頁）と説明されている。

(2) 最高裁判例の傾向　最判平成 10・8・31 判時 1655 号 128 頁は、「当時、太郎は出征していまだ帰還していなかったのであるから、花子が太郎の子を懐胎することが不可能であったことは、明らかというべきである。したがって、X は実質的には民法 772 条の推定を受けない嫡出子」であると判示した。

　最判平成 12・3・14 判時 1708 号 106 頁は、「夫と妻との婚姻関係が終了してその家庭が崩壊しているとの事情があっても、子の身分関係の法的安定を保持する必要が当然になくなるものではないから……親子関係不存在確認の訴えをもって夫と子との間の父子関係の存否を争うことはできない」と判示した。

　最判平成 26・7・17 民集 68 巻 6 号 547 頁は、「夫と子との間に生物学上の父子関係が認められないことが科学的証拠により明らかであり、かつ、夫と妻が既に離婚して別居し、子が親権者である妻の下で監護されているという事情があっても、子の身分関係の法的安定を保持する必要が当然になくなるものではないから、上記の事情が存在するからといって、同条による嫡出の推定が及ばなくなるものとはいえず、親子関係不存在確認の訴えをもって当該父子関係の存否を争うことはできないものと解するのが相当である。このように解すると、法律上の父子関係が生物学上の父子関係と一致しない場合が生ずることになるが、同条及び 774 条から 778 条までの規定はこのような不一致が生ずることをも容認しているものと解される」と判示した。

　以上のとおり、客観的（外形的）にみて婚姻が存続する場合には、嫡出推定は外れないことが、最高裁判所において繰り返し確認されてきた。このことは、「血縁説に近い方向に流れがちな下級審の実務について、最高裁と学説が、意識的に婚姻重視の法理である外観説へと引き戻すことが繰り返されてきた。血縁主義に対抗するものとして、外観説が再び強く打ち出される過程で、婚姻という外観がある限りは、血縁の父を含む第三者の干渉を排除できるという婚姻尊重の法理が強い力を持つに至る。このように考えると、わが国の婚姻親子における父子関係については、婚姻を尊重する判例法理が固まりつつあるものの、しかしながら、これは血縁を重視する社会意識を十分に説得するには至っていない」（山口真 5〜6 頁）と説明されている。

3　令和 4 年の現行民法改正過程における議論

(1) 外観説を明文化することの不採用　上記 **2** の各判例は、いわゆる外観説によるものであり、これを明文化できれば、嫡出推定の範囲も外観の有無によって区別することができる。そうなると嫡出推定の基礎が十分な場合に限定できるメリットがある。このことは、「妻が婚姻中に子を懐胎した場合であっ

186　第 6 編　生まれくる子

◆Point 090◆

ても、懐胎時期に、既に夫婦が事実上の離婚をして夫婦の実体が失われ、又は遠隔地に居住して、夫婦間に性的関係を持つ機会がなかったことが明らかであるなどの事情が存在するときは、その子について民法772条の推定が及ばず、嫡出否認の訴えによることなく、父子関係不存在確認の訴え（人事訴訟法2条2号）や認知の訴え（強制認知。民法787条、人事訴訟法2条2号）により、父子関係を否定することができるとする見解、いわゆる外観説を明文化することについても検討していた」（親子部会資料12-4・2頁）とされる。

　しかし、これは採用されなかった。その理由は、外観説を仮に明文化しても要件（事実上の離婚等）該当性の判断は難しく、出生届を受けた戸籍窓口の対応ができないことによるのではないかと思われる。このことは、①「別居等の後に懐胎された子に該当する場合の法的効果については、嫡出推定規定……が適用されないものと位置付けることになるが、このような規律を設けた場合には、生まれた子について、裁判手続等を経ることなく、当然に夫の子でないものと扱われることとなる。現行法の下での推定の及ばない子の判例法理がその法的効果についてどのように考えているかについては、様々な理解があり得るところ、戸籍実務等の取扱いとしては、裁判手続により、嫡出推定の例外事情が認定されない限り、嫡出子として扱われることとなっていることからすると、明文化によって、現行法よりも、子の地位が不安定になる懸念があることは否定できない」（親子部会資料22-3・3頁）、②「別居等の後に懐胎された子に関する規律を明文化しなかったとしても、推定の及ばない子に関する判例法理が適用される事案の取扱いは従前どおりであって、引き続き強制認知等の調停・訴えをすること可能であることからすると、届出による嫡出推定の例外を認める制度を導入しない場合には、あえてこの規律を設ける意義は乏しいものと考えられる」（親子部会資料22-3・3頁）と説明されている。

(2) 将来の法改正に向けた検討

筆者は、上記(1)の経緯を踏まえつつ、「外縁」を明文化する際に、外観説についても明文化する方が良いと考えている。その具体化については、①「アメリカにおける親子の要件からわが国への示唆を得るにあたっては、幾多の困難がある。だが、それでもなお、1960年代以降のアメリカの父子関係決定法理の発展から導き出される第2の親の最小限の要件は、わが国においても一定の意義があると考えるのである」（山口真360頁）、②「アメリカ法の検討を通して、社会の変化の中で新しい親子関係が露わになるに従い、法は、婚姻や血縁とは似て非なる要素を抽出してきたことを示した。それは、婚姻それ自体ではなく、親として子との関係に入ることに関する母との合意である。そして、血縁それ自体でなくとも子との継続的な関係の保障があることである。そこに、家族という外観の表示が加われば、第2の

第5章　外縁中に生まれくる子　　*187*

◆Point 090◆

親と子どもの間に親子関係が認められる。母、子ども、社会という第2の親の3要素が、わが国の父子関係を説明しうるかについては、今後の検討課題としたい」（山口真361頁）という指摘も参考になる。ここに「家族という外観の表示が加われば、第2の親と子どもの間に親子関係が認められる」とあることが、家族という外観の表示がないときは父（第2の親）との親子関係を認めないことを含意するのであれば、外縁（事実上の離婚）の段階になれば嫡出推定を制限する判例（外観説）によって推定されなくなることと整合的である。

　将来の法改正において「外縁」を明文化する際の主な検討課題として、以下のものを想定することができる。

（a）**要件**　　要件の骨子は、法律上の婚姻をしていること、夫婦関係が事実上は破綻して当事者が別居していること、法律上の離婚をしていないことにある（→◆**Point 015・016**◆）。

（b）**婚姻費用の分担**　　ここでは、別居時ルールについて実務と学説が相違していることを意識すべきである（→◆**Point 031**◆）。

（c）**夫婦の財産管理**　　ここでは、（潜在的）別産制と物権法上の共有との関係を整理することが期待される（→◆**Point 033**◆）。

（d）**財産分与**　　ここでは上記(c)の整理を踏まえつつ財産分与を認める場合の要件を検討することになる（→◆**Point 033**◆）。

（e）**貞操義務**　　ここでは、判例を参考として、貞操義務がないと明文化することが原則となる（→◆**Point 046**◆）。

（f）**夫婦の氏**　　ここでは、夫婦同氏制の見直しとともに通称使用について明文化することも課題となる（→◆**Point 043・047**◆）。

（g）**内縁の明文化**　　内縁については判例も多くあり、要件・効果を周知するために明文化することが好ましい（→◆**Point 054**◆）。

（h）**再婚の禁止**　　ここでは、再構成として法律婚はできないことの明文化が課題となる（→◆**Point 062**◆）。

（i）**重婚的内縁の保護**　　ここでは上記(g)・(h)を前提としつつ、再構成として重婚的内縁があることの明文化が課題となる（→◆**Point 055・062**◆）。

（j）**共同親権**　　ここでは、法律離婚後に共同親権（令和6年改正後の現民819条）を選択した事例も検討することが適切である（→◆**Point 063**◆）。

（k）**遺族年金**　　ここでは、判例を参考として、遺族厚生年金を請求できないと明文化することが原則となる（→◆**Point 081**◆）。

（l）**嫡出推定**　　ここでは、判例（外観説）を参考として、嫡出と推定しないと明文化することが原則となる（→◆**Point 090**◆）。

◆**Point 091**◆

第7編 書式例

第1章：建物明渡請求

◆**Point 091**◆ **訴状（案）：メール添付のもの**

From：長田桂太

Sent：2019年12月6日12：12

To　：長田さつき

Subject：訴状（案）

　昨夜、電話した件です。貴女（長田さつき氏）を訴えるために準備している訴状（案）を添付しました。電話で合意できなかったことは残念ですが、これを読めば、私が本気であることを理解してもらえると思います。速やかに退去することを、ご検討ください。

長田桂太

※　以下、訴状（案）です

訴　状　（案）

第1　請求の趣旨

1　被告は、原告に対し、別紙物件目録記載の建物を明け渡せ

2　被告は、原告に対し、平成29年10月7日から明渡済みまで1か月金10万円の割合による金員を支払え

3　訴訟費用は被告の負担とする

との判決並びに仮執行宣言を求める。

第2　請求の原因

1　原告は、平成28年10月6日から、別紙物件目録記載の建物（以下、本件建物という）を所有している（※別紙は必要に応じて後日メールします）。

2　被告は、原告の妻であるところ、平成29年10月6日に原告が転居した後も本件建物に居住し、これを占有している。被告の占有は、原告との合意に基づいて開始したものではあるが、これは夫婦としての同居を認めたものにすぎず、被告に独自の占有権原を認める合意をしたことはない。そのため、上記別居の日の翌日（平成29年10月7日）以降、被告の占有には、何らの法的権原も認められない。

3　本件建物の近隣にある類似建物の賃料相場は、月額10万円を下らない。

4　よって、原告は、被告に対し、本件建物の所有権に基づき、本件建物の明渡

◆Point 092◆

しを求めるとともに、平成 29 年 10 月 7 日から明渡済みまで 1 か月あたり 10 万円の割合による賃料相当損害金の支払を求める。

◆Point 092◆ 打合せメモ 1

打合せメモ 1

令和元年 12 月 26 日

長田　さつき　　様

弁護士　　一中　和洋

長田桂太氏の訴状（案）について、当職の意見は、下記のとおりです。

記

第 1　意見

長田桂太氏に対して以下のとおりメールで回答することを提案します。

【メール案】

桂太さん　　こんにちは、さつきです。お元気にされていますか。

　先日の電話で「自宅を売却していきたいので、速やかに転居して欲しい。応じないのであれば明渡を求めて訴訟することを検討しています」と言われました。その後のメールで訴状（案）も受領しました。でも、どうすることが正しいのか分からず、いろいろ考えていますが、まだ受け入れる気持ちにはなれません。学歩のためにも、もう一度、2 人でしっかり話し合うことを希望します。

　ご再考いただきますよう、お願いいたします。

第 2　理由

1　建物明渡請求訴訟

　長田桂太氏の見解は、自分が単独所有している建物に貴方様と学歩くんが居住しているにもかかわらず明確な合意がないことから、所有権に基づく明渡請求訴訟を提起すればよい（勝訴できる）というものと思われます。

　上記訴訟において原告（長田桂太氏）が主張・立証する必要がある事実は、①原告が当該物を所有していること、②被告が当該物を占有していることだけであり、これらの事実を争いはありません。そのため、被告（貴方様）が抗弁として「占有権限」（例えば、賃借権等）を主張・立証できるかが主な争点になると思われます。具体的には、①貴方様との間で居住を認める合意があったこと、②金銭を支払ってはいないものの、婚姻費用分担において考慮していることが指摘され、賃借権（類似の権利）がある、と主張することが検討課題となります。浦野由紀子「別居・離婚と居住の保護」二宮周平編集代表『現代家族法講座　第 2 巻　婚姻と離

190　第 7 編　書式例

◆Point 092◆

婚』日本評論社 165〜187 頁では、同居義務（民法 752 条）を占有権原とする裁判例と、原則として明渡請求を認めつつ権利濫用を考慮する裁判例のあることが紹介されています。

ご参考として、2 つの裁判例を引用します。

(1) 札幌地判平成 30・7・26 判時 2423 号 106 頁

占有権限の有無について、「仮に、X が東京へ単身赴任する際、X、Y 間で本件マンションの使用貸借契約が黙示に締結されたとしても、当該契約は、その性質上当然に、X、Y 間の婚姻関係が終了することを解除条件としたものであったと解される。よって、X、Y が離婚した現在、Y が本件マンションの使用借権を有しているとはいえず、Y に占有権原があるとはいえない。」

権利濫用の成否について、「婚姻期間中に形成された財産関係の離婚に伴う清算は財産分与手続によるのが原則であるから、本件マンションの帰趨は財産分与手続で決せられるべきであり、このことは本件マンションの住宅ローンの負債額が X 及び Y の総資産額の合計を上回っている場合であっても変わらない。このような意味で、Y は、財産分与との関係で、本件マンションの潜在的持分を有しているところ、当該持分はいまだ潜在的、未定的なものであっても財産分与の当事者間で十分に尊重されるべきである。よって、X が、近々財産分与申立事件の審判が下される見込みである中……、同手続外で本件マンションの帰趨を決することを求めることは、Y の潜在的持分を不当に害する行為と評価すべきであり、権利濫用に当たるというべきである。さらに、上記帰結が X に与える影響を検討しても、現在、X は釧路市に居住しており本件マンションに居住する必要がないことや、本件マンションの維持に伴う経済的不利益は、後記のとおり、Y が X に賃料相当損害金を支払うことにより一定程度緩和されることに照らすと、X に酷な結果をもたらすことになるとは認められない。以上によれば、X の各種主張等を考慮しても、本件において、X が、Y に対し、現時点において、本件マンションの明渡しを求めることは、権利濫用（民法 1 条 3 項）に当たり許されない。」

(2) 東京地判平成 30・7・13 判タ 1471 号 189 頁

一般論として、「夫婦は同居して互いに協力扶助する義務を負うものであるから（民法 752 条）、夫婦が夫婦共同生活の場所を定めた場合において、その場所が夫婦の一方の所有する建物であるときは、他方は、その行使が権利の濫用に該当するような特段の事情がない限り、同建物に居住する権原を有すると解するべきである。」

当該事案について、①「Q と P は婚姻しているのであるから、P が本件建物に居住することが権利の濫用に該当するような特段の事情がない限り、P は Q の本件建物の共有持分について、これを使用する権原を有する」、②「権利の濫用に該当するような特段の事情があるかについて検討する。……P が、本件建物に長男

◆Point 093◆

Rと共にQを排除して居住するようになったのは、QとPとの夫婦関係の相互の不満不信による不和に基づくものであり、その不和の原因がPのQに対する悪意の遺棄であるなどPの一方的な落度に基づくものであるとまでは認められない」、③「婚姻費用の算定において……実質的には、Qが本件建物の共有持分を使用させていることについて考慮されており、この使用に加えて更に婚姻費用の負担を強いられているということにはなっていない」、④「近い将来において、QとPの離婚が成立し、その際には、本件の問題も解決することになることが見込まれる」、⑤「権利の濫用に該当するような特段の事情があるとは認めることができず、……Pは、Qの本件建物の共有持分について、夫婦の扶助義務に基づいて、これを使用する権原を有すると認められる。」

第2章：不貞行為による損害賠償請求

◆Point 093◆ 通知書（案）

通　知　書（第1案・2月14日）

※注：本書面は、桂太さんと合意できないときに備えて準備しているものです。ご参考としてお送りします。

令和2年2月　日

住所（略）

師走　紗香　様

住所（略）

長田　さつき　㊞

前略　突然の手紙にて、失礼します。

　私は、長田桂太の妻です。貴女が、桂太が既婚者であることを知りながら積極的に誘って交際を始めて、その後に、私たちと別居した桂太の借りているマンションに転居したことを知りました。これは、不貞行為であり、事実関係を証明する準備はできています。

　貴女と桂太の不貞行為は、桂太の法律上の妻である私の法的利益を害する不法行為ですから、貴女と桂太は共同不法行為（民法719条）に基づく損害賠償の連帯責任を負っていることになります。私は、不貞行為の慰謝料額として300万円を支払っていただくことを求めます。ご検討いただきますよう。

　以上、用件のみにて、失礼いたします。

草々

◆Point 094◆

◆Point 094◆ 合意書（案）

合　意　書（第 1 案・2 月 14 日）

※注：本書面は、桂太さんからの提案を基に表現を工夫したものです。これを承諾されたときは、師走さんに通知書を送付しないことを予定しています。

　長田さつき（以下、甲という）と長田桂太（以下、乙という）は、乙が師走紗香（以下、丙という）と不貞行為をしていることに基づく損害賠償責任（以下、本件責任という）について、本日、以下のとおり合意した。

第 1 条　　乙は、甲に対し、本件責任として、慰謝料 300 万円、及び、これに対する平成 29 年 11 月 6 日から支払済まで年 5% の割合による遅延損害金の支払義務があることを認める。

第 2 条　　乙は、甲に対し、令和 2 年 4 月　日（※日程は調整いたしたく）、本合意書作成の席上にて、現金 70 万円を支払い、甲はこれを受領した。

第 3 条　　乙は、甲に対し、前条による弁済後の残額を次のとおり 17 回に分割して、令和 2 年 5 月から令和 3 年 9 月まで、毎月 25 日限り、甲名義の銀行預金口座（※詳細は承諾された後に記入します）宛に振込送金する方法で支払う。振込手数料は、乙の負担とする。

　(1) 令和 2 年 5 月〜令和 3 年 8 月まで（16 回）　金 5 万円ずつ

　(2) 令和 3 年 9 月　元本残金 150 万円及び遅延損害金全部

第 4 条　　乙が前条の金員の支払を 2 回以上怠り、その金額が 10 万円に達したときは、当然に期限の利益を失う。

第 5 条　　乙が期限の利益を失うことなく第 3 条(1)の金員を完済したときは、甲は、乙に対し、第 3 条(2)の支払義務を免除する。

第 6 条　　甲は乙に対し、本件責任を乙が履行したときは丙に対しては損害賠償責任の履行を求めないことを約束する。

令和 2 年 4 月　日

　　　甲：住所

㊞

　　　乙：住所

㊞

第 2 章　不貞行為による損害賠償請求　*193*

◆Point 095◆

第3章：夫婦関係調整調停（離婚）

◆Point 095◆ 調停申立書

夫婦関係調整調停申立書

令和5年9月1日

申立人　　長田　桂太
相手方　　長田　さつき

申立人　　長田　桂太

〔当事者〕

申立人　　長田　桂太　（おさだ　けいた）　昭和61年7月5日生
相手方　　長田　さつき（おさだ　さつき）　平成2年7月5日生
子　　　　長田　学歩　（おさだ　まなぶ）　平成27年10月6日生

〔申立ての趣旨〕

1　申立人と相手方とを離婚する
2　申立人と相手方との間の長男長田学歩の親権者を申立人と定める
3　財産分与として、相当額の分与を求める

〔同居・別居の時期〕

同居した日　平成27年7月5日
別居した日　平成29年10月6日

〔申立ての動機〕

性格の不一致

〔申立ての理由〕

1　婚姻の経緯等

　申立人と相手方は平成27年7月5日婚姻をし、同年10月6日、長男学歩（以下、長男という）が生まれた。

　婚姻当初はマンションを借りて住んでいたが、平成28年10月6日に申立人が土地建物の所有権を取得し、そこで親子3人で同居していた。

2　婚姻の破綻（離婚原因）

　相手方は、普段から感情的な発言が多く、申立人が仕事を優先することに強い不満を表明し続けてきた。特に学の2歳の誕生日である平成29年10月6日の口喧嘩では、申立人の人格を否定する発言が繰り返された。そのため、申立人は、相手方とこれ以上婚姻生活を続けていくことはできないと考えるに至った。そのため、同日からホテルに泊まって自宅には戻らず、その後は勤務先近くのマンションを賃借して転居し、相手方・長男と別居することになった。

194　第7編　書式例

◆Point 096◆

以上のとおり、別居期間は既に5年を超えているから、婚姻を継続し難い重大な事由（民法770条1項5号）がある。

調停申立に先立って何度も話し合っており、離婚すること自体については相手方も賛成している。争点は、親権者の指定のみである。

3　親権者の指定

長男が出生した後、これまでの監護養育を主に担ってきたのは相手方である。しかし、長男は8歳になり、これからは高度な教育を与えていく必要があるところ、この面では申立人の方が優れている。したがって、長男の親権者を申立人と指定することが相当である。

申立人としては、長男の養育費の全額を負担する用意があり、その分担を相手方には求めない。また、相手方と長男の面会交流については、長男の意思を尊重して、適切な範囲において認める予定である。

◆Point 096◆ 答弁書

答　弁　書

令和5年10月　日

申立人　　長田　桂太
相手方　　長田　さつき

相手方手続代理人　弁護士　一中　和洋

第1　申立ての趣旨に対する答弁

申立人と相手方の夫婦関係を円満に調整する
との調停を求める。

第2　申立ての理由等に対する認否

1　同居・別居の時期は認める。

2　申立ての動機は不知ないし否認する。主張は争う。

3　申立ての理由1（婚姻の経緯等）の事実は認める。同2（婚姻の破綻）のうち、別居期間が5年を超えている事実は認める。その余の事実は否認する。主張は争う。同3（親権者の指定）のうち、長男が出生した後、これまでの監護養育を主に担ってきたのが相手方である事実、長男が8歳である事実は認める。その余の事実は不知ないし否認する。主張は争う。

第3　相手方の主張

1　親権者の指定について

長男にどのような教育をするかは今後の課題であるが、高度な教育を与えるために高額の学費がかかるときでも、それは申立人が養育費として十分な金額を支払うことによって対応できる。仮に相手方が離婚に応じるときは、その条件とし

第3章　夫婦関係調整調停（離婚）　　*195*

◆Point 097◆

て、長男の親権者を相手方とすることが必要不可欠である。

2 財産分与について

申立書には記載がないものの、仮に離婚に応じるのであれば、清算的財産分与をすることも必要である。これは、離婚に際し、財産関係の清算のために配偶者の一方から他方へなされる財産の分与である。清算的財産分与の対象となるのは、「名義の如何を問わず、婚姻後夫婦が協力して取得した財産」（秋武憲一・岡健太郎『リーガル・プログレッシブ・シリーズ離婚調停・離婚訴訟 四訂版』青林書院180～181頁）である。

民法768条3項は「家庭裁判所は、当事者双方がその協力によって得た財産の額その他一切の事情を考慮して、分与をさせるべきかどうか並びに分与の額及び方法を定める」と規定しており、最判昭和46・7・23民集25巻5号805頁は、「離婚における財産分与の制度は、夫婦が婚姻中に有していた実質上共同の財産を清算分配」するものと判示している。これは、実質的共有説、すなわち、「婚姻中に取得した財産は、夫婦の一方の収入による場合でも他方の有形無形の協力に基づいている。つまり、夫婦の協力によって得た財産は、名義の如何を問わず、実質的に見れば、共有財産ということができる」（松本哲泓『離婚に伴う財産分与 裁判官の視点にみる分与の実務』新日本法規50頁）とする見解である。

相手方はこれまで多大な貢献をしてきたところ、その大半は申立人名義となっているから、財産分与を検討する必要がある。速やかに資料を提出されたい。

◆Point 097◆ 期日報告書

期　日　報　告　書

令和5年10月31日

長田　さつき　様

弁護士　　一中　和洋

申立人長田桂太氏・相手方貴方様の夫婦関係調整調停申立事件について、本年10月27日に第1回調停期日が開かれました。貴方様は出頭しませんでした。その内容（骨子）は、下記のとおりですので、報告いたします。

記

第1 期日における発言内容等

1 当職（一中）のみ在籍した状態で、調停委員は、「答弁書によると、離婚について協議することはできるものの、親権を譲ることはできないということのようですが、財産分与については検討されていますか」と質問しました。

196　第7編　書式例

◆Point 097◆

　　当職は、「本日は、財産分与について積極的に提示する準備をしていません。離婚の見通しは裁判例を踏まえて検討しており、時間や労力を惜しむつもりはないためです。財産分与については、双方の財産を開示し、いわゆる2分の1ルールによることが一般的な傾向であるとは思いますが、本件では、背景事情を含めて話し合う必要があります。もっとも、申立人から積極的に情報開示されるのであれば、次回期日までに検討いたします」と回答しました。

2　申立人と協議した後、当職のみ在籍した状態で、調停委員は、「申立人は、訴訟はしたくないため、調停離婚に応じてもらえるのであれば親権者は相手方とすることに異論はなく、財産分与についてもある程度の譲歩を検討すると発言しています。調停委員としては、そのような進め方にも一定の合理性はあると考えました。申立人から預貯金通帳の写しが提出されましたので、次回期日までに検討してください。ところで、次回期日に、相手方ご本人を同行していただくことは可能でしょうか」と質問されました。

　　当職は、「申立人と調停委員の方々の意向は分かりました。ご本人の仕事の都合もありますので、同行するか否かは未定です。調停委員の先生方から要請があったことを伝えて、対応を検討します」と回答しました。

第2　次回の調停期日

裁判所の期日は、以下のとおり指定されています。

　　令和5年12月20日（水）午後1時30分

ご同行いただけるか否か、ご検討いただきますよう。ご同行いただけるときは、同日正午に、当職事務所にて、待合せいたしたく。

第3　今後のことなど

1　検討課題

離婚に応じる場合、親権者は貴方様になることは申立人も認めています。

財産分与については、貴女様と学歩くんが住んでいる自宅をどうするかが難しい問題になります。不動産業者に査定してもらった時価額は、ローン残額とあまり違わないため、売却しても現金はほとんど残りません。前回期日に写しを渡された預貯金通帳によると現在額は40万円程度であり、それほど余裕はないようです。貴女様の預貯金の額にもよりますし、ある程度の譲歩を検討すると申立人が発言した経緯もありますが、申立人が居住していない状態で離婚後も申立人がローンを支払い続けるという条件は厳しすぎると思われるためです。今後の方針については、まず、自宅について住宅ローンを自ら支払ってでも居住し続けるのか、それとも離婚後は転居するのか、という点を決めたうえで、それに応じた金銭的調整を提案していくことを検討することに合理性があります。

2　心理・法律・経済という3つの視点

(1)　心理的なこと

◆Point 097◆

　現在係属しているのは夫婦関係調整（離婚）調停事件であり、合意が整わないときは不成立になります。離婚することは合意できたとしても、金銭給付その他の条件について合意できない限り、この結論は変わりません。そのため、譲歩案を提示する際には、申立人が応じるか否かという検討も必要です。

　しかし、このことは、申立人の要求に従う方が良いという意味ではありません。未だ裁判所の判断が示されていない段階において提示する譲歩案は、貴方様が納得できる（後悔しない）内容であることが最も重要です。

(2) 法律的なこと

　以下では、財産分与について（元）裁判官が執筆した書籍を参考として説明します。これは、夫婦関係調整（離婚）調停が不成立となった後の見通しを検討するための参考情報です。実際には個別事件の主張・立証によって一般的ではない結論となることもあることを、念のため、申し添えます。

　清算的財産分与とは、離婚に際し、財産関係の清算のために配偶者の一方から他方へなされる財産の分与です。これは、「夫婦が婚姻中に有していた実質上共同の財産を清算分配」（最判昭和46・7・23民集25巻5号805頁）するものであり、財産分与の判断基準について民法768条3項は「当事者双方がその協力によって得た財産の額その他一切の事情を考慮」と規定しています。

　例えば、①預貯金については「別居時の残高で算定するのが原則である」（秋武憲一・岡健太郎『リーガル・プログレッシブ・シリーズ離婚調停・離婚訴訟 四訂版』青林書院179頁）、②生命保険については「別居時の解約返戻金相当額で算定するのが原則である。解約返戻金相当額は、保険証券からは明らかでないため、個別に保険会社に照会しておく必要がある」（同書180頁）、③退職金については「一般的には、労働の事後的な対価とされており、抽象的には、婚姻後別居までに労働した分の対価として評価される部分が、清算的財産分与の対象となる。しかし、財産分与を行う時点で、退職年齢に達していないなど、退職金がいまだ支払われていない場合は、将来の退職金をどのように評価するかについては難しい問題があり、これについて見解が分かれており、裁判例も分かれている」（同書183頁）と説明されています。

(3) 経済的なこと

　上記(2)のとおり、清算的財産分与の対象は「婚姻後夫婦が協力して取得した財産」であるところ、現時点では双方とも財産に関する資料を提出していないため、確定的な計算をすることはできません。

　また、現在は婚姻費用を受領していますが、離婚後は、学歩くんの養育費のみとなるのが原則ですから、そのことも考慮する必要があります。

198　第7編　書式例

◆Point 098◆

◆Point 098◆ 打合せメモ2

打合せメモ2

令和5年12月26日

長田　さつき　様

弁護士　　一中　和洋

亡長田桂太氏の法定相続等について、当職の意見は、下記のとおりです。

記

1　法定相続について

　法定相続は、ある人が死亡したときに、その家族が残された財産（遺産）を包括的に承継することです。さつきさんと桂太さんは婚姻から8年、別居してから6年ということになりますから、外縁、つまり事実上の離婚状態ということになりそうですが、法定相続では、戸籍に記載されているという形式が重視されるため、法律上の配偶者が保護されるというのが一般的な見解です。

　民法890条は、「被相続人の配偶者は、常に相続人となる。この場合において、第887条又は前条の規定により相続人となるべき者があるときは、その者と同順位とする」と規定しています。ここで「常に」と規定されていることを、配偶者別格の原則といいます。

　民法887条1項は、「被相続人の子は、相続人となる」と規定しています。同順位の相続人があるときの配偶者の法定相続分について、民法900条は、(1)子が相続人であるときは2分の1、(2)直系尊属が相続人であるときは3分の2、(3)兄弟姉妹が相続人であるときは4分の3と規定しています。そのため、配偶者は、遺産の2分の1以上を相続することができます。配偶者の法定相続分は婚姻期間の長短等の具体的事情と無関係に規定されているため、財産関係の清算という評価の妥当性は事案によって異なります。その理由は、法定相続分は第三者にも影響するため明確かつ画一的な判断が優先されていることにあります。

2　労災保険について

　労災保険は、労働者災害補償保険法という法律に基づいて加入が強制されており、勤務中や通勤途中の災害が発生したときに、労働者やその遺族に対して必要な給付をします。これは社会保険であり、共同生活の実体に応じて遺族を認定します。そのため、外縁の事案では、法律上の配偶者ではなく、内縁の方が保護される傾向があります。

　遺族厚生年金の受領権者についても、戸籍（形式）ではなく、夫婦としての共同生活を現実に営んでいたことを重視する判例があります。最判昭和58・4・14民集37巻3号270頁は、「戸籍上届出のある配偶者であっても、その婚姻関係が実体を失って形骸化し、かつ、その状態が固定化して近い将来解消される見込の

◆Point 099◆

ないとき、すなわち、事実上の離婚状態にある場合には……配偶者に該当しない」
と判示しました。最判平成17・4・21判時1895号50頁や最判令和3・3・25民集
75巻3号913頁も、同様の判断を示しています。これらの判例は、事実上の離婚
状態にあるときは「配偶者」と評価しないことにより、互いに協力して社会通念
上夫婦としての共同生活を現実に営んでいた者（重婚的内縁の配偶者）を保護して
います。

3 団体信用生命保険について

　住宅ローンとの関係では、団体信用生命保険の有無を確認することが重要です。
これは、「住宅ローンの貸し手である金融機関（または保証会社）を保険契約者兼
保険金受取人、借主を被保険者とする団体保険」（山下友信『保険法(上)』有斐閣65
頁）であり、「保険金額がローンの逐次の返済に連動し自動的に残債務額となるよ
うに保険契約上の約定がされており、また、貸付契約においては債務者が死亡し
た場合には金融機関が保険金を受領の上残債務額の一括弁済に充当することが約
定されている」（山下友信『保険法(下)』有斐閣488頁）ものです。

第4章：交通事故による損害賠償請求

◆Point 099◆ 斡旋申立書

斡旋申立書（第1案・12月11日）

令和5年12月　日

申立人　　　長田さつき、長田学歩
相手方　　　歌賀石矢、アスリート損害保険株式会社

申立人代理人　弁護士　一中　和洋

第1　申立ての趣旨

　相手方は申立人らに対し、9934万5456円を支払う、との斡旋案を求める。

第2　申立ての理由

1　本件交通事故による死亡

　亡長田桂太は、令和5年11月30日午前9時30分頃、東京都千代田区内神田○
丁目先路上で赤信号に応じて停車していたところ、相手方歌賀石矢の運転する普
通乗用自動車に追突された（以下、本件事故という）。本件事故は、同人が時速
60km程度で走行中に居眠りのためブレーキをかけずに追突したという一方的過
失によるものであるところ、亡長田桂太は、病院に救急搬送された時には死亡し
ていた。

2　法定相続人

　申立人らは、亡長田桂太の法律上の妻（長田さつき、33歳）と子（長田学歩、8

◆**Point 099**◆

歳）であり、自動車損害賠償保障法3条に基づく損害賠償請求権を相続によって取得した。

3　損害賠償額

斡旋手続における損害賠償額としては、以下の金額が相当である。このことは、仮に相手方が斡旋案に応じないなどの理由により訴訟提起をするに至った場合には、以下の金額も再検討したうえで、年3%の割合による遅延損害金、請求額の10%程度の弁護士費用等も加算することを含意している。

(1)　死亡逸失利益

死亡による逸失利益は、死亡日の翌日以降の得べかりし利益であり、①基礎収入額、②（1－生活費控除率）、③労働能力喪失期間対応ライプニッツ係数を乗ずることにより計算する（公益財団法人日弁連交通事故相談センター東京支部『民事交通事故訴訟 損害賠償額算定基準 上巻（基準編）』2024年版175頁。以下、同書を「赤い本」という）。

亡長田桂太の事故前年の年収は520万円であり、被扶養者2人以上である一家の支柱として、生活費控除率は30%が妥当である。また、労働能力喪失期間は67歳までが原則とされているところ、亡長田桂太は死亡時37歳であったから、30年対応ライプニッツ係数19.6004（赤い本465頁）によることが適切である。これによって計算すると、死亡逸失利益は、7134万5456円になる。

年収520万円 ×（1－30%）× 19.6004 ＝ 7134万5456円

(2)　死亡慰謝料

亡長田桂太は、一家の支柱であったから、少なくとも2800万円（赤い本203頁）を下回ることは適切でない。

(3)　合計

上記(1)(2)の合計は、9934万5456円である。

4　内縁の妻と称する者の関係

申立人ら代理人が相手方アスリート損害保険会社の担当者と交渉したところ、赤い本を参考にした上記3の金額については前向きに検討すると回答された。ところが、亡長田桂太の内縁の妻と称する者（申立外師走紗香）が「婚姻届は提出していないとはいえ現実には夫婦と同じだったことを理由として損害賠償金の総額の2分の1を請求する」という意向であることが判明したため、任意で合意することはできなかった。

5　まとめ

申立人としては、申立人長田さつきとの法律婚が続いていた以上、申立外師走紗香との関係は内縁として保護されるべきではないから、申立外師走紗香の上記意向は不当であると考えている。しかしながら、早期解決のためには、訴訟よりもADRの方が良いと考えられる。そこで、速やかに斡旋案を提示していただき、

◆Point 100◆

その内容を相手方から申立外師走紗香に開示することによって別個の紛争となる可能性を消滅させることによって、相手方が合意に応じることを期待して、本申立てをした次第である。

◆Point 100◆ 斡旋試案提示書

斡 旋 試 案 提 示 書

令和6年2月19日

(公財) 交通事故紛争処理センター

嘱託弁護士　　中込　一洋

　申立人（長田さつき様、長田学歩様、代理人弁護士一中和洋先生）と相手方（歌賀石矢様、アスリート損害保険株式会社様）間の令和5年11月30日交通事故による人身被害の損害賠償請求をめぐる紛争について、当職は、相手方は、申立人らに対して6968万3638円を支払い、申立外師走紗香氏に対して2966万1818円を支払うことを内容とする斡旋試案を提示します。これは、試案であり、今後の主張・立証によって変更することがあります。この判断（理由）の骨子は、以下のとおりです。

1　損害額（死亡逸失利益・死亡慰謝料）

　当職は、損害額として、死亡逸失利益・死亡慰謝料の合計額9934万5456円を認めました。これは、申立人の請求額には裁判例の傾向からみて相当の合理性があるところ、相手方も前向きに検討する意向であることによります。

2　申立外師走紗香様の請求について

　申立人と相手方は、申立外師走紗香が「婚姻届は提出していないとはいえ現実には夫婦と同じだったことを理由として損害賠償金の総額の2分の1を請求する」という意向であることを指摘し、この点について判断を求めています。

　当職は、申立外師走紗香様に対する支払額として、2966万1818円を認めました。その理由は、以下のとおりです。

(1) 内縁の配偶者による扶養構成の損害賠償請求

　最判平成5・4・6民集47巻6号4505頁は、「内縁の配偶者が他方の配偶者の扶養を受けている場合において、その他方の配偶者が保有者の自動車の運行によって死亡したときは、内縁の配偶者は、自己が他方の配偶者から受けることができた将来の扶養利益の喪失を損害として、保有者に対してその損害賠償を請求することができるものというべきであるから、内縁の配偶者は、同項〔筆者注：自動車損害賠償保障法72条1項〕にいう『被害者』に当たると解するのが相当である」と判示しました。当職の調査によると、内縁の配偶者について「扶養構成」によることを肯定した裁判例のうち比較的新しく相続人取得分の金額も明示されたもの

◆**Point 100**◆

として、①大阪地判平成 27・10・14 交民 48 巻 5 号 1273 頁、②名古屋地判平成 21・7・29 交民 42 巻 4 号 945 頁、③神戸地判平成 14・8・29 交民 35 巻 4 号 1189 頁、④東京地判平成 12・9・13 交民 33 巻 5 号 1488 頁、⑤大阪地判平成 9・3・25 交民 30 巻 2 号 470 頁、⑥大阪地判平成 9・3・10 交民 30 巻 2 号 403 頁があります。これらの裁判例において、扶養利益の喪失に基づく損害賠償金額は 655 万 0533 円～1537 万 2400 円であり、逸失利益総額に占める比率は 3 分の 1 （約 33%）～3 分の 2 （約 67%）です。また、固有慰謝料は 500～1000 万円であり、慰謝料総額に占める比率は約 21～40% でした。

(2) 重婚的内縁の事案における裁判例

上記(1)は、内縁の配偶者から加害者への損害賠償請求を認めたものであるところ、重婚禁止（民法 732 条）との関係からは、法律上の配偶者が別にいるとき（重婚的内縁）には異なる判断をすることもあり得ます。当職の調査によると、①東京地判昭和 43・12・10 判時 544 号 3 頁は「重婚的内縁関係にある妻についても……扶養請求権はこれを認める」としつつ「戸籍上の妻につき、現実には夫に遺棄されて何ら生計上の協力扶助を受けていないとしても、その故に夫に対する扶養請求権を否定し去ることはできない」と判示しており、②大阪高判昭和 49・6・17 判タ 311 号 159 頁は「重婚的内縁関係にあたり、……専ら Y の不倫な行為にもとづくものであるから、このような場合においては、Y は民法 711 条の準用による内縁配偶者としての慰藉料請求権を有しない」と判示しました。

(3) 本件における判断

当センターに提出されている資料によると、亡長田桂太と申立外師走紗香様との交際当初の状態は違法な不貞行為であったものの申立人長田さつき様との合意に基づいて慰謝料が完済されているうえ、亡長田桂太と申立人長田さつき様との別居期間は 5 年以上に及び、夫婦関係調整調停申立事件において離婚することを前提として、その条件について協議されていた経緯もあります。これらによると、上記(2)裁判例を参照しても、亡長田桂太氏と申立外師走紗香様の関係は（重婚的ではあるものの）内縁として保護に値します。しかし、法律上の配偶者がいない事案と比べると、その保護の必要性は低いことは否定できません。そこで、当職は、上記(1)裁判例の下限（扶養利益の喪失に基づく損害賠償金額の逸失利益総額に占める比率は 3 分の 1、固有慰謝料の慰謝料総額に占める比率は約 21%）を参考にしました。

- ・死亡逸失利益総額 7134 万 5456 円×3 分の 1＝2378 万 1818 円
- ・死亡慰謝料 2800 万円×21%　＝588 万円
- ・合計　2378 万 1818 円＋588 万円＝2966 万 1818 円

3　申立人らに対する支払額

当職は、申立人らに対する支払額として、6968 万 3638 円を認めました。これは、上記 1 の損害額から上記 2 の金額を控除した残額です。

◆Point 100◆

上記 1（9934 万 5456 円）－ 上記 2（2966 万 1818 円）＝ 6968 万 3638 円

本書全体を通じて検討した主要項目について円満婚姻・法律離婚・外縁を比較すると、以下のとおりです。

図 30 ▶ 主要項目比較表

	円満婚姻	法律離婚	外縁
婚姻費用の分担	◆Point 024◆ 現民760条	◆Point 029◆ （養育費のみ）	◆Point 031◆ 円満婚姻と同じ
夫婦の財産管理	◆Point 025◆ 現民762条	－	◆Point 033◆ 円満婚姻と同じ
財産分与	－	◆Point 027・028◆ 現民768条	◆Point 033◆ （将来の課題）
貞操義務	◆Point 039◆ 現民770条	－	◆Point 046◆ 法律離婚と同じ
夫婦の氏	◆Point 043◆ 現民750条	◆Point 045◆ （婚氏続称）	◆Point 047◆ 円満婚姻と同じ
再婚の禁止	◆Point 057◆ 現民732条	－	◆Point 062◆ 円満婚姻と同じ
重婚的内縁の不保護	◆Point 057◆	－	◆Point 055・062◆ 法律離婚と同じ
共同親権	◆Point 058◆ 現民820条	◆Point 060◆ （令和6年改正）	◆Point 063◆ 円満婚姻と同じ
法定相続	◆Point 071◆ 現民890条	◆Point 075◆ （子のみ）	◆Point 077◆ 円満婚姻と同じ？
遺族年金	◆Point 073◆ 厚生年金保険法等	－	◆Point 081◆ 法律離婚と同じ
嫡出推定	◆Point 087◆ 現民772条	◆Point 088◆ （令和4年改正）	◆Point 090◆ 法律離婚と同じ

事項索引

あ

斡旋案……………………166

い

遺言相続……………………169
遺贈……………………169
遺族年金……………………150,171
一夫一婦制……………………19

う

氏……………………94

え

ADR……………………164
円満婚姻……………………7,9

お

親……………………109

か

外縁……………………6,32
外観説……………………181,185
家計……………………48
家産的相続観……………………144
家族の起源……………………176
監督義務……………………47

き

共同親権……………………122
　離婚後の――……………………127
共同生活尊重説……………………158
協力義務……………………46

け

血族……………………20

こ

子……………………108
公序良俗……………………169
戸籍……………………21
婚姻……………………9
　法律上の――……………………9

婚姻障害……………………17
婚姻届……………………21
婚姻年齢……………………18
婚姻破綻……………………134
婚姻費用……………………48
婚氏続称……………………99

さ

再構成……………………107
再婚……………………20,107,124
再婚禁止期間……………………97
財産……………………49
財産分与……………………55
　清算的――……………………55
　扶養的――……………………61
裁判外紛争解決手続……………………164
三元論……………………7

し

自然……………………11
自然血族……………………20,107
死亡……………………142
死亡保険……………………152
社会保険……………………151,171
重婚の内縁……………………117,163
重婚の禁止……………………19,122
準離婚……………………45
親権……………………109
人類学……………………176

せ

生活保持義務……………………47
生活保障的相続観……………………143
清算的財産分与……………………55
清算的相続観……………………144
生存保険……………………152
制度……………………10
生命保険契約……………………152
選択的夫婦別姓論……………………96
前離婚……………………45

そ

創設的届出……………………31

相続構成……………………148, 160

た

代襲相続……………………146
単独親権……………………125

ち

嫡出………………………178
直系………………………20
直系卑属……………………146

つ

通称使用……………………102

て

DNA鑑定……………………179
貞操義務……………………81

と

同居………………………42
同居義務……………………45
同性婚……………………16
同席調停……………………165
特有財産……………………51

な

内縁………………………19, 113
　重婚的——…………………117, 163

に

日常家事債務…………………52
認知………………………182

は

配偶者別格の原則………………145

ふ

夫婦関係調整調停………………133
夫婦の氏……………………94

扶助義務……………………47
父性推定……………………181
不貞行為……………………84
不同意性交等罪…………………81
扶養義務……………………49
扶養構成……………………148, 160
扶養的財産分与…………………61

へ

別産制……………………50
別席調停……………………165

ほ

傍系………………………20
報告的届出……………………31
法定血族……………………20, 107
法定相続……………………142
法定相続分……………………144
法律婚尊重説…………………158
法律上の婚姻…………………9
法律離婚……………………7, 25
保険金受取人…………………153
保険契約……………………151
保険契約者……………………152
保険者……………………152

め

面会交流……………………129

よ

養育費……………………62

り

離婚………………………25
離婚原因……………………134
離婚後の共同親権………………127
離婚訴訟……………………134
離婚届……………………30
両性の合意……………………14

206　事項索引

判例索引

大正
大判大正 8・4・23 民録 25 輯 693 頁 ································· *114*
大判大正 8・6・11 民録 25 輯 1010 頁 ······························ *115*
大判大正 15・2・16 民集 5 巻 150 頁 ······························· *148*

昭和元〜29 年
大判昭和 5・9・30 民集 9 巻 926 頁 ································· *46*
大判昭和 6・2・20 新聞 3240 号 4 頁 ································ *114*
大判昭和 6・11・27 新聞 3345 号 15 頁 ······························ *114*
大判昭和 11・6・10 新聞 4009 号 17 頁 ······························ *115*
最判昭和 28・6・26 民集 7 巻 6 号 766 頁 ····························· *115*

昭和 30〜39 年
最判昭和 30・5・31 民集 9 巻 6 号 793 頁 ····························· *144*
最判昭和 33・4・11 民集 12 巻 5 号 789 頁 ···························· *116*
最判昭和 33・7・25 民集 12 巻 12 号 1823 頁 ··························· *136*
最判昭和 34・7・14 民集 13 巻 7 号 1023 頁 ···························· *51*
最判昭和 34・8・7 民集 13 巻 10 号 1251 頁 ··························· *29*
最大判昭和 36・9・6 民集 15 巻 8 号 2047 頁 ··························· *51*
最判昭和 37・4・27 民集 16 巻 7 号 1247 頁 ···························· *183*
最判昭和 37・9・4 民集 16 巻 9 号 1834 頁 ···························· *93*
最判昭和 38・11・28 民集 17 巻 11 号 1469 頁 ·························· *29*

昭和 40〜49 年
最判昭和 40・2・2 民集 19 巻 1 号 1 頁 ····························· *153*
最大判昭和 42・11・1 民集 21 巻 9 号 2249 頁 ·························· *150*
大阪高決昭和 43・3・12 判タ 234 号 246 頁 ···························· *120*
福岡高決昭和 43・12・2 判タ 240 号 313 頁 ···························· *120*
東京地判昭和 43・12・10 判時 544 号 3 頁 ················ *118,160,163,203*
最判昭和 44・5・29 民集 23 巻 6 号 1064 頁 ···························· *185*
最判昭和 44・12・18 民集 23 巻 12 号 2476 頁 ·························· *54*
京都地判昭和 45・3・3 判タ 248 号 178 頁 ···························· *160*
最判昭和 46・5・21 民集 25 巻 3 号 408 頁 ···························· *101*
横浜地川崎支判昭和 46・6・7 判時 678 号 77 頁 ························· *62*
最判昭和 46・7・23 民集 25 巻 5 号 805 頁 ················ *57,60,196,198*
最判昭和 48・2・16 民集 27 巻 1 巻 99 頁 ····························· *90*
最判昭和 48・11・15 民集 27 巻 10 号 1323 頁 ·························· *90*
大阪高判昭和 49・6・17 判タ 311 号 159 頁 ···················· *164,203*

昭和 50〜59 年
最判昭和 51・3・25 民集 30 巻 2 号 160 頁 ···························· *116*
最判昭和 53・3・9 家月 31 巻 3 号 79 頁 ····························· *29*
最判昭和 53・11・14 民集 32 巻 8 号 1529 頁 ·························· *60,67*

最判昭和 54・3・30 民集 33 巻 2 号 303 頁 ·························· *86,87*
最判昭和 54・3・30 判時 922 号 8 頁 ································ *88*
大阪家審昭和 55・12・9 家月 33 巻 10 号 103 頁 ···················· *119*
東京高判昭和 57・8・31 判時 1056 号 179 頁 ······················ *56*
岐阜家審昭和 57・9・14 家月 36 巻 4 号 78 頁 ······················ *62*
宮崎家審昭和 57・11・13 家月 36 巻 2 号 91 頁 ····················· *120*
最判昭和 58・2・24 判時 1076 号 58 頁 ··························· *47*
最判昭和 58・4・14 民集 37 巻 3 号 270 頁 ······················ *171,199*
最判昭和 58・9・8 民集 37 巻 7 号 918 頁 ························· *155*

昭和 60〜64 年

札幌高判昭和 61・6・19 判タ 614 号 70 頁 ······················· *70*
最判昭和 61・11・20 民集 40 巻 7 号 1167 頁 ······················ *170*
東京高判昭和 62・4・27 金判 775 号 35 頁 ························ *155*
最大判昭和 62・9・2 民集 41 巻 6 号 1423 頁 ····················· *91,101*
最判昭和 63・2・12 判時 1268 号 33 頁 ··························· *92*

平成元〜9 年

最判平成元・12・11 民集 43 巻 12 号 1763 頁 ····················· *63*
東京高判平成 3・7・16 判タ 795 号 237 頁 ························ *56*
横浜家審平成 4・7・8 家月 45 巻 1 号 140 頁 ······················ *119*
東京地判平成 4・8・26 判タ 813 号 270 頁 ························ *52*
最判平成 5・4・6 民集 47 巻 6 号 4505 頁 ····················· *160,162,202*
最判平成 6・1・20 判時 1503 号 75 頁 ··························· *89*
最判平成 6・2・8 判時 1505 号 59 頁 ···························· *92*
最判平成 6・11・24 判時 1514 号 82 頁 ·························· *89*
最判平成 7・11・10 民集 49 巻 9 号 2918 頁 ······················ *117*
最判平成 7・12・5 集民 177 号 243 頁 ··························· *98*
最判平成 8・3・26 民集 50 巻 4 号 993 頁 ························ *86,101*
大阪地判平成 9・3・10 交民 30 巻 2 号 403 頁 ····················· *161,203*
大阪地判平成 9・3・25 交民 30 巻 2 号 470 頁 ··················· *119,161,203*
最判平成 9・4・10 民集 51 巻 4 号 1972 頁 ······················· *66*

平成 10〜19 年

最判平成 10・8・31 判時 1655 号 128 頁 ························· *186*
最決平成 12・3・10 民集 54 巻 3 号 1040 頁 ···················· *60,116,157*
最判平成 12・3・14 判時 1708 号 106 頁 ························· *186*
最決平成 12・5・1 民集 54 巻 5 号 1607 頁 ······················· *132*
最判平成 12・9・7 判時 1728 号 29 頁 ··························· *161*
東京地判平成 12・9・13 交民 33 巻 5 号 1488 頁 ···················· *161,203*
神戸地判平成 14・8・29 交民 35 巻 4 号 1189 頁 ···················· *161,203*
最判平成 16・11・18 判時 1881 号 83 頁 ························· *122*
最判平成 17・4・21 判時 1895 号 50 頁 ·························· *172,200*
広島高岡山支判平成 17・5・24 生判 17 巻 414 頁 ····················· *170*
大阪地判平成 19・1・30 交民 40 巻 1 号 116 頁 ····················· *163*
最判平成 19・3・8 民集 61 巻 2 号 518 頁 ························ *20,115*
最判平成 19・4・24 判時 1970 号 54 頁 ·························· *116*

東京高判平成 19・9・26 判タ 1268 号 345 頁 ·· *83*

平成 20〜31 年

東京地中間判平成 20・11・18 判タ 1297 号 307 頁 ·································· *57*
名古屋地判平成 21・7・29 交民 42 巻 4 号 945 頁 ······························ *161, 203*
札幌高判平成 22・11・5 判タ 1349 号 170 頁 ····································· *53*
名古屋地判平成 23・2・25 判時 2118 号 66 頁 ·································· *117*
最判平成 23・3・18 判時 215 号 55 頁 ··· *64*
東京地判平成 24・12・27 判時 2179 号 78 頁 ·································· *71*
最決平成 25・3・28 民集 67 巻 3 号 864 頁 ·· *130*
最決平成 25・3・28 判時 2191 号 48 頁 ·· *131*
横浜地判平成 25・5・27 交民 46 巻 3 号 667 頁 ································ *163*
最判平成 25・9・26 民集 67 巻 6 号 1384 頁 ······································ *178*
最決平成 25・12・10 民集 67 巻 9 号 1847 頁 ···································· *181*
最判平成 26・1・14 民集 68 巻 1 号 1 頁 ··· *183*
最判平成 26・7・17 民集 68 巻 6 号 547 頁 ·· *186*
東京地判平成 27・5・19 判時 2273 号 94 頁 ···································· *119*
大阪地判平成 27・10・14 交民 48 巻 5 号 1273 頁 ························ *161, 203*
岐阜家中津川出審平成 27・10・16 判時 2307 号 83 頁 ······················· *67*
最大判平成 27・12・16 民集 69 巻 8 号 2427 頁 ································· *97*
最大判平成 27・12・16 民集 69 巻 8 号 2586 頁 ····················· *11, 95, 102*
最判平成 28・3・1 民集 70 巻 3 号 681 頁 ·· *47*
東京地判平成 30・7・13 判タ 1471 号 189 頁 ································ *69, 191*
札幌地判平成 30・7・26 判時 2423 号 106 頁 ································ *69, 191*
最判平成 31・2・19 民集 73 巻 2 号 187 頁 ·· *93*

令和元年〜

最決令和 2・1・23 民集 74 巻 1 号 1 頁 ··· *62*
最判令和 3・3・25 民集 75 巻 3 号 913 頁 ······················· *34, 172, 200*
東京高判令和 3・4・27 判時 2563 号 5 頁 ·· *16*
最判令和 4・1・28 民集 76 巻 1 号 78 頁 ··· *93*

中込　一洋（なかごみ・かずひろ）

弁護士：東京弁護士会所属、46期、司綜合法律事務所
昭和40年生まれ、法政大学法学部卒業

主要著作
「告知義務違反解除と詐欺・錯誤」『遠藤光男元最高裁判所判事喜寿記念文集』（ぎょうせい・平成19年9月）
「重過失とは何か」『下森定先生傘寿記念論文集　債権法の近未来像』（酒井書店・平成22年12月）
『逆転の交渉術』（幻冬舎MC・平成25年9月）
『Before/After 民法改正』（共編著、弘文堂・平成29年7月、［第2版］令和3年9月）
『実務解説　改正相続法』（弘文堂・令和元年5月）
『Before/After 相続法改正』（共編著、弘文堂・令和元年6月）
『実務解説　改正債権法附則』（弘文堂・令和2年3月）
『交通事故事件　社会保険の実務』（学陽書房・令和2年4月）
『数次相続・代襲相続をめぐる実務』（新日本法規出版・令和4年10月）
『実務解説　改正物権法』（弘文堂・令和4年11月）
『相続開始時別　相続人の範囲と遺産の割合』（新日本法規出版・令和5年1月）
『生命保険の基本と実務』（学陽書房・令和6年3月）

外縁（事実上の離婚）の実務——円満婚姻・法律離婚との比較

2024（令和6）年11月15日　初版1刷発行

著　者　中込　一洋
発行者　鯉渕　友南
発行所　株式会社　弘文堂　　101-0062 東京都千代田区神田駿河台1の7
　　　　　　　　　　　　　　TEL 03(3294)4801　振替 00120-6-53909
　　　　　　　　　　　　　　https://www.koubundou.co.jp
装　丁　青山修作
印　刷　三陽社
製　本　井上製本所

© 2024 Kazuhiro Nakagomi. Printed in Japan
[JCOPY]〈（社）出版者著作権管理機構　委託出版物〉
本書の無断複写は著作権法上での例外を除き禁じられています。複写される場合は、そのつど事前に、（社）出版者著作権管理機構（電話 03-5244-5088、FAX 03-5244-5089、e-mail: info@jcopy.or.jp）の許諾を得てください。
また本書を代行業者等の第三者に依頼してスキャンやデジタル化することは、たとえ個人や家庭内での利用であっても一切認められておりません。

ISBN 978-4-335-36005-3

━━━━━━ 好評発売中 ━━━━━━

実務解説
改正債権法 第2版

日本弁護士 ＝編
連合会

改正作業において大きな役割を果たした日弁連・民法（債権関係）
部会バックアップチームによる逐条解説書。改正の経緯・条文の
内容・今後の実務上の注意点を丁寧に解説。新しい論点・文献、
深化した議論を盛り込んだ最新版。　Ａ５判　600頁　本体4000円

実務解説
改正債権法附則 中込一洋＝著

『実務解説　改正債権法〔第2版〕』とともに、改正債権法施行後
のトラブル予防や早期解決に役立つ必携必備の逐条解説書。条文
の概要、債権法改正の内容と経過措置、実務への影響がわかる。
「附則」に特化した初めての注釈書。　Ａ５判　184頁　本体2000円

実務解説
改正相続法

中込一洋＝著

改正の理由・条文の趣旨・実務への影響がこの１冊でわかる。
相続をめぐるトラブルの予防や早期解決をめざして、部会資料・
議事録等を丁寧に読み込んだ必携必備のコンパクトな逐条解説書。
改正相続法のすべてがわかる決定版。　Ａ５判　368頁　本体2800円

実務解説
改正物権法

中込一洋＝著

改正の理由・条文の趣旨・実務への影響がこの１冊でわかる。
所有者不明土地問題をめぐるトラブル予防や早期解決をめざし、
審議会部会資料・会議録等を丁寧に読み込み解説。令和３年改正
のすべてが見えてくる逐条解説書。　Ａ５判　456頁　本体3500円

━━━━━━

＊定価（税抜）は、2024年10月現在のものです。